Peter-R. König (Hrsg.)
DER OTOA-READER

HIRAM-EDITION 18

© 1994 by Peter-R. König und ARW
Alle Rechte vorbehalten

Druck: Maro, Augsburg

Arbeitsgemeinschaft für Religions- und
Weltanschauungsfragen (ARW), München

ISBN 3-927890-16-2

Der Ordo Templi Orientis Antiqua Reader

Fairy Tales - Herausgegeben von Peter-R. König

Vorwort	4
Aleister Crowley und die haïtianischen Götter	5
Die Geschichte des O.T.O.A (1921 - 1985)	12
Monastery of the Seven Rays - Gnosis des Feuers	20
Bemerkungen zur lokalen Geschichte des OTOA	23
Auszüge aus: DAS OTO-PHÄNOMEN	25
«Ljubezen je zakon» oder «ljubav pod voljom»?	32
Auszüge aus der Korrespondenz Bertiaux-König	35
Administration des OTOA	43
Ein Gnostischer Computer	45
Fragen und Antworten zu den Sukzessionen Gnostischer Bischöfe	46
Die Zombie-Macher	54
Grad-System von OTOA und Memphis-Misraïm	56
Das Sexualmagische System des OTOA	59
Ophitische Sexualmagie	79
Tempel der Methodologie	84
Shivas Messe	86
Das Jesus-Judas-Mysterium	91
Der Kelch der Ekstase und das Himmlische Brot	93
Meditation über den Göttlichen Phallus	96
XI°-Ritual/Luage Mysterium	98
Ritual des Schwarzen Sterns	104
Das Chöd-Ritual	106
Kommunikation mit LAM	108
Rivers of Babalon	114

Appendix

Theodor Reuss und Sex	117
Aleister Crowley: IX° Emblems and Mode of Use	121
Dokumentarische Anhänge I und II	125
"Caliphat" und Polizei	

Wenn nicht anders angegeben, stammen die sich manchmal widersprechenden Texte von Bertiaux und die Übersetzungen vom Herausgeber.

Vorwort

Wie schon beim Theodor Reuss Reader desselben Verlages und Herausgebers sollten als begleitende Lektüre unbedingt die historischen Aufklärungswerke von

P.R. König: "Das OTO-Phänomen," München 1994
P.R. König (hg.): "Materialien zum OTO," München 1994

herangezogen werden. In Vorbereitung: "Ein Leben für die Rose (Arnoldo Krumm-Heller)." Viele Organisationen und Protagonisten des vorliegenden Readers erfahren in diesen Büchern eine ausführlichere Beschreibung, die hier aus Platzgründen wegfällt. Die beiden einleitenden Kapitel des Readers finden sich gekürzt im "OTO-Phänomen" wieder. Die amerikanischen/spanischen Originaltexte dieser beiden Selbstdarstellungen enthalten KEINEN einzigen bürgerlichen Namen. Sie sind hier mit zusätzlichen Texten erweitert und, soweit es die Recherchen ermöglichten, korrigiert. Es muss betont werden, dass für die meisten der in dieser Studie auftretenden Personen oder Organisationen kaum historische Primärquellen existieren.
Im Grunde praktizieren die modernen Okkultisten nur Formen "klassischen" Gnostizismus'.[1*] Die Wirkung der in dieser Studie auftretenden Protagonisten im magischen Untergrund der Neuzeit ist insofern beachtenswert, als sie mit ihrem Vokabular massgeblich zum okkult-historischen Mythos und einem logisch wirkenden, magisch anwenderfreundlichen Denken in der Magie-Praktiker-Szene Amerikas (und in der Folge auch Deutschlands) beitragen. Wie die Werbeinserate in den Esoterikerblättchen zeigen, wird Voodoo auch im deutschsprachigen Raum immer salonfähiger.

Zur rechtlichen Lage

"You can publish every article you want from INSTRUMENTUM issues I published but not from these published by Ken Ward. You can also publish every article or writing I have written in the past." Manuel Cabrera Lamparter, ehemals OHO des OTOA und Herausgeber der Ordenszeitschrift "Instrumentum" in einem Schreiben vom 24.5.92 an den Herausgeber.
"Yes, you may translate + publish my writings." Michael Paul Bertiaux, OHO des OTOA, Brief vom 22.4.91. *"You are to represent my authority,"* Bertiaux in einem Brief vom 25.11.88. Ausserdem sind auf den Autor durch Bertiaux und Lamparter die Grade 90°, 95, 97°, X° (Krumm-Hellers OTO),[2*] XI° (durch Bertiaux[3*] und Webb) und der XVI° gekommen.

[1*] Wissenschaftliche Analysen sind z.B. Wilhelm Bousset "Hauptprobleme der Gnosis" Göttingen 1907, Hans Leisegang "Die Gnosis" Leipzig 1924, oder Kurt Rudolph "Die Gnosis" (Leipzig 1977)
[2*] Siehe geplanter FRA-Reader: "Ein Leben für die Rose (Arnoldo Krumm-Heller)" - hier wird intensiv auf die "modernen" Gnostiker eingegangen werden
[3*] "Taxes must be paid in acceptable euro-currency of XI° issue - Nice big Nazi cock Meisters! Paid to fat, dirty, perverted Bricaudian (sun) French underground (plutonian) captors of Germanic Gods. Macho-Hunk-Stud-Officers held captive by dirty French Gnostic perverts." Bertiaux, Brief vom 10. Januar 1989. Nach Einsendung entsprechender Pornographie erhielt der Herausgeber dann diese höchsten MM-, OTO- und OTOA-Grade. Bertiaux' Humor schlägt sich auch an anderen Stellen dieses Readers nieder. Oscar R. Schlag hingegen empfand die Schriften Bertiaux' als "das Schlimmste, was er je gelesen" hätte. Schlag hat übrigens nicht so viele OTO-Unterlagen besessen, wie viele Leute glauben. Seine mediumistischen Durchgaben werden nun von Antoine Faivre herausgegeben

Aleister Crowley und die haïtianischen Götter

von Michael Paul Bertiaux

Papus in Frankreich

Die Publikation von Kenneth Grants [geb. 1924] hervorragendem Buche "The Magical Revival" (London 1972, 1991) zeigte der Öffentlichkeit zum ersten Male die verschiedenen Beziehungen, die zwischen der magischen Arbeit Aleister Crowleys O.T.O., dem haïtianischen Voodoo und der gnostischen Magie bestehen. Es ist Grants Überzeugung, dass Crowleys Magie, und vor allem seine Sexualmagie, mit der Magie der französischen Magier und haïtianischen Gnostiker identisch sei.[4*] Angesichts dieser Behauptung ist es sinnvoll, einige Informationen über den franco-haïtianischen O.T.O.A., seine Ursprünge und seine Entwicklung zu geben.

Es ist bekannt, dass viele Crowleyaner behaupten, Crowley habe seine [nicht belegbare] Sukzession der Gnostisch Katholischen Kirche 1912 von Theodor Reuss erhalten, der zu dieser Zeit Bischof des O.T.O. gewesen sei. Reuss selber führte [angeblich] seine [gnostische] Sukzession auf Gérard Encausse/Papus, Grossmeister der Martinisten und Bischof der Gnostischen Kirche zurück. Eines ist jedoch sicher: Reuss und Encausse haben 1908 Würden und Ämter ausgetauscht, in deren Verlauf Encausse u.a. die höchsten O.T.O.Grade für Frankreich und die französisch sprechenden Länder erhielt.[5*]

Gérard Encausse, geboren am 13. Juli 1865 in La Corogne, Spanien, re-etablierte den Martinismus in Paris. [Am 18.9.] 1892 wurde er von Jules Doinel/Tau Valentin II in das Bischofsamt dieser 1890 gegründeten Gnostischen Kirche (Église Gnostique) geweiht. Mitkonsekriert wurden [u.a.] der Autor mystischer Werke, Paul Sédir/Yvon Le Loup, und der Publizist okkulter Bücher, Lucien Mauchel/Chamuel.[6*] Diejenigen, die Crowleys Biographie kennen, wissen, dass Encausse Yohn Yarkers Memphis-Misraïm-Ritus mit dem Tod Yarkers 1913 erbte. Der MM, ursprünglich französisch, aber via USA zwischen 1860 und 1875 nach England gekommen, hat zuvor schon, am 24. September 1902, die Grundlage für den deutschen OTO gelegt.[7*] Encausse war dafür bekannt, dass er Verbindungen zur Ägyptischen und Mystischen Maurerei pflegte [Memphis-Misraïm], zum Gnostizismus, Martinismus und den Rosenkreuzern unter Stanislas de Guaita, den Elus Cohens und P.B. Randolphs "Fraternitas Lucis Hermetica," die in Frankreich sexualmagisch tätig war.[8*] Wir müssen klarstellen, dass der O.T.O., den Encausse von Reuss "erhielt," nicht

---

[4*] Kenneth Grant wertet Bertiaux in fast all seinen Büchern ausgiebig aus. Seine Schriften scheinen sich eh vor allem mit den kreativen Ideen Anderer zu beschäftigen - bis sich diese von ihm distanzieren. Grants neustes Werk, Outer Gateways (London 1994), mangelt es demzufolge an Originalität, was auch die "Durchgabe" einer "neuen" Doktrin (Wisdom of S'lba) nicht ändert. Nichtsdestotrotz sind 1994 fast nur Grants Bücher in den okkulten Buchhandlungen Englands vertreten - die Neuauflagen des "Caliphats" von Crowley-Werken finden wohl zu wenig Anklang ...
[5*] Siehe jedoch "Materialien zum OTO," 16
[6*] Und Louis-Sophorne Fugairon/Sophronius, Marie Chauvel de Chauvigny/Esclarmonde, Albert Jounet/Théodote
[7*] Diskussion in: König, Das OTO-Phänomen, München 1994
[8*] Randolph wird im FRA-Reader "Ein Leben für die Rose" ausführlicher zur Sprache kommen, da seine "Nachfolger" im rosenkreuzerischen Raum anzutreffen sind

dieselben geheimen Grade aufwies, wie sie Crowley später in seinem eigenen Zweig entwickelte. Wir sprechen hier von der früheren Periode 1908 bis 1912, einer Zeit, bevor Crowley auftauchte.

L.-F. Jean-Maine

Lucien-François Jean-Maine wurde am 11. Januar 1869 in Leogane, Haïti, geboren und starb 1960 in Boston. 1899 wurde er als 30jähriger von Jules Doinels Nachfolger Emmanuel Fabre des Essarts/Tau Synésius (der von Papus, Sedir und Mauchel konsekriert wurde [?])⁹* geweiht und am 15. August 1899 von Paul-Pierre de Marraga/Tau Orfeo VI zum Bischof ernannt; einem spanischen gnostischen Bischof, der seine Linie zu den Albigensern und Memphis-Misraïm zurückführte, d.h. von Manuel Lopez de Brion am 2.2.1860 konsekriert worden war. Lucien-François Jean-Maines gnostischer Name wurde Tau Ogdoade-Orfeo I.¹⁰* *["Diese Bischöfe waren Spiritisten oder Doinel-ähnliche Gnostiker. Sie benötigten keine "traditionelle apostolische Sukzession," da sie die "Neue" hatten: die Johannische der Spiritisten, z.B. die spanischen Nachfolger von A. Kardec."]*¹¹* Um 1900 lernte er Encausse/Papus in Paris kennen.¹²*

Dank seiner Stellung in der okkulten Geschichte seiner Zeit und dank seiner Beziehungen zu französischen und spanischen Okkultisten, war es ihm möglich, die wichtigsten Initiationen, Sukzessionen und Strömungen auf sich zu vereinen, und diese dann an die von ihm ins Leben gerufene Linie gnostischer Bischöfe weiterzugeben, die auch die Sukzession und Strömung der amerikanischen Crowley-Ableger in sich aufnahm.

Voodoo

Im haitïanischen Voodoo müssen wir hauptsächlich zwei wichtige Unterscheidungen treffen. Erstens hat schon vor Carl Kellner und Theodor Reuss ein dem O.T.O. vergleichbarer Orden existiert. Ich denke an den Orden und Ritus, der von Toussaint-Louverture ins Leben gerufen wurde, der französischen Kabbalismus, Illuminismus und afrikanische Dahomeyan-Strömungen in sich vereinte. Alle Studenten der haitïanischen Maurerei kennen diesen Ritus, der selber andern aber eher unbekannt gelieben ist und aus Platzgründen in diesem Essay nicht diskutiert werden kann.

Zweitens muss ein sehr bedeutsamer Unterschied der magischen Mysterien, die Ähnlichkeit mit dem VIII° und IX° des O.T.O. haben, -- ich beziehe mich auf die *"mysteries de la solitude"* und *"mariage mystique"* -- zu denjenigen Mysterien des ausgesprochen esoterischen Voodoo gezogen werden, die eher näher zum XI° und noch höheren Arbeiten von Crowleys O.T.O. sind: die *"mystery Luage."* Beide Systeme, Crowleys und diese esoterische Voodoo-Linie, versprechen Entwicklung durch Sexualmagie und geheime Grade. In diesem Sinne gehen die haitïanischen

---

9* Jules Doinel/Valentin II (1842-1902) konsekrierte am 18.9.1892: Encausse, Fugairon, Sédir, Mauchel u.a. und erst 1894 des Essarts. Des Essarts wurde keinesfalls von diesen von Bertiaux angegebenen Bischöfen konsekriert - siehe Sukzessionsliste nach I.V. de la Thibauderie in: AHA 11/91, 6. Von Jean-Maines angeblicher Konsekration ist bislang kein Dokument oder Hinweis ausserhalb Bertiaux' Umfeld aufgetaucht
10* Ogdoade: gnostischer Begriff nach Basilides und Valentin, der die Göttliche Welt/das Himmlische Jerusalem, die vom Höchsten Archont/Demiurg regiert wird, bezeichnet
11* Brief von Bertiaux vom 1. Juli 1991
12* Zu dieser Zeit haben sich auch Reuss und Papus getroffen - siehe die Martinisten-Charta von Papus an Reuss in "Materialien," 16

Gnostiker und Crowley weit über das hinaus, was der O.T.O. von Reuss und Encausse bedeutet hat.¹³*

Festzuhalten ist ausserdem, dass Lucien-François Jean-Maine seine Voodoo-Ausbildung (Initiationsgrade, Priester und Oberpriester) in Haïti erhielt und zwar im Tempel seines Vaters in Leogane, bevor er sein okkultes Glück in Paris und Madrid suchte. Die Familientradition der Jean-Maines geht auf einen bekannten französischen Sklavenbesitzer in Leogane zurück, der dort 1774 starb. Dieser Sklavenbesitzer war Martinez de Pasquales, Gründer des Ordens der Elus Cohens, jenes theurgischen Ordens, in den Louis-Claude de St. Martin (geb. 18.1.1743, gest. 1803), Gründer des Martinismus in Frankreich, initiiert wurde.

Brotherhood of Light

Vor seiner Konsekration zum Bischof wurde Lucien-François Jean-Maine durch Paul-Pierre de Marraga zum Subdiakon, Diakon und Priester ernannt; Ämter des geheiligten Ministeriums der Gnostischen Kirche, die voll mit dem magischen Strom der drei ersten Voodoo-Grade übereinstimmen, die ihm von seinem Vater übertragen worden sind. Von 1899 bis 1910 arbeitete L.-F. Jean-Maine mit den verstreuten Anhängern des afro-amerikanischen Adepten P.B. Randolph (geb. am 8. Oktober 1825) zusammen, der die lose strukturierte "Fraternitas Lucis Hermetica" gegründet hatte. Diese Anhänger Randolphs folgten den sexualmagischen Techniken und den drei mysteriösen Graden des inneren Ordens der FLH. Es ist von Historikern belegt, dass der O.T.O. von Kellner und Reuss in Deutschland massgeblich von den sexualmagischen Lehren in P.B. Randolphs Buch "Magie Sexuelle" beeinflusst wurde.¹⁴* Es soll hier angefügt werden, dass Randolphs Text ebenfalls von einer Gruppe weiblicher polnischer Bischöfe der Mariaviten Kirche benutzt wurde, die, bis sie von der Römischen Kirche unterdrückt wurden, mit männlichen Partnern zusammengearbeitet hatten. Es soll ausserdem bemerkt werden, dass Randolphs sexualmagische Texte von keiner anderen als der polnischen Hohepriesterin Maria de Naglowska ins Französische übersetzt und 1931 publiziert worden sind. Von 1921 bis 1930 studierte Maria de Naglowska Voodoo unter den Schülern von Lucien-François Jean-Maine!
Zur Zeit wird der französische Zweig von Randolphs "Fraternitas Lucis Hermetica" vom Mariaviten-Bischof Robert Joseph Bonnet geleitet *(geb. 25.9.1902, römisch-katholisch und seit 1956 Mariavit durch Prévost und Maas].*

O.T.O. und O.T.O.A.

Um 1910 übergab Encausse den Reuss'schen X° O.T.O. an L.-F. Jean-Maine *"for Haïti and the French Indies."*¹⁵* Ebenso gliederte man einen Zweig der FLH ein.

13* Was vom "Sexualmagischen System des OTOA" in diesem Reader etwas deutlicher erklärt wird. Im OTO geben die sexualmagischen Grade eigentlich nur die Art der Geschlechtsaktes an, während im OTOA zusätzlich erkenntnistechnische und zielabhängige Entwicklungsstufen gemeint sind. Crowley hat z.B. jede sexualmagische Methode angewandt, um sich Geld zu verschaffen (siehe Schluss dieses Readers). Bertiaux (und seine "Anhänger," wie Grant, Lamparter etc.) verwenden Sexualmagie eher, um sich Wissen/Gnosis anzueignen. Dies erinnert an Carl Kellners ursprüngliche Absicht des OTO als alchemistisches Vehikel
14* Es wird im geplanten Reader über Arnoldo Krumm-Heller auf Randolphs Lehren eingegangen werden. Die "Magia Sexualis" stammt jedoch wahrscheinlich nicht von Randolph
15* Weder Bertiaux noch Lamparter waren in der Lage, Dokumente zu den meisten in ihren Texten vorgebrachten Sukzessionen vorzubringen: "Whether or not the Jean-Maine lineage was linked to the OTO of Reuss probably can't be ever proven." Bertiaux, Brief vom 4.4.90

Jean-Maine wurde in Paris konsekriert. Encausse, der schon die meisten Memphis-Misraïm-Hochgrade besass, wurde nun via J.-F. Jean-Maine (der sie selber von Paul-Pierre de Marraga bekommen hatte) mit weiteren Hochgraden ausgestattet. Encausse, ganz grossmütiger Franzose, tauschte aus, was er von Yarker und Reuss empfangen hatte. Es muss hier klargestellt werden, dass alles, was Yarker zu vergeben hatte, käufliche Papiere waren, während P.-P. de Marragas Basis die Magie der Ecclesia Gnostica und deshalb von sakramentalem Charakter war. Geschäftsangelegenheiten und der Krieg hinderten J.-F. Jean-Maine bis 1921 daran, nach Haïti zurückzukehren. Um die spanische Gnostische Kirche aufzubauen, zog Jean-Maine 1919 von Frankreich nach Spanien und konsekrierte am 22. September 1921 seinen europäischen Nachfolger der spanischen Gnostischen Kirche und des Memphis-Misraïm "for all Latin countries." Martin Ortier de Sanchez y Marraga nahm den Namen Tau Ogdoade-Orfeo II an, und leitete von seinem Hauptquartier in Madrid aus die Ecclesia Gnostica und den magischen, gnostisch-esoterischen Orden von Memphis-Misraïm.[16*]
Unter dem gemeinsamen Einfluss von O.T.O., Martinismus, Gnostizismus und Voodoo - die Fraternitas Lucis Hermetica nicht zu vergessen - gaben die spanischen und haïtianischen Zweige des Memphis-Misraïm-Ritus ihren pseudo-freimaurerischen Charakter vollkommen auf und wurden völlig esoterische und gnostische Orden magischen Charakters.[17*] So zum Beispiel "The Gnostic and Esoteric Order of Misraïm" (oder Ägypten) und "The Gnostic and Esoteric Order of Memphis," innerhalb des grösseren, total okkulten und eher kirchlichen "Ancient and Primitive Rite of Memphis-Misraïm." Diese Tatsache muss unterstrichen werden, da es andere Zweige des Ritus von Memphis-Misraïm gibt, die weiterhin eine strikt freimaurerische Linie verfolgen, nur interessiert an ihren eigenen gnostischen und apostolischen Sukzessionen und magischen Initiationen.[18*]

1921 kehrte Jean-Maine nach Haïti zurück, um zu heiraten. Am 18. Januar 1925 wurde Hector-François geboren. In Haïti gründete L.-F. Jean-Maine den haïtianischen "Ordo Templi Orientis Antiqua" (O.T.O.A.), der offiziell am 22. Dezember 1921 eröffnet wurde. Seine Struktur umfasst 16 Grade,[19*] also mehr als die 10 von Encausse und Reuss oder die 11 von Crowleys Version. Voodoo-Elemente, Magie und Gnostizismus wurden in das System hineinverwoben, das *"went up the Tree of Life and then down the back."* Dies würde nach Golden Dawn-Kriterien als sehr gefährlich eingestuft werden, aber da die Haïtianer aus rassistischen Gründen von dem vom Martinismus hergeleiteten Golden Dawn ausgeschlossen worden sind, sollte man die Haïtianer nicht zu stark verurteilen.

La Couleuvre Noire

1922 gründete L.-F. Jean-Maine den magischen Orden "La Couleuvre Noire" (Die Schwarze Schlange), der vier magisch aktive Grade aufweist, plus einem untersten Grad des "Probationer" und einem obersten, administrativen Grad - also sechs Grade im Ganzen. Die Beziehung des O.T.O.A. zu "La Couleuvre Noire" kann am besten verglichen werden mit dem Verhältnis von Crowleys O.T.O. zur "Great Broth-

---
[16*] Hat Crowley von den Nachfolgern Papus' gewusst? In einem Brief an seinen Patriarchen der Gnostisch Katholischen Kirche, W.B. Crow, weiss Crowley im August 1944 von "einem alten Mann in Spanien"
[17*] Ohne freimaurerähnliche Initiationsrituale
[18*] In der Schweiz wurden Anfang der 90er Jahre sogar zwei MM-Logen von der Grossloge ALPINA regularisiert
[19*] Ohne freimaurerähnliche Initiationsrituale

erhood of God" und zum "Choronzon Club"[20*] der amerikanischen Crowleyaner (C.F. Russell). Der Unterschied liegt aber darin, dass "La Couleuvre Noire" vom Chef des O.T.O.A. gegründet wurde, und nicht von einem Schüler, so dass die magische Vitalität erhalten geblieben ist.
1930 wurden "La Couleuvre Noire" und der O.T.O.A., zusammen mit der Gnostischen Kirche und der Fraternitas Lucis Hermetica, zu angeschlossenen Orden des Memphis-Misraïm-Ritus in Spanien und Haïti. Erst 1968 weitete sich dieses Einflussgebiet auf die USA und die "French West Indies" aus.

Am 30. April 1960 starb J.-F. Jean-Maine in Boston, während er seine gnostischen Gruppen in Frankreich, Spanien, Belgien und den USA besuchte. Seine Autorität ging auf den spanischen Okkultisten und Gnostiker de Sanchez y Marraga über, unter der Bedingung, dass der Sohn von Jean-Maine ins Bischofsamt konsekriert werden und den Orden und seine Riten erben würde. So ausgeführt am 2. November 1963 in Madrid, als Doktor H.-F. Jean-Maine zum Bischof und Patriarch der Ecclesia Spiritualis durch Martin Ortier de Sanchez y Marraga ernannt wurde. Der neue Patriarch nahm den Namen Tau Ogdoade-Orfeo III an und so konnte die gnostische Sukzession der haïtianischen Bischöfe und Grossmeister des O.T.O.A. weitergeführt werden.

Choronzon Club und QBL Alchemist Church[21*]

Am 18. Januar 1966 wurde der amerikanische Martinist Michael Paul Bertiaux/Tau Ogdoade-Orfeo IV (geb. am 18. Januar 1935) zum Bischof des Memphis-Misraïm-Ritus konsekriert. Die Konsekration geschah in Chicago im Beisein von M.O. de Sanchez y Marraga und Doktor Jean-Maine.

Marc Lully vom Choronzon Club in Chicago, am 18. Januar 1967 in die Ecclesia Gnostica Spiritualis konsekriert, assistierte beim Austausch der Konsekrationen und Sukzessionen zwischen R.M. Shreves/Tau IX [Choronzon Club-Ableger in Kalifornien und Bischof der "QBL Alchemist Church" von W.W. Webb] und Bertiaux am 10. August 1967.
So erhielt Bertiaux die vollständigen magischen Konsekrationen dieser Ecclesia Gnostica Hermetica.[22*] Diese EGH trug die magischen Strömungen der Geheimnisse des O.T.O. und des Choronzon Clubs in sich. [Dieselben Leute der EGH gründeten die "Philosophic Gnostic Hermetic Society" und den "Ordo Argenteum Astrum."]
Im Austausch des Bischofsamtes und Patriarchats der Ecclesia Gnostica Spiritualis machte Bertiaux den Shreves zu einem der Grossmeister des O.T.O.A.

Marc Lully, geboren an einem 5. Januar, wurde am 4. November 1967 durch Shreves ins Episkopat der "QBL Alchemist Church" konsekriert und[23*] von W.W. Webb bestätigt (ägyptische Apostolische Sukzession). Lullys okkulter Name wurde Tau [?] IV.

20* Choronzon ist Aleister Crowleys Erfindung eines thelemitischen "Teufels," siehe Kapitel "Aiwaz." "It is from the excrement of Choronzon that one takes the material for the creation of a God" (Crowley, Vision and the Voice, Equinox I,v)
21* Amtlich am 1. April 1960 in Alameda County eingetragen
22* Wie sich Shreves und Webbs Organisation auch nannte
23* Postalisch!

Am 25. Dezember 1967 konsekrierte Marc Lully Bertiaux in die Vilatte-Sukzession [was sich zwischenzeitlich als Irrtum herausgestellt hat, da der Konsekrator Lullys, W.W. Webb, nie von Wadle in die Vilatte-Linie geweiht worden ist. Trotzdem ist auf Bertiaux die Vilatte-Sukzession via Crow, Wilmott-Newman, Powell und Barber gekommen]. Diese apostolische Sukzession [Vilatte] ist dieselbe, die vom französischen Martinisten und gnostischen Bischof Constant Chevillon [via Arnoldo Krumm-Heller] auf den schweizer O.T.O. Bischof H.J. Metzger gekommen ist, der den Crowley-Orden von Karl Germer geerbt hat.

Der Leser sollte im Auge behalten, dass die Initiationslinien des O.T.O. und des Martinismus durch das gnostische Episkopat miteinander verbunden sind. Ebenso sind die Sukzessionen des esoterischen Voodoo mit den O.T.O.-Sukzessionen im Gnostizismus vereint worden: im magischen Ritus von Memphis-Misraïm.

Gnosis in Haïti

Am 31. August 1968 konsekrierte Bertiaux in Haïti Doktor Pierre-Antoine Saint Charles (geb. am 21. Juli 1934) ins Episkopat der Ecclesia Gnostica Cabalistica. Dieser neue Bischof und Patriarch nahm den Namen Tau Eon III/Tau VIII [?] an. Und so sind in einem haïtianischen Adepten und gnostischen Voodooisten folgende Sukzessionslinien (parallel zu denjenigen von L.-F. Jean-Maine von 1910) vereint:

(1) Die Encausse-Sukzession der Superieur Inconnus des Martinismus;
(2) die O.T.O. Ecclesia Gnostica Hermetica und die Choronzon Club Sukzession via Shreves;[24*]
(3) die Vilatte-Sukzession des gnostischen Episkopats, jetzt auf allen Crowley-Orden [?];
(4) die Memphis-Misraïm-Sukzession, die Ecclesia Gnostica Spiritualis und die Ordo Templi Orientis Antiqua-Sukzession via L.-F. Jean-Maine;
(5) die Voodoo-Sukzessionen der vier Grade (siehe oben), die Doktor Saint-Charles aus der haïtianischen Tradition bezog.

Um die Ecclesia Gnostica weiterzuführen, tauschte P.-A. Saint-Charles mit Bertiaux seine Voodoo-Konsekrationen aus. Als Hector-François Jean-Maine seine magischen Eigenschaften als esoterischer Voodoo-Hohe-Priester der Sukzession der Ecclesia Gnostica Spiritualis zufügte, wurden diese Voodoo-Kräfte nochmals verstärkt. Und so treffen die Ströme des esoterischen Voodoo mit Aleister Crowley in einer eindeutigen Sukzession gnostischer Bischöfe zusammen.

Um noch mehr haïtianische Elemente ins Episkopat der Ecclesia Gnostica Spiritualis einzubringen, konsekrierte Bertiaux am 27. Juli 1970 Jean Padern Leconte/Tau Ogdoade V/Tau XV (den bekannten haïtianischen Wissenschaftler, geb. am 27. Juli 1930). Dieser neue Bischof ist der Grossenkel von Haïtis Präsident Michel-Cincinnatus Leconte und Nord Alexis. Ebenso ist er Autor verschiedener massgebender

---

[24*] Dies interpretiert Bertiaux als Crowley-Sukzession

Studien über Konsekrationen. Auf diese Weise ist ein weiterer Crowley-Zweig zum gnostischen Strom Haïtis gestossen.²⁵*

Und die Ecclesia Gnostica Spiritualis? Ja, sie existiert ebenfalls noch. Tatsächlich, um die Worte John Yarkers zu gebrauchen, als er den Ritus von Misraïm beschrieb, *"in a quiet way it is still conferred in this country under its own Supreme Council,"* setzt sie sich [1978] zusammen aus H.-F. Jean-Maine, P.-A. Saint-Charles, Bertiaux, Shreves, aus J.P. Leconte und dem franco-haïtianischen Geist des "Maître Therion."

4/22/91

Dear Pierre-Robert = I am sending to you your chart of appointment as 97° - M-M. hierophant for Switzerland. Let me answer the questions from your letter of Mars 25, 1991. I was in Haïti in 1963 but only in the month of August, & was employed by the Anglican Church of Haïti as a Philosophy Teacher. However, I returned to the USA in September, 1963 & was thereafter employed as a curate in the Anglican Church of the USA in Seattle, Washington. I think that Haïti has always been very poor & that I suppose people go there on vacations, but I think that Santo Domingo, Brazil are better. For a perfect vacation go to Brazil, because in Bahia the African cults are still active. I'm glad the Mass of Shiva is to be published. Yes, you may translate & publish my writings.

25* In den 1970er Jahren beginnt nun Bertiaux im "Fate Magazine" für die Monastery of the Seven Rays zu inserieren

Die Geschichte des O.T.O.A (1921 - 1985)

von Manuel C. Lamparter[26*]

Ed.: Lamparter ist am 15. Juni 1942 als Sohn eines spanischen Vaters und einer kubanischen Mutter mit deutschem Vater in Sevilla geboren. Lamparter arbeitet als Hals-Nasen-Ohren-Arzt an der Universitätsklinik und der Medizinerschule in Sevilla. Mit seiner ersten Frau, die jetzt in Frankreich mit einem Chirurgen verheiratet ist, teilt er 1990 zwei Töchter, 18 und 19 Jahre alt. Seine zweite Frau, [1990] eine 34jährige Physiotherapeutin, angestellt im selben Spital wie er, hat ihm drei Söhne geboren, 10, 12 und 13 Jahre alt. Frau Lamparter ist Gnostischer Bischof der Ecclesia Gnostica Latina. Ihm zur Seite stehen u.a. Jose Castro/Tau Fellicisimus, Ramon Vasquez/Tau Armenius,[27*] Pedro Perez/Tau Aureolus und Luis Asensio/Tau Atanasius.[28*] Über Lamparter ist im FRA-Reader (Ein Leben für die Rose) nochmals zu lesen.
Der von Bertiaux aus Marc Lullys Notizen[29*] mündlich kompilierte und von Lamparter in schriftliche Version gebrachte Tonband-Text von 1978 wurde für die deutsche Ausgabe geändert, was die Werbung für ein längst eingegangenes internes Blättchen und den aktuellen Stand der Recherchen betrifft. Er knüpft direkt an Bertiaux' "Crowley und die haïtianischen Götter" an. Er ist ein weiteres Beispiel einer Selbstdarstellung und der gnostischen Inflation von Ordens- und Kirchengründungen. *P.R. König.*[30*]

--+--

1902 führte der damalige englische Grosshierophant des Primitiven Ritus von Memphis-Misraïm, John Yarker 97°, eben diesen Ritus in Deutschland ein. Die ersten deutschen Führer wurden C. Kellner und Theodor Reuss, die daraus den magischen Ordo Templi Orientis gründeten. Dies geschah durch die Reduktion der 97 Memphis-Misraïm-Grade auf neun plus einem zusätzlichen zehnten, rein administrativen Grad.

Lucien-François Jean-Maine wurde in Leogane, Haïti, am 11. Januar 1869 geboren. Er starb in Boston am 30. April 1960. Er wurde initiiert in die vier Voodoo-Grade und amtete seit 1899 als konsekrierter gnostischer Patriarch. 1910 erhielt er die O.T.O.-Sukzession von Encausse, der sie um 1908 bekommen hatte. Encausse übergab Jean-Maine seine magische Konsekration, damit ein dem O.T.O.ähnlicher Orden in Haïti gegründet werden könne. Und so entstand am 22. Dezember 1921 offiziell in Haïti der Ordo Templi Orientis Antiqua. Kurz darauf, 1922, wurde "La Couleuvre Noire" auf der Basis des haïtianischen O.T.O.A. organisiert.

26* Kompiliert aus Bertiaux' Kursen der "Monastery of the Seven Rays" und den Tonband-Lektionen: "The Gnostic Church and the Rites of Memphis-and-Misraïm," "Sexual Magic and the Rite of Memphis-Mizraim," "History of our work in the Gnosis," 1-3
27* "has a computer company with all modern systems in computer," Manuel Lamparter, Brief vom 4.2.91
28* Namen aus dem Brief Lamparters an Julijan Naskov am 3.1.90
29* Bertiaux, Briefe vom 4.2. und 4.4. 1990. "This material was destroyed by Lully," Brief vom 1. Juli 1991
30* "Yes, thank you for publishing my history of the O.T.O.A. It is a good thing for the Order, as there are many people that only know the O.T.O. (Crowleyan) activities." Lamparter, Brief vom 27.4.91

Spaltung des Französischen O.T.O.

Nach dem Tode Encausses/Papus 1916 spaltete sich der französische O.T.O. Eine Gruppe, geleitet von Jean Bricaud *[1881-1934]* in Lyon und vagen sexualmagischen Ahnungen, wandte sich Reuss zu, um eine neue Linie von Sukzessionen und Initiationen zu bilden. Reuss hiess diese gut, indem er ihr seine magische Linie von Konsekrationen übertrug.

Jean-Maine fand sich an der Spitze des ursprünglichen Pariser Ordens wieder, der der originalen Konstitution von Papus und Synésius *[Fabre des Essarts, 1848-1917]* folgte *[?]*. Er beschloss, nach Spanien zu ziehen, wo der Original-Orden am stärksten präsent war und nahm so 1919 Sitz in Madrid. Erst dort erfuhr er, dass Jean Bricaud schon 1908, sich von Synésius' Autorität trennend, eine eigene gnostische Kirche gegründet hatte *[zuerst Église Gnostique Catholique, sich aber bald Église Gnostique Universelle nennend]*. Irritiert durch diesen Konflikt innerhalb des Gnostizismus, ernannte Jean-Maine 1921 seinen europäischen Stellvertreter: Martin Ortier de Sanchez y Marraga. Jean-Maine selber brach nach Haïti auf und gründete dort am 22. Dezember 1921 den O.T.O.A. Kurz darauf, 1922, wurde "La Couleuvre Noire" auf der Basis des O.T.O.A. organisiert.
Jean-Maine heiratete die jüngste Tochter des Voodoo-Patriarchs in Leogane. Nur ein Kind entsprang dieser Verbindung, die auf der magischen Idee beruhte, einen idealen Körper für die noch zu kommende Seele eines fortgeschrittenen Adepten zu bilden. Dieser Sohn wurde am 18. Januar 1925 geboren, Hector-François genannt und gemäss Voodoo-Riten von seinem Vater beschnitten.

Nach und nach absorbierte "La Couleuvre Noire" den O.T.O.A., der am Schluss nur noch in Spanien unter Lucien-François Jean-Maines Autorität fortbestand. In Frankreich konzentrierte sich Bricauds O.T.O. um dessen Buchhandlung. Aleister Crowley führte die O.T.O.-Autorität für England nach dem Tod des Grossmeisters Reuss 1923 weiter.[31*] In Skandinavien existierte jedoch noch ein O.T.O., der der originalen Papus-Konstitution folgte und der sich der Gnostischen Kirche der Ophiten[32*] angeschlossen hatte. Diese Kirche wurde 1912 von Jean-Maine innerhalb seines O.T.O. organisiert und beugt sich heute als skandinavischer Gnostischer Orden vollkommen der Jurisdiktion der "Monastery of the Seven Rays." Von 1922 bis zu seinem Tode 1960 widmete sich Jean-Maine seinen Studien und der Erziehung seines Sohnes Hector-François.
Beide hatten die Ämter "Master Zothyrius," "Master Mercurius," "Master Aquarius," und "Master Capricorn" inne.

Jean-Maine bemühte sich, seine Idee, eine vereinte Familie aller Gnostiker zu bilden, Bricaud und seinen Nachfolgern nahezubringen. Diese fürchteten aber eine magische Konkurrenz und veranlassten, dass alle Beweise der Existenz der alten gnostischen Kirchen zerstört wurden. Auf diese Weise ist es unmöglich gemacht worden, eine Verbindung von Jean-Maine und Encausse dokumentarisch zu belegen. Allein im spanischen Souveränen Sanctuarium des Memphis-Misraïm, von dem alle französischen Okkultisten zugeben, dass Encausse daraus seine eigenen Memphis-Misraïm-Grade bezog, wurden diese Dokumente aufbewahrt. Da diese Dokumente

---

31* Sicherlich entgegen Reuss' Willen, wie im geplanten Reader zu Arnoldo Krumm-Heller (Ein Leben für die Rose) aufgerollt wird
32* Ophiten sind christliche Gnostiker, denen libertinistische Riten vorgeworfen werden. Wissenschaftliche Sekundärliteratur z.B. siehe Fussnote 1

die grundlegende Verbindung zwischen "The Monastery of the Seven Rays" und dem System des esoterischen und gnostischen Voodoo belegen, werden sie sorgfältig gehütet, um deren Vernichtung durch diejenigen Leute zu verhindern, die der schwarzen Rasse gnostische Initiationen vorenthalten wollen.

Dies ist der Grund, weshalb der Orden der Martinisten in Paris sich weigert, irgendwelche Haïtianer in den Ritus der Elus Cohens zu weihen: Allein aus dem Grund, weil befürchtet wird, die Haïtianer könnten ihr ursprüngliches Recht auf diese Grade magischer Erkenntnisse und Beschwörungen fordern und dann selber die Fassade des modernen Pariser Okkultismus niederreissen.

Deshalb können die gültigen haïtianischen gnostischen Bischöfe nur in unserer Tradition gefunden werden, die zur Zeit unter der Jurisdiktion des haïtianischen Patriarchen Doktor Pierre-Antoine Saint-Charles steht.

In Haïti versuchte Hector-François Jean-Maine das Interesse am O.T.O.A. zu wecken. Dieser Orden entwickelte sich in Spanien zu einem hochinteressanten sexualmagischen System, indem er zwischen 1948 und 1949 begann, die 16 magischen Grade des O.T.O.A. in der Form Lykanthropischer Kabbalistik auszubauen.[33*] Die Lykanthropische Sexualmagie wurde in den Reihen der besten Adepten der "Couleuvre Noire" entwickelt.[34*] Diese magische Strömung (im Januar 1949 etabliert) griff auf die gnostischen, ophitischen, naassenischen[35*] und tantrischen Ideen der originalen Papus-Konstitution zurück.

Am 5. Januar 1949 eröffnete Hector-François den Tempel der "Two Yggdrasill (The Solar-Legbah and the Stellar-Legbha)"[36*] vor versammelter Grossmeisterschaft der haïtianischen Esoterik mit einem sexualmagischen Ritual. Sein nackter Leib war mit den roten, orangenen, gelben, crèmefarbenen und purpurroten Symbolen der Lykanthropischen Kabbalistik bemalt. Auf diese Weise wurde das ophitische System magischer Punkte ritualisiert, das in den Kursen der "Monastery of the Seven Rays" diskutiert wird. Mit jeder Ejakulation eines jeden Orgasmus wurden der mächtige Choronzon[37*] und andere Wesenheiten von jenseits unseres Universums fühlbar materialisiert.

Am 27. Januar 1949 kletterte Hector-François ausserhalb Leogane auf einen Berg. Sein Ziel war, zu zeigen, dass der O.T.O.A sich von "La Couleuvre Noire" unterscheide und in keiner Weise mit dem O.T.O. verbunden sei.[38*] Auf dem Berggipfel, umgeben von 16 Meistern des O.T.O.A., begann er den Himmelsgeist anzurufen. Und wiederum vollkommen nackt, den Körper mit den magischen Symbolen der 16 magischen Planeten der gnostischen Kosmologie bemalt, vollführte der 24jährige, von der kosmischen Schlange besessene Magier Tänze und sexualmagische Akte mit den anwesenden Priestern. Die daraus resultierenden Materialisationen im Orgasmus zeigten, dass der O.T.O.A. tatsächlich den wahren magischen Strömungen des Aeons

---

[33*] Bertiaux verfasste einen "Lycanthropic Sex Magic Course" (Chicago 1980), in dem sich der Ausübende meditativ in einen sexuell aggressiven Werwolf hineinversetzt ("You are the one that I will destroy"), währenddem er sich Puls und Blutdruck misst, um Bertiaux nachher die Ergebnisse mitzuteilen. Ein weiterer Teil dieses LSMC ist die Niederschrift eines Tangichi Kuro, geb. 1962 in Honolulu/Hawaï, über dessen Fortschritte mit Sexualmagie
[34*] Der Zusammenhang zwischen der Kabbalistischen Lykanthropie und der Couleuvre Noire wird nochmals im Text zum "Sexualmagischen System des OTOA" behandelt
[35*] Die Naassener und Valentianer vertreten die Abwertung der Frau, resp. die Auffassung, dass nur Männer in das "himmlische Königreich" eingehen. Kurt Rudolph: "Die Gnosis," Leipzig 1980(2), 292
[36*] Legbah ist der Botschafter/Schwertträger des Loa
[37*] Der König der Vampire: eine Art thelemitischer Oberteufel aus Aleister Crowleys Biographie
[38*] Vgl. König, Das OTO-Phänomen, Kapitel "Praktiken und Geheimnisse des OTO" (ebenfalls in: König, Der Kleine Theodor Reuss Reader) und "Das Sexualmagische System des OTOA" im vorliegenden Reader

folgte, und dass Hector-François auch tatsächlich der magische Hohepriester des neuen magischen Aeons war.

O.T.O.A. und Gnostische Kirche

1955 führte Hector-François, von seinem Vater unterstützt, den O.T.O.A. in eine gnostische und ophitische Kirche über. Der Grund hierfür war ein einfacher. Erstens war er an der Möglichkeit interessiert, alle initiatorischen Aktivitäten zu vereinen und zu vereinfachen. Wissend, dass andere Gruppen die Bezeichnung O.T.O. in Westeuropa verwendeten,[39*] versuchte er jede Verwechslung seines eigenen magischen Ordens und der Nicht-Voodoo-Orden zu vermeiden. Zweitens wollte er sein eigenes System verfeinern, indem er neue Tiefen der Sexualmagie erforschte, ohne einem schon bestehenden traditionellen Schema zu folgen. Mit dieser Absicht suchte er seinen eigenen Tempel Lykanthropischer Kabbalistik weiterzuentwickeln. Dank seiner Reisen im Zusammenhang mit seiner Erziehung und vor allem mit seinen Studien in Afrika für seine Dissertation über den Ursprung der magischen Pflanzen, die von Voodoo-Hohepriestern mit den Sklaven in der früheren Kolonialzeit nach Haïti gebracht wurden, war er in der Lage, Kontakt mit zahlreichen Magiern und Hexern aus allen Teilen der Welt aufzunehmen. Im Austausch der Initiationen mit diesen Adepten gelang es ihm, eine tatsächlich universelle Gnosis von Sexualmagie zu entwickeln.

Sein Vater starb 1960, und die Leitung der Gnostischen Kirche des Memphis-Misraïm wurde Doktor de Sanchez y Marragas übertragen, der die wenigen und weltweit verstreuten Adepten der "Monastery" in Spanien führte. Die gesundheitliche Lage zwang diesen aber, Hector-François um Mithilfe zu bitten.

M.P. Bertiaux

Bertiaux wurde im Januar 1935 in Seattle geboren, studierte Theurgie unter haïtianischen Meistern und lernte Voodoo von 1953-75. Am 15. August 1963, während er Port-au-Prince/Haïti besuchte,[40*] erklärte Doktor Jean-Maine Bertiaux, dass er dessen Hilfe benötigte, da er vorhabe, nach Madrid zu gehen, um ins Patriarchat der Ecclesia Gnostica konsekriert zu werden. Ein Übereinkommen wurde geschlossen und ein magischer Pakt eingegangen. Nach seiner Rückkehr in die USA gab sich Doktor Bertiaux vollkommen seinen esoterischen Studien hin und hielt gleichzeitig telepathischen Kontakt mit Doktor Jean-Maine.

Am 2. November 1963 wurde Hector-François Jean-Maine zum Gnostischen Patriarchen konsekriert. Dieser katholische Festtag, auch bekannt als Allerseelen, ist im Voodoo als Festival des Gottes der Magie, des Allmächtigen Guedhe-Nibbho, geheiligt. Kurz danach wurde Doktor de Sanchez y Marraga krank und starb. Mit Hilfe magischer Techniken wurde er für die nächsten fünf Jahre astral in der Magnetsphäre der Erde gehalten, so dass Hector-François weiterhin jedes Detail über sein magisches Amt lernen konnte. In der Tat war es aufgrund dieser Methode, dass Doktor de Sanchez y Marraga und Hector-François 1966 Doktor Bertiaux magisch konsekrieren konnten. Als 1966 der weltweite Einfluss der Gnostischen Kir-

---

[39*] Das "Caliphat" wird erst 1977 in Kalifornien gegründet
[40*] Das Werbeblatt des OTOA nennt die Loge "Arc-en-Ciel" in Petionville/Haïti

che zugenommen hatte, entliess Doktor Jean-Maine das astrale Selbst des Doktor de Sanchez y Marraga und leitete selber den Alten und Primitiven Ritus von Memphis-Misraïm, unterstützt von Doktor Bertiaux und anderen gnostischen Patriarchen.[41*] 1970 konsekrierte Hector-François Doktor Bertiaux zum Souveränen Grossmeister des O.T.O.A., was seiner Wahl in dieses Amt durch die Grossmeister von Spanien, Haïti und Louisiana-Illinois folgte. Dieser Grad mit dem numerischen Wert XVI°=96° wird vom Assistenten des Grosshierophanten des Ritus von Memphis-Misraïm innegenommen, der selber die Grade 97°=336 innehat. 1972 erhielt Bertiaux die Grade 97°=335° und aktiver 97°=336 während Jean-Maines Abwesenheit.

In der Woche vom 10. zum 17. April 1973 wurde in Liège, Belgien, eine weltweite Synode gnostischer Bischöfe aller wahren gnostischen Sukzessionen und Vereinigungen gehalten. Folgende Organisationen schickten ihre Repräsentanten:

1. The Monastery of the Seven Rays.
2. The Ecclesia Gnostica Spiritualis.
3. The Ancient and Primitive Rite of Memphis-Misraïm.
4. The Ecclesia Gnostica Ophitica.
5. The Universal Martinist Federation of Initiates.
6. The Albigensian Gnostic Rite of Haïti.
7. Die Vereinigung für gnostisches und magisches Christentum.
8. Die Vereinigung für gnostische und theurgische Ontologie des esoterischen Christentums. (7 und 8 sind schweizerische gnostische und magische Orden auf katholischer Basis und initiatorischen Charakters).
9. The Esoteric Rite of the Rose-Croix.
10. The Church of the Mandala of Giordano Bruno.
11. The Fraternitas Hermetica.
12. The American Synod of Gnostic Bishops.
13. The QBL Alchemist Church.
14. The Martinist Order of the Rose-Croix and Aleph-Initiates.
15. The Interior Sanctuary of the Elus Cohens.
16. The Naasenian Gnostic Brotherhood of Initiates and Adepts.[42*]

Diese mystischen, initiatorischen Orden, die sich von den alten gnostischen und hermetischen Traditionen des westlichen Okkultismus herleiteten, gaben ihre Zustimmung zur magischen Geschichte der Ecclesia Gnostica (Ritus von Memphis-Misraïm) ebenso wie zum Austausch von Initiationen und Konsekrationen unter allen Anwesenden. Diese Orden magischer Adepten stimmten der Gründung einer weltweiten Bruderschaft von Adepten zu, die innerhalb der "Monastery of the Seven Rays" residieren und nach aussen den Namen "Le rite ancien et primitif de Memphis-Misraïm" tragen sollte. Jeder Orden, jede konstituierte Organisation oder Gesellschaft sollte seine/ihre initiatorische Tradition vom Gradsystem des Memphis-Misraïm herleiten. Demzufolge wurde Doktor Jean-Maine Grand Hierophant aller 16 obengenannten Orden und Unterorden. Er nahm den 97°=336° an.[43*]

41* Lully
42* "Einer dieser Delegierten kam aus Japan." Zusatz im "Monastery of the Seven Rays"-Kurs 43A-2, ohne Ort und Datum
43* Bertiaux hat den 97°=335° inne

Monastery of the 7 Rays

In den späten 1960er und den frühen 1970ern schrieb Doktor Bertiaux auf Anfrage der Bischofssynode der Ecclesia Gnostica Spiritualis die Vier-Jahres-Lektionen, die den Basis-Kurs der "Monastery of the Seven Rays Outer Retreat" bilden, die vom "Inner Retreat" in Chicago geleitet wurden.

Ursprünglich war die "Monastery of the Seven Rays" eine römisch-katholische und benediktinische Institution, wie ihr Name andeutet. Viele dieser ursprünglichen Traditionen scheinen in den Praktiken dieser Schule überlebt zu haben. Im 18. Jahrhundert war die "Monastery" ein Forschungszentrum der Gnostisch Katholischen Kirche in Spanien. Diese Kirche muss als "Altkatholische" Tradition begriffen werden und nicht im Sinne von Aleister Crowleys Gruppen.

Heutzutage ist die "Monastery" ein Zentrum magischer Kurse und Instruktionen. Sie wurde reorganisiert durch die Aktivitäten des Ritus von Memphis-Misraïm, einem ehemaligen maurerischen Orden, der nun völlig theurgisch geworden ist. Der äussere Kreis der "Monastery" ist zu einer Schule internationaler Korrespondenzklassen über magische Themen gewachsen, während der innere Kreis (der physisch nicht in Spanien zu finden ist) Zentrum für Forschung und Einweihung wurde.

Die Lehren der "Monastery" leiten sich von Gnostizismus, Bon-Pa, Tantrismus, Voodoo, Kabbala und ausserirdischen Quellen her. Trotzdem sind die Ziele der "Monastery" immer mit thelemischen Prinzipien identisch gewesen, klar in ihrer immer undogmatischen Aussage, dass Selbsteinweihung das höchste Ziel des Okkultismus sei. Einige Adepten des Inneren Ordens haben deshalb am 15. August 1973 das Gesetz von Thelema formal akzeptiert.

Auszug aus Kenneth Grants OTO-Magazin "MEZLA" #3 vom Winter 1973

Die innere Leitung der M7R befindet sich auf den Höhen der Anden in Südamerika... die äussere Leitung in Coin, Spanien. Die M7R bezieht ihre Kräfte von der Weissen Loge Haïtis.
In den ersten 16 Monaten beschäftigen sich die Studenten mit einer Einführung in den Okkultismus, Astralen Magnetismus, Voodoo und Meditation. Die nächsten 16 Monate sind der Sexualmagie des Voodoo gewidmet, während die letzten zwei Kurse den höheren magischen Studien, esoterischen Techniken, Kosmologie und praktischer Gnosis gehören.
Obwohl am 15.8.1973 das Gesetz von Thelema akzeptiert worden ist, bleibt die M7R undogmatisch. *(Ken Ward)*

(Fortsetzung Lamparter/Bertiaux)

1975 wurde Doktor Bertiaux von Jean-Maine zum Grand Hierophant Conservateur des Ritus von Memphis-Misraïm ernannt. Im selben Jahr wurde ein kanadischer Schüler der "Monastery," Ken Ward, beauftragt, die thelemitisch orientierten Studenten zu beaufsichtigen. 1976 wurde Ward Grossmeister des O.T.O.A., um die Forschungszirkel, die Kommunikationsprogramme und die Publikationen der Thelemiten effizienter zu organisieren. *[Am 20.2.76 wird Manuel Cabrera Lamparter Bertiaux' Repräsentant für Spanien und Portugal.]*

Seit diesem Jahr operierte der O.T.O.A. von innerhalb des M7R-Systems aus und wurde von Grossmeister Ward geführt, der in direktem Kontakt mit dem Inneren Kreis und Grosshierophant Bertiaux stand. Der Orden selbst hörte zu lehren auf, da die "Monastery of the Seven Rays" das lehrende Vehikel für den O.T.O.A. wurde.

Im Dezember 1981 zog sich Ken Ward zurück und übergab sein Amt des Souveränen Grossmeisters *[per 1.1.82]* an Manuel C. Lamparter, sanktioniert *[am 6.11. und 20.12.1981]* von Doktor Bertiaux. Doktor Lamparter war persönlicher Schüler Michael Bertiaux' und ein Student der "Monastery of the Seven Rays" seit 1976. Unter Doktor Lamparter führte der O.T.O.A. die von Ken Ward eingeführte Tradition fort, freundschaftliche Kontakte mit anderen thelemitischen und gnostischen Gruppen zu pflegen. Am 25. Dezember 1982 wurde Manuel C. Lamparter vom Most Reverend Rosa Miller in Sevilla, Spanien, zum gnostischen Bischof konsekriert. Tau Rosa ist im Besitz aller gültigen gnostischen Sukzessionen,[44*] und sie akzeptierte Doktor Bertiaux' Aufforderung, nach Spanien zu reisen, um Manuel C. Lamparter dort zu konsekrieren. 1983 wurde die spanische Gnostische Kirche von Lamparter unter dem Namen "Ecclesia Gnostica Latina" (Ecclesia Gnostica Spiritualis) gemäss der O.T.O.A.-Struktur und den Lehren der "Monastery of the Seven Rays" neu organisiert.

Bis 1985 ist der O.T.O.A. eine thelemitische Organisation, deren Mitglieder das Gesetz von Thelema akzeptieren und ihr Leben danach ausrichten, obwohl das Individuum die thelemitischen Lehren auslegen kann, wie es will. Die 16 Grade (eine Ausweitung der vier Elemente in die vier Dimensionen des Raumbewusstseins) sollen nur als strukturelles Werkzeug gesehen werden. Diese Grade dürfen nicht als Statussymbol betrachtet werden, denn jeder ist dem anderen gleichwertig. Der O.T.O.A. soll als magische Maschine funktionieren, allein angetrieben von den okkulten Energien seiner Mitglieder. Deshalb ist das Gradsystem notwendig. Eine effiziente Maschine muss präzise aufgebaut sein, ansonsten die Energien verloren gehen.

Zusatz in der 1989-Version des Werbeblättchens "Technicians of the Sacred," Organ der gleichnamigen von Courtney Willis 1983 gegründeten Organisation:

1988 wurde Doktor Lamparter durch den Grosshierophanten Michael Bertiaux zum Souveränen Absoluten Grossmeister (S.G.M.A.) ernannt.[45*] *[Lamparters mangelnde*

44* Konsekriert am 18.1.81 von Stephan Hoeller und Gregory Barber in Palo Alto, Kalifornien. Hoeller konsekriert 1967 von Richard Duc de Palatine - Barber tauschte am 16.679 die Apostolische Sukzession mit Bertiaux aus - Hoeller distanziert sich jedoch heftig von Bertiaux
45* "It is not necessary for the SGM to be a bishop + Courtney does have good international contacts. You can supervise him, easily." Bertiaux an Lamparter, Brief am 11.11.1988

Englischkenntnisse und die Tatsache, dass der europäische OTOA bislang allein in Spanien und Italien[46] existiert, veranlassen Lamparter, am 27.10.1988 Bertiaux vorzuschlagen, dass Courtney Willis als neuer SGM vorzuziehen sei.]* Im Dezember 1988[47*] erhob Doktor Lamparter dann Courtney Willis/Tau Ogdoade-Orfeo VIII zum Souveränen Grossmeister des O.T.O.A., sanktioniert von Doktor Bertiaux.[48*] Doktor Willis, ebenfalls ein persönlicher Schüler Bertiaux', hat ein natürliches magisches Talent und gilt als führende Kraft der neo-afrikanischen Religionen und magischen Bewegungen.[49*]

Unter Doktor Willis knüpft der O.T.O.A. weiterhin weltweit freundschaftliche Kontakte mit magischen, gnostischen, thelemitischen, neo-afrikanischen, afrikanischen und okkulten Gruppen. Aber er ist keine thelemitische Organisation mehr, sondern richtet sich ganz gnostisch und magisch aus, da Courtney Willis zu den spirituellen Wurzeln des Voodoo, d.h. den ursprünglichen esoterischen Absichten der Jean-Maine-Familie zurückkehren möchte. Dazu wird er von Michael Bertiaux ermuntert.

Aus einem Werbeblatt des OTOA für Neu-Eintretende

In Chicago arbeitend und lebend, leitet Bertiaux die Korrespondenzloge der M7SR 5. Jahr-Studenten und die weiter entwickelten Schüler und Meister der Loge "Sateriel," die unter der Jurisdiktion der Transyuggothischen Bruderschaft der Schamanen steht. Er ist Meister der Gesellschaft "Zombimacher" (siehe sep. Kapitel) und der in Chicago lokalisierten "Couleuvre Noire."
Seit 1975 dient Bertiaux ausserdem als Gross-Hierophant-Konservateur des Alten und Primitiven Ritus von Memphis-Misraïm, ist dem theurgischen Werk der Monastery und der "Couleuvre Noire" verbunden und steht als Meister den zwei Logen "Ormus" und "Bengazi-Elohim" in Chicago vor. Bertiaux rät, dass "Ormus" die Kandidaten für "Sateriel" vorbereitet und führt diejenigen Studenten, die nicht Mitglied der Monastery geworden sind, durch den 5. Jahrkurs. "Bengazi-Elohim" bereitet die Studenten auf esoterischen Voodoo und Einweihung in die "Zombimacher" vor; ausserdem an Zeitreise interessierte Studenten. Da die "Bengazi-Elohim" in Kontakt mit ausserirdischen Intelligenzen ist, dient sie als Vorbereitung für die Loge "Famille Ghuedhe."[50*] Alle Mitglieder müssen sich physisch in Chicago einweihen lassen. Ausserhalb Chicagos lebende Schüler können sich per Korrespondenz auf eine solche vorbereiten.

46* Hintergründe dazu im "OTO-Phänomen"
47* Januar 1989?
48* Lamparter möchte keine Führungsrolle mehr einnehmen, sondern sich seinen 11 Bischöfen widmen: "I am tired of this irksome mission," Brief vom 13.1.92
49* "I should remain as Sovereign Grand Master Absolute, the adviser of Courtney," Lamparter an Bertiaux, Brief am 27.10.88. Lamparter ernennt Jose Castro/Pepe als SGM für Spanien und wählt für sich ein neues esoterisches Motto: ATAL
50* Mehr dazu im Kapitel "Tempel der Methodologie"

Monastery of the Seven Rays - Gnosis des Feuers

M.P. Bertiaux zu den Gnostischen Sukzessionen - Auszug aus dem 4. Jahrkurs in Esoterischer Magie, Teil II, Esoterische Kosmologie, 43A-3ff.

Gemäss dem göttlichen Emanationsprozess finden wir folgende Konsekrationen, die die Grundlagen für das Zeitalter des Lichtes legten:

1. Tau Theese I, 1710 wahrscheinlich in Paris von unbekannten Bischöfen der Église Hieroglyphique des Imagiers konsekriert.
2. Tau Theese II, als Bischof 1741 in Paris konsekriert von Tau Theese I.
3. Tau Theese III, wiederum in Paris 1758, diesmal von Tau Theese I und Tau Theese II zum Bischof geweiht.
4. Tau Theese IV von Tau Theese III in Paris 1791 zum Bischof konsekriert.

Die Ecclesia Gnostica im 19. Jahrhundert setzte sich aus folgenden gnostischen Bischöfen zusammen:

1. Tau Orfeo I (Tau Lumière-Bleue) wurde am 25. Dezember 1815 von Tau Theese IV in Paris zum Bischof der Ecclesia Gnostica Magica konsekriert. Er stellt die Verfeinerung der Planeten Merkur bis Mars dar.
2. Tau Orfeo II (Tau Lumière-Violette-Bleue) wurde am 22. Dezember 1829 von Tau Orfeo I in Malaga/Spanien zum Bischof der Ecclesia Gnostica Magica konsekriert. Er ist die Verfeinerung der Planeten Jupiter bis Uranus.
3. Tau Orfeo III (Tau Lumière-Bleue-Violette) wurde am 27. Juli 1842 von Tau Orfeo II in Madrid/Spanien konsekriert. Er ist die Verfeinerung von Neptun bis zum transneptunischen Jupiter.
4. Tau Orfeo IV (Tau Lumière-Violette) wurde am 1. Januar 1855 von Tau Orfeo III in Toulouse/Frankreich geweiht.

1. Manuel Lopez-de-Brion (Tau Orfeo V) wurde am 2. Februar 1875 in Albi/Frankreich von Tau Orfeo I und Tau Orfeo IV zum Bischof der Église Gnostique d'Albigois geweiht. Dies bezieht sich auf die Zeitlinie Nummer 2 zwischen Pluto und der transneptunischen Venus.
2. Paul-Pierre de Marraga (Tau Orfeo VI) wurde am 2. Februar 1860 in Madrid von Tau Orfeo V zum Bischof der Ecclesia Gnostica Spiritualis (Albigensische Gnostische Kirche) geweiht. Dies ist die Zeitlinie 7 zwischen transneptunischem Mars und transneptunischem Jupiter.
3. Lucien-François Jean-Maine (Tau Ogdoade-Orfeo I) wurde am 15. August 1899 in Paris von Tau Orfeo VI zum Bischof der Église Ophite des Naaseniens (Ecclesia Cabalistico-gnostico de Memphis-Misraïm) geweiht. Zeitlinie 4, genau wo sich auch 7 befindet.
4. Martin Ortier de Sanchez y Marraga (Tau Ogdoade-Orfeo II) wurde am 22. September 1921 in Madrid von Tau Ogdoade-Orfeo I als Patriarch der Ecclesia Gnostica Spiritualis (Église gnostique d'Albigeois et des Naaseniens) und als

Grosshierophant des Alten und Primitiven Ritus von Memphis-Misraïm "*para todos los paises latinos*" eingesetzt. - Zeitlinie 6, genau zwischen transneptunischem Saturn und Neptun.
5. Hector-François Pierre Michel Eugène Jean-Maine (Tau Ogdoade-Orfeo III) wurde am 2. November 1963 in Madrid von Tau Ogdoade-Orfeo II zum Patriarch der Église Ophitico-Cabbalistique d'Haïti eingesetzt. Dies ist Zeitlinie 9 zwischen Neptun und Uranus. Er ist der jetzige Grosshierophant des Alten und Primitiven Ritus von Memphis-Misaïm und zusätzlich Patriarch der verschiedensten Gnostischen Kirchen und Orden, die innerhalb des Memphis-Misraïm-Ritus versammelt sind.
6. Michael Paul Bertiaux (Tau Ogdoade-Orfeo IV) wurde am 18. Januar 1966 in Chicago/USA durch Tau Ogdoade-Orfeo III als Patriarch der Ecclesia Gnostica Spiritualis eingesetzt. Zeitlinie 5 zwischen Uranus und Saturn.
7. Marc Antoine Lully (Tau Ogdoade III) wurde am 18. Januar 1967 durch Tau-Ogdoade-Orfeo IV als Bischof der "Ecclesia Gnostica Spiritualis de Memphis-Misraïm" des *[damals von Bertiaux geleiteten]* "Applied Lattices Research Institute" in Chicago. Zeitlinie 8 zwischen Jupiter und Mars.
8. *[R.M. Shreves]*[51*] (Tau Lucifer II)[52*] wurde am 10. August 1967 von Tau Ogdoade-Orfeo IV zum Erzbischof der Ecclesia Gnostica Spiritualis für die "Philosophic Gnostic Hermetic Society" in Joshua Tree/Kalifornien, eingesetzt.[53*] Zeitlinie 3 genau wie 8.
9. Pierre-Antoine Saint-Charles (Tau Eon III) wurde am 31. August 1968 von Tau Ogdoade-Orfeo IV in Chicago zum Patriarch der Ecclesia Gnostica Spiritualis de Memphis-Misraïm für die Église Cabbalistico-gnostique ernannt. Zeitlinie 1 zwischen Venus und Merkur.

Analogien

Tau Zothyrius, in Wirklichkeit Lucien-François Jean-Maine, wurde als Tau Ogdoade-Orfeo I am 15. August 1899 konsekriert. Tau Synésius *[Fabre des Essarts]* kreierte eine astrale Wesenheit, um Tau Ogdoade-Orfeo I zu helfen. Dieses Wesen existierte bis Januar 1942 in Spanien als Siège-Magique, als es ausgetauscht werden musste. Die damalige Hierarchie, geführt von Tau Ogdoade-Orfeo II, entschied, dass ein regierendes Konzil herrschen sollte, bis dass der Sohn von Tau Ogdoade-Orfeo II (der spätere Tau Ogdoade-Orfeo III) die Gnostische Kirche administrativ übernähme. Und so wurde Doktor Jean-Maine in das Amt des Master M. Aquarius berufen, ein Amt, das ursprünglich von seinem Vater entworfen wurde, um die neueren magischen Wissenschaften im Wassermannzeitalter zu regieren. Ausserdem hatte er das Amt des Tau Mercurius inne, ebenfalls in Sukzession von seinem Vater, Tau Zothyrius.

51* Bürgerlicher Name fehlt im Original
52* Bertiaux möchte entweder den bürgerlichen Namen von Shreves oder Conway bedeckt halten und verwendet m.E. für beide manchmal denselben esoterischen Namen "Tau Lucifer(ian) II" in seinen Texten. In einem Brief vom 4. Juni 91 enthüllt Bertiaux "Tau Lucifer II" als Conway
53* Das "OTO-Phänomen" deckt auf, was sich hinter all diesen Worthülsen verbirgt: Bertiaux und Lully haben von W.W. Webb, dem Gründer der "Philosophic Gnostic Hermetic Society" einen Brief erhalten. Daraufhin fanden verschiedene gegenseitige Konsekrationen zwischen Lully, Shreves und Bertiaux statt

Eine andere Form der Analogie gnostischer Kosmologie kann in der magischen Sukzession des Choronzon Club gefunden werden, der die Crowley-Sukzession in die magische Sphäre der Monastery bringt.

Choronzon Club

I. C.F. Russel wurde am 12. Mai 1921 von Crowley in dessen Abtei Thelema auf Cefalù/Sizilien in den inneren Grad des OTO aufgenommen. Dieser Grad ist der XI°-XVI°.

II. Doktor Franklin Thomas wurde am 30.1. 1936 durch C.F. Russel im Choronzon Club in Los Angeles/Kalifornien in denselben Grad eingeweiht.

III. William C. Conway/Tau Lucifer II erhielt am 1.1.1954[54*] im Choronzon Club in Joshua Tree/Kalifornien diesen Grad durch Thomas.[55*]

IV. Bertiaux wurde am 10. August 1967 in der "Philosophic Gnostic Hermetic Society," in Joshua Tree, durch Shreves[56*] eingeweiht.[57*]

Dies bringt die magische Tradition wieder zurück, von wo sie herstammte: in den Memphis-Misraïm-Ritus. Denn die magische Tradition des OTO, wie sie sich durch den Choronzon Club manifestiert, ist ein und dieselbe wie die älteste Art ägyptischer und chaldäischer Einweihung und Magie.

So vereinigen sich zwei gnostische Patriarchate in Doktor Pierre-Antoine Saint-Charles, der die moderne magische Strömung des esoterischen Voodoo repräsentiert.[58*]

54* Eher 1945
55* "Conway was druidic-mormon + tantric. He was not Old Catholic + did not believe in the apostolic succesion of the old Catholics." Bertiaux, Brief vom 1.7.91
56* Bertiaux verwendet in seinem Text "Tau Luciferian II," wobei er für Conway "Tau Lucifer II" benützt. Letztendlich bleiben all diese Daten sowieso unverbindlich und scheinen von Bertiaux oder Lully im Nachhinein konstruiert worden zu sein
57* Diese Daten werden im nachfolgenden Text des Herausgebers versuchsweise relativiert
58* Es bleibt unklar, was dieser mysteriöse Saint-Charles für eine Rolle spielt, da eigentlich beim OTOA und seinen angehängten oder ihn umgebenden Orden immer von Bertiaux die Rede ist

Bemerkungen zur lokalen Geschichte des OTOA

von M.P. Bertiaux, 7. Februar 1977

Als ich von Wheaton, Illinois, dem Nationalen Hauptquartier der Theosophischen Gesellschaft in Amerika, am 31. März 1966 nach Chicago zog, traf ich am Bahnsteig in Chicago Marc Lully (den jetzigen Imperator des OTOA) und Harold Holtzman, der vor einem Jahr, im Februar 1976, starb. Zu dieser Zeit genoss Crowley dank John Symonds zwei Büchern überhaupt keinen guten Ruf in der okkulten Gemeinschaft von Chicago. Dies ging auf vieles in Crowleys Leben (gemäss Symonds), aber hauptsächlich auf dessen homosexuellen Komponenten (die ihren Ausdruck im XI° fanden) und seiner drogeninduzierten schwarzen Magie zurück. Diejenigen, die Crowley studierten oder ihm sogar folgten, wurden generell der schwarzen Magie verdächtigt. Ich würde bald öffentlich Vorträge über sein Werk halten und seine Forschungen in noch dunklere Gebiete führen.
Es bedeutete eine Menge Arbeit von Marc und mir, Crowley für die ernsthafteren Studenten, Kabbalisten und die verunsicherten Personen, die eher am Golden Dawn und seinen Ablegern interessiert waren, zugänglich zu machen. Jetzt, 1977, ist Crowley reingewaschen, und es gilt als chic, ihn zu studieren. 1966 noch lief man Gefahr, seine Karriere als Vortragender und Lehrer zu riskieren, wenn man überhaupt nur von seiner Existenz wusste.
Unser Tempel war an der 5330 South Greenwood Avenue, im dritten Stock, nach dem Hof hinaus. Die Wände unseres grossen Raumes waren mit Spiegeln behangen und ein interessanter Altar schmückte den Raum. Die Spiegel wurden kurz vor meinem Umzug rituell zerstört, den Altar habe ich noch. An meiner neuen Adresse fügten wir dem Tempel Voodoo-Elemente hinzu, da ich ihn auch für die Leute der haïtianischen Gemeinschaft in Chicago zugänglich machen wollte. Ich glaube, es war Mitte Sommer 1966, als wir in etwas grösserem Umfange mit der OTOA-Arbeit begannen. Ich war damals Präsident der Theosophischen Loge, die H.P. Blavatsky 1884 installiert hatte, und hielt dauernd Vorträge. So traf ich die wenigen Überlebenden der alten Achad-Society und des Choronzon Club. Da beide wünschten, dass ich ihre Führerschaft übernähme und beide Körperschaften über eine authentische Tradition verfügten, wurde ich in beide eingeweiht, konsekriert und wurde deren souveräne Autorität im September 1966.
Im August 1966 hatte ich auch meine Arbeit mit dem Enochischen System des John Dee beendet und war auf weitere Entwicklungen vorbereitet. Im September 1966 zog unser Tempel von der Greenwood Adresse an die 5514 South Blackstone. Hier blieb er, bis Marc zur 30 East Division, Suite 5A, umzog, wo sich der OTOA-Tempel nun befindet. Dieser letzte Umzug geschah Mitte der 1970er.
Diese Adresse dient ausserdem als Operationsbasis für den Memphis-Misraïm-Ritus und ist zusätzlich die Energiezone der La Couleuvre Noire (LCN).
Da beschlossen wurde, den OTOA von LCN zu trennen, gibt es zwei Tempel.

Ich lehrte an der William Davidson Library (ein Zentrum für homöopathische Medizin und Astrologie) und wurde vom Kurator gebeten, am 6. und am 18. Dezember 1966 zwei Lesungen über Crowley zu halten. Diese Lesungen waren einerseits erfolgreich, hatten aber anderseits einen einschränkenden Effekt. Sie verkleinerten die Anzahl Türen, die sich mir künftig zu den Lesungen der Theosophischen Gesellschaft öffneten. Restriktiv war auch die Tatsache, dass ich über Voodoo Reden hielt. So hielten mich meine Vodoo- und Crowley-Lesungen nicht davon ab, mich innerlich weiter zu entwickeln, und als ich so etwas wie berüchtigt wurde, kümmerte es mich nicht mehr wie zu der Zeit, als ich über "sicherere" Themen sprach. Bald bat mich meine Theosophische Loge, eine Studienklasse über Crowley zu leiten; dies von Juni bis August 1967, jeden Donnerstagabend um 7.00 Uhr.

Um diese Zeit wurden wir von verschiedenen thelemischen Gruppen Kaliforniens, die Marc als meinen persönlichen Gesandten wollten, kontaktiert. Er war schon Vizepräsident unserer Theosophischen Loge. und so wurden wir im August 1967 in die Wüste von Yucca Valley, in der Nähe, wo Karl Germers Witwe lebte, zu einem Treffen geladen. Nach einer Woche, am 10. August 1967, akzeptierte ich die souveräne Autorität des einzigen authentischen OTO in Kalifornien. Wir tauschten die Konsekrationen aus, sie erhielten schamanistischen Inhalt, und ich wurde ihr Chef und Heiliger Schutzengel. Diese Feier, ich betone es, bedeutete KEINE politische Vereinigung, denn ihre Tradition sollte sich völlig frei entfalten können. Ich wurde lediglich ihr spiritueller Führer. Ich bestand allein darauf, dass die Leitung des kalifornischen Zweiges persönlicher Besitz des Grossmeisters des Memphis-Misraïm würde. Die Kalifornier akzeptierten und seitdem zentriert sich dieser Strom [current] in unserem Tempel.
Die amerikanischen und haïtianischen Adepten wollten, dass Marc eine aktivere Rolle im OTOA übernehmen sollte. Daraufhin wurde Marc zum Bischof der QBL Alchemist Church von Illinois, die vom gegenwärtigen Führer der AA in Kalifornien, William W. Webb, geleitet wird. Dies geschah am 4. November 1967. So endete die erste Phase unserer Arbeit in Chicago. Die nächste Phase begann, als hocheingeweihte Adepten aus Haïti eintrafen und den Voodoo-Tempel eröffneten.

Auszüge aus P.R. König: DAS OTO-PHÄNOMEN

Ed. Dieser kurze Auszug aus dem "OTO-Phänomen" soll alle bislang vorgestellten Daten nochmals knapp zusammenfassen und versuchsweise relativieren. Meistens fehlen für alle Daten historische Primärquellen/Dokumente. Das Thema der Wandernden Bischöfe ist ausführlich im "OTO-Phänomen" dargestellt. Ergänzungen folgen im nächsten Kapitel.

Lucien-François Jean-Maine
Geboren in Haïti am 11.1.1869. Am 15.8.1899 durch Paul-Pierre de Marraga (Ecclesia Cabalistica-gnostica de Memphis-Misraïm) und Manuel López de Brion in Paris konsekriert.[59*] 1907 [1908?] zum ersten Mal geweiht durch Joanny Bricaud [?Papus?], wiederholt am 11.1.1918 [oder 1919].[60*] Die Linien der Marragas und Brions sind im vorhergehenden Text aus der Sicht Bertiaux' vorgestellt worden.

Hector-François Jean-Maine
Geboren in Haïti am 18.11.1924. Am 27.1.1949 durch Robert Ambelain konsekriert. Am 25.1.1953 durch seinen Vater Lucien-François Jean-Maine, Henry Dupont und Ambelain erneut geweiht. Wieder von Ambelain am 2.11.1959 konsekriert. Am 2.11.1963 nochmals in die Église Gnostique Universelle durch Miguel Sanchez-Marraga, José Marraga y Adhémar und Carlos Adhémar geweiht. Am selben Tag durch José Ortier Sanchez y Marraga in die Neo-Pythagoräische Gnostische Kirche geweiht - und am 2.11.1968 durch Bertiaux und am 18.1.1972 durch Marc-Antoine Lully konsekriert (gegenseitiger Austausch).

Bertiaux
Bertiaux ist am 18.1.1935 um 8:57 p.m. in Seattle in eine Theosophenfamilie hineingeboren. Während sein Vater (englisch-normannisch und französisch) sich für Zen interessiert, ist seine Mutter (aus Kanada) Spiritistin. Seine Kontakte sind hauptsächlich theosophischer Art und durch seine Familie kennt er auch Hexerei.
An der jesuitischen Universität Seattle belegt er Philosophie und Geschichte, an der Tulane Universität in New Orleans nimmt er Philosophieunterricht, und am Anglikanischen Theologischen Zentrum in Vancouver (Kanada) lernt er Theologie.[61*] Gefirmt und geweiht ist Bertiaux von der Römisch Katholischen Kirche, zum Priester geweiht am 24. Juni 1963 von der Protestantisch-Episkopalen Kirche. Am 15. August 1963 ernennt ihn Hector-François Jean-Maine in der Loge "Arc-en-ciel" in Petionville/Haïti zum Bischof.[62*]
Im August 1963 lebt Bertiaux in Port-au-Prince/Haïti als Philosophielehrer der Anglikanischen Kirche.[63*] In Seattle, Washington, wird er Kurator dieser Kirche, hält aber Kontakt zu den Voodoo-Priestern Haïtis. 1964 verlässt er die Anglikanische Kirche, zieht nach Wheaton, Illinois, um für die Theosophische Gesellschaft zu arbeiten. Präsident der TG für Amerika ist Dr. Henry Smith und seine

---
59* Bertiaux, Brief vom 1.7.91
60* Bislang sind keine entsprechenden Dokumente aufgetaucht
61* "Abrasax" 21, Texas im September 1993, 5
62* "Instrumentum" II;1, Organ des OTOA, 1978, 22
63* Bertiaux, Brief vom 22.4.91

Frau Joanna, die beide magisch und spiritistisch interessiert sind, Joanna Smith als ägyptische Magierin und Medium. Beide arbeiten direkt mit den theosophischen (unsichtbaren) "Meistern," die die TG gegründet haben. Bertiaux ist zuständig für die Sparten Wissenschaft und mathematische Philosophie und entwickelt eine Menge "*magical machines*."[64*]
Im Laufe seiner Vorlesungen für die TG zieht er viele Kontaktpersonen der verschiedensten Orden und "Kirchen" an. Um Bertiaux konzentrieren sich auch bald die haïtianischen Einwanderer, denen er sich bald völlig zuwendet.
In den 80er Jahren hält sich Bertiaux in Japan auf und befasst sich mit dem shintoistischen Weg der magischen Verbindung mit Gott (der dortigen prä-buddhistischen Religion).

Marcion-Linie: Bertiaux erhält die Marcion-Linie am 15.8.1963 durch H.-F. Jean-Maine und Carlos Adhémar (konsekriert am 24. Juni 1959 durch H.-F. Jean-Maine, am 2.11.50 durch Robert Ambelain und am 15.8.1960 durch den Mariaviten-Bischof Robert Bonnet, der auch die französische Hermetic Brotherhood of Light führt). Die Familie Jean-Maine bezieht angeblich Sukzessionen aus den Linien Eugène Vintras' (1807-1875) und dem Sexualmagier Joseph-Antoine Boullans (1824-1893).[65*]
Am 28.10.76 nimmt Bertiaux astralen Kontakt mit Boullan auf.[66*]
Basilides-Linie: 25.1.1966 durch H.-F. Jean-Maine und José Marraga y Adhémar. 10. August 1967 geweiht durch Roland Merritt Shreves. 25. Dezember 1967 geweiht durch Marc-Antoine Lully. 31. August 1968 geweiht durch Pierre Antoine Saint-Charles.
Valentinus-Linie: am 29. Juni 1973 durch Jean-Maine, Adhémar und José Sanchez y Marraga. 16. Juni 1979 geweiht durch Forest Ernest Barber (Liberalkatholische Kirche und Mariavitenorden).
14. November 1985 geweiht durch Jorge Rodriguez (ausser Bricaud, Blanchard, Menard, Ambelain, Mauer, Pommery, Vital-Herne, Roger Victor-Hérard (laut der Todesanzeige vom 16.8.89 "Primat of the Gnostic Catholic Church") auch die Krumm-Heller, Rider, Toca-Sukzession). Bertiaux spricht ausserdem von *"Russian Orthodox from the Patriarchate of Moscow (Patriarch Tikhon to Bishop Ofiosh in 1917)."*[67*]

Gnostische Ablegerkirchen Bertiaux' tauchen in Spanien auf: die Ecclesia Gnostica Latina unter Lamparter, mit einer Sukzession aus der Linie S.A. Hoeller, Barber, Rosa Miller. Lamparters gnostische Messe findet jeden *"third day of the feminine menstruation"* statt, dann, wenn Wein (Blut) und Brot (Sperma) magisch transsubstantiert werden.[68*]
In Italien entfalten sich Aktivitäten unter Nevio Viola (zusammen mit Roberto Negrini in der Ecclesia Gnostica Catholica Latina) oder unter Paolo Fogagnolo, der sich von seinen Ordensbrüdern trennt und eine eigene internationale Organisation aufzuziehen versucht, wo vor allem französische Gnostiker und OTO-Interessierte mitwirken.

64* Bertiaux an Steve ?, Brief am 5.1.1975
65* Ein Freund von Joris-Karl Huysmans (1848-1907) und alias Dr. Johannes porträtiert in dessen "Là-Bas" (1891). Boullan lehrte den sexualmagischen Verkehr mit Engeln und Dämonen, siehe: Joanny Bricaud: "Abbé Boullan" (Paris 1927)
66* Grant, Outside of the Circles of Time, 16
67* Bertiaux an Rafal T. Prinke, Brief am 28.2.84
68* Lamparter, Brief vom 4.2.91

In Yugoslavien wird die "Ecclesia Gnostica Alba" von Zivorad Mihajlovic Slavinski/«Tau Orfeo Aivaz I» geleitet, der 1977 von Bertiaux geweiht und am 22.Juni 1990 von Grant und Michael Staley zum X° von Yugoslavien ernannt wird. Bertiaux sieht in Slavinski seinen "magischen Sohn." Laut Kenneth Grant sind den X° "allotted various terrestrial zones over they [X°] exercise occult jurisdiction. The sphere of earth is symbolized by the sign Θ, hence X°, and its control by the «kings». «Mightier than the kings» implies therefore the One Beyond Ten, viz: eleven, or XI°."[69*] Mit der Hilfe von John Symonds sieht sich Grant als O.H.O., aber vertritt auch 1994 immer noch die umstrittene Meinung "that the formula of the XI°O.T.O. has no homosexual component."[70*]

William Wallace Webb/«Damon»[71*] konsekriert 1967 postalisch Lully (der dann Bertiaux in diese Linie einführt). Die komplizierten Verbindungen zu Ronald Powell («Richard J.C. de Palatine»),[72*] dem eifrigen Herman Adrian Spruit, Paul Wadle, Stephan A. Hoeller oder Forest Ernest Barber müssen aus Platzgründen unerwähnt bleiben.
Jack B. Hogg Jr. wird am 2. Juni 1968 von Bertiaux geweiht, assistiert von Lully. Am 24. Juli 1970 wird Hogg durch Bertiaux, Frank Lopez O'Brien und Antonio Paez konsekriert. Am 15.8.1973 akzeptiert Bertiaux' OTOA das Gesetz von Thelema. Am 12.8.1974 konsekriert Jack B. Hogg Jr. den von Grants kanadischen Schülern kommenden heutigen "Caliph" Breeze. Hogg wird nochmals am 27. Juli 1980 durch Bertiaux und Jean-Maine geweiht. Breeze selber taucht in keinem der OTOA-Magazine dieser Zeit auf ("The Mirror of Misraim," ab 1974 "Labyrinthos," dann "Instrumentum").

W.W. Webb: *"I did give Bertiaux and Lully confirmation to Bishop, by letter, so they would be Legal in the state of Illinois, to satisfy them at that time... 1966 or 67."*[73*] *"Wadle never made me a Bishop,"*[74*] sondern am 15.11.1964 zum Diakon der "American Catholic Church."[75*] *"I was already a Bishop when I met him." "Bishop Wadle contacted me, as he read some of my writings, this was in 1962 or 1963... Wadle had been having trouble with his Priests especially S Hoeller and did not want them to take over the church. He had planned on making me a Bishop, but died suddenly. All the clergy started fighting amongst themselves, I left and never went back."*[76*]

Choronzon Club

Marc-Antoine Lullyanov:
Geboren am 5.1.1949 in Chicago, wird er 1966 Minister der "Spiritual Church," Martinist und Vizepräsident einer Theosophischen Loge in Chicago.[77*]

69* Grant: "Hecate's Fountain," London 1992, 25
70* Grant: "Outer Gateways," London 1994, 193
71* Hintergrunddaten zu Webb, dem Choronzon Club und dem XI° im "OTO-Phänomen"
72* Australisches Mitglied der Theosophischen Liberal-Katholischen Kirche und Gründer u.a. der "Church of the Gnosis," der "Pre-Nicene Church," und der "Brotherhood and Order of the Pleroma"
73* William W. Webb, Brief vom 17.10.89
74* Webb, Brief vom 6.3.1990
75* Bekräftigt von Stephan A. Hoeller, der 1959 von Wadle zum Priester geweiht worden ist: "I consider it prima facie impossible that Bishop L.P. Wadle consecrated W.W. Webb," Brief vom 22.1.90 - Faksimile in: "Materialien zum OTO," 326
76* Webb, Brief vom 21. März 1990
77* "President of a Chicago TS Lodge," Bertiaux an Steve ?, Brief am 5.1.75

M.P. Bertiaux
Am 31.3.1966 zieht Bertiaux von Wheaton/Illinois nach Chicago um.
Die Chicagoer Gruppe [C] ist zur Zeit, als Bertiaux auftaucht, überaltert und
besteht aus knapp einem Dutzend Leute. Als Material benützt man Bücher, die Ruby
Jones (C.S. Jones' Witwe) ihnen überlassen hat. Diese Bücher werden später von
Marc Lully[anov]/«Tau IV» verkauft. Die XI°CC-Leute kommen zu Bertiaux' Theosophischen Vorlesungen, wo das einzig jüngere Mitglied, Marc Lully, im Januar 1966
Bertiaux kennenlernt und Mitglied der "La Couleuvre Noire" wird.
Bertiaux besucht auch Golden Dawn Gruppen, Martinisten und die Achad-Society
(die Ruby Jones führt). In seinen "Historical Reflections" (Tape von 1978) beschreibt Bertiaux die depressive Stimmung und Langeweile, die von diesen Kulten
ausging und die als persönlicher Besitz ihrer jeweiligen Führer angesehen worden
seien.
Die CC-Treffen werden nackt, ohne weibliche Teilnehmer, abgehalten. Mehrheitlich
sind die Teilnehmenden Schwarze, z.T. aus Boxerkreisen. Die Lehren C.S. Jones',
Russells und Crowleys lehnt man ab. Bertiaux erinnert sich, dass alles sehr
"dämonisch" gewesen sei.

Im Januar 1966 wird Bertiaux in Lullys CC aufgenommen.[78*]
18. Januar 1967: Marc Lully wird Mitglied der Ecclesia Gnostica Spiritualis unter Bertiaux.
10. August 1967: Marc Lully assistiert beim Austausch der Konsekrationen zwischen Bertiaux und Shreves
4. November 1967: Marc Lully und Shreves werden durch Webb postalisch Bischöfe
der QBL Alchemist Church. Die *"charter" "is XI°, only."*[79*] Bertiaux glaubt,
dass Shreves ein Repräsentant des "authentischen" OTO sei.[80*]
22. Dezember 1967 tauschen Lully und ein George Adams der (oben unter Lully erwähnten) "Spiritual Church" im Hyde Park von Chicago "Weihen" aus.[81*]
25. Dezember 1967: Marc Lully initiiert Bertiaux.
18.1.1972: Lully wird durch Hector-François Jean-Maine konsekriert.

Einschub aus "Mirroir of Misraim," Bertiaux' Monatsmagazin des "Rite Ancien et
    Primitiv de Memphis-Misraïm"

August-Ausgabe 1975
*Am 8. und 9. August 1975 gaben Bertiaux und Lully Lesungen über die "Unveiled
Mysteries" in den Räumen der Theosophischen Gesellschaft in Chicago. Weitere Lesungen zum Thema "The Voice of Revelation" folgen im November.*

78* Bertiaux, Brief vom 18.8.90
79* Bertiaux, Brief vom 2.3.90
80* "Instrumentum" I;1, 1977, 6
81* Dieser Adams ist nicht identisch mit George Adams, der von Olive Whicher (der Lehrerin von Crowleys Tarot-Zeichnerin Frieda Harris) beschrieben ist. "George Adams," Dornach 1973

Lullys Reise nach Kalifornien war erfolgreich. Er traf die Leitung der Unitarier und verbrachte viele Stunden mit Dr. Ruth E. Norman/Loshanna-Uriel. Bertiaux und Lully planen, im November an der Synode der Gnostischen Bischöfe in Kalifornien teilzunehmen.
Zuerst wollte man dieses Treffen während den theosophischen Feiertagen in der Woche vom 17. November in New York abhalten, die Pläne wurden jedoch geändert.
Dr. Leconte schrieb uns, dass der Schrein der Voodoo-Göttin Simbi-Loa-des-Eaux von Afrika aus zu uns gesandt wird. Diese Göttin, die als Thoth, Hermes, der Heilige Erzengel Michael, Merkur und Gemini und Virgo inkarniert, ist der Sephira Hod zugeordnet. Der Memphis-Misraïm-Tempel kann nun entsprechende Einweihungen vornehmen.

September-Ausgabe

Am 19. September 1975 errreichte uns der heilige Schrein der Simbi.

Dezember-Ausgabe

Kenneth Grant widmet zwei Kapitel in seinem "Cults of the Shadow" (November 1975, Frederick Muller, London) der "Couleuvre Noire," der mystischen Schule des Alten und Primitiven Ritus von Memphis-Misraïm.
Die "Bertiaux and Lully Association" (wovon der MM die Arkanschule bildet) hält am 14. Februar 1976 sein Metaphysisches Winterfestival im Midland Hotel in Chicago ab. Themen: "Mind Mastery" und "The Hierarchy and Phenomenology of Mind."

oOo

Bertiaux und Lully holen sich bei der PHGS [D] in Kalifornien von Shreves die 64 Blocks von Franklin Thomas.
Lully wird 1977 "Imperator" des OTOA und steht angeblich mit Hansen/«Kadoshs» OTO in Dänemark in Verbindung. Bertiaux meint, es könne auch der Skandinavische OTO Reuss-«Papus»'scher Prägung sein, der in den Werbebroschüren für den OTOA auftaucht. Lully verschwindet im September 1978 *"in a Roman Catholic Monastery."*[82*]
Bertiaux' *"Choronzon Club has no link to Russell's organization Russell told me so and wrote me so."*[83*]
Bertiaux' XI°-System geht weit über das hinaus, was Crowley an wenigem Kabbalistischen oder Praktischen entwickelt hat.[84*] *"The next Aeon will be male homosexual (Typhon) and lesbian (Ma'at formula) strongly."*[85*] Eines der Sprachrohre des von C.S. Jones/«Achad» im April 1948 propagierten Maat-Aeons, Maggie Ingalls/«Andahadna»/«Nema» glaubt das jedoch nicht, taxiert die Sexualmagie als überbewertet und setzt in ihren Ritualen nicht mehr Baphomet,[86*] der weibliche und männliche Sexualorgane aufweist, in den Mittelpunkt, sondern einen Gynander, der dieselben inwendig verbirgt.[87*]

[82*] Bertiaux, Brief vom 29.10.89
[83*] M.P. Starr, Brief vom 25.1.89
[84*] Z.B. "Magick," NY 1976, 27, Fussnote 1
[85*] Bertiaux, Brief vom 10.10.1987
[86*] Über den weiblich-männlichen Voodoo-Aspekt Baphomets siehe Louis Martinié: "Waters of Return," Cincinnati 1986
[87*] Maggie Ingalls, Brief vom 10.10.91. Artikel in: "Cincinnati Journal of Ceremonial Magick," Ohio ab 1976, und in: AHA ab 2/92. In: Grant, Outside the Circles of Time, 1980

Aiwaz

P.R. König

Der Engländer Kenneth Grant hat seine originell kompilierten Bücher aufgrund der magischen Arbeiten von Jones/Achad, Bertiaux und einer Amerikanerin, nämlich Maggie Ingalls, geschrieben. Die drei letzteren propagieren einen Aeon, der auf denjenigen Crowleys (den Aeon des Horus) folgen soll und nennen diesen den Aeon der Maat. Alle drei wollen ihre Prophezeiungen/Heiligen Schriften von derselben Wesenheit, die Crowley schon den Aeon des Horus diktiert hat, beziehen: Aiwaz - eine Gestalt, die Crowley selber als Botschafter Satans erkannt haben will und auch von Kenneth Grant oft als "Sheitan-Aiwaz" im Zusammenhang mit den Aeonen "Horus-Maat" beschrieben wird.[88*] - Laut Bertiaux ist es allein Aiwaz, der alle sexualmagischen Einweihungen "leitet." Aiwaz ist der "Meister" der guten Kräfte, "Choronzon" der negative König der Vampire. *"So we have simply to tell the negative powers that we are one with their King and they will become our slaves."*[89*] Während Jones 1950 gestorben ist, hat die Zusammenarbeit zwischen Ingalls, Bertiaux und Grant mit der Distanzierung Bertiaux' vom Typhonischen OTO-Konstrukt geendet. Maggie Ingalls leitet immer noch ihre Maat-Gruppe in Ohio und besucht manchmal Grant in London (ohne ihn jedoch als administrativ ranghöher anzuerkennen), während sich Bertiaux folgendermassen in einem Brief an den Yugoslaven <u>Julijan Naskov</u> über sie äussert:

"29. Januar 1985...
Wir befinden uns in der Mitte des Winters, der besten Zeit für magische Arbeiten. Trotzdem ist es eine Zeit, in der die magischen Energien weniger solid und manchmal schwer zu bändigen sind. Selbstverständlich habe ich eine Menge Kommunikationspapiere von Aiwaz... Selbstverständlich war es der Heilige Engel [Aiwaz], der mir angab, Ihnen zu helfen, da es eine Menge Arbeit zwischen Ihnen, mir und dem Heiligen Engel zu erledigen gilt. Dies war eine Offenbarung, die ich erst diesen Monat erhielt.
Meine Gesundheit ist nun richtiggehend wunderbar. Ich habe mich gerade mit magischen Mitteln esoterischer Gnosis geheilt - aufgrund einiger kabbalistischen Methoden, die oft Voodoo-Charakter haben...
Selbstverständlich will der Heilige Geist, dass Sie ein Buch über esoterische Sexualmagie schreiben, das sich völlig von allen anderen Büchern über Sexualmagie unterscheiden soll, die bislang geschrieben worden sind. In seiner Kommunikation mit mir gab mir der Heilige Engel zu verstehen, dass der Unterschied zur gängigen Sexualmagie am ehesten mit dem Unterschied der primitiven zur nichteuklidischen Geometrie zu vergleichen sei...
Und nun zu Schwester Andahadna [so der esoterische Name von Maggie Ingalls, auch bekannt als Schwester Nema]: dies ist ein mediumistisches Amt für gewisse Offenbarungen. Es ist ein Teil der äusseren Chemie des OTO, aufgrund der Risiken jedoch kaum zu realisieren. Als ein junges Mädchen nahm Margrit Cook (eigentlich Croch) diesen Posten ein. Sie war hochgradig mediumistisch begabt und experimen-

---
[88*] Kenneth Grants Ideen hier darzulegen, würde den Umfang dieser Studie sprengen - seine Bücher sind jedoch allesamt im Buchhandel wieder erhältlich
[89*] Zitiert nach Grant, Hecate's Fountain, 183 -- um die gnostischen Quellen dahinter zu erkennen, genügt die Lektüre eines wissenschaftlichen Werkes über Gnostizismus

tierte intensiv mit verschiedenen kabbalistischen Kräften. Daraufhin wurde sie von diesen Kräften übernommen und brach zusammen. Sie musste gerettet werden und wurde ein Mitglied einer streng protestantischen Gemeinschaft, die die Verantwortung für ihren Exorzismus übernahm. Selbstverständlich heiratete sie einen sehr unnachgiebigen Mann, der jegliche Häresie von ihr kontrollierte und ihr alle Entscheidungen abnahm. Sie ist nicht mehr frei und nur noch die Hülle dessen, was sie einst war.

Als der Exorzismus stattfand, wurde ihr Ehegatte gezwungen, ihre dämonischen Kräfte aufzunehmen und sie einige Stunden in sich zu behalten. Dies geschah im Zusammenhang des Durchgangs der Planeten Merkur und Venus und der Mondbewegung, die die esoterische Uhr bildete. Daraufhin wurden diese Kräfte in ein grosses mystisches Gefäss freigelassen, das ich selber auf ihre Bitten hin lieferte. Ich lagerte diese Kräfte in Aiwaz-Körper ein, wo sie bei Bedarf genutzt werden können. Maggie selber ist an all dem nicht mehr interessiert und ist nun Mitglied einer ziemlich sicheren und milden Form von Religiosität. Alles, was nur nach Magie riecht, wird von ihr zerstört. Die Energien wurden mir von Aiwaz erklärt. Ich glaube, dass das, was Schwester A passierte, nur geschah, weil sie mit dem Lebensbaum falsch operierte. Um ehrlich zu bleiben; sie war dem Werk anfangs sehr zugetan. Als ich sie aber aufforderte, meine Autorität im Namen von Aiwaz zu akzeptieren, weigerte sie sich. Wenn sie meine Autorität akzeptiert hätte, wäre ihr bestimmt nichts passiert und sie wäre sicher, erfolgreich und glücklich geworden. Nun ist sie nichts von alledem."

Die Schriften von Maggie Ingalls in der Zeitschrift "Cincinnati Journal of Ceremonial Magick" (wo man übrigens auch Scientology-und Fraternitas Saturni-Inserate finden kann) sind zu beziehen über:
    Black Moon Publishing
    Box 19469
    Cincinnati, Ohio 45219-0469
    USA
"The Archives" der Black Moon Publishing enthalten weiterführende Literatur zum Thema.
In der Nachbarschaft von Maggie Ingalls lebt Linda Falorio, die ein Typhonisches Tarot-Set auf der Basis von Grants "Nightside of Eden" (London 1977) entworfen hat.

Deutsche Übersetzungen der Ingalls-Artikel finden sich in der Zeitschrift AHA, wo auch eine reich bebilderte Version der OTO-Artikelserie "Das OTO-Phänomen" abgedruckt ist:
    Kersken-Canbaz Verlag
    Breite Strasse 65
    D-29468 Bergen/Dumme
    Deutschland
In AHA 8/92 ist ein Interview zu lesen, das James Martin mit Nema für seine Zeitschrift "Abrasax" führte.

«Ljubezen je zakon» oder «ljubav pod voljom»?

Ed. In Yugoslavien sind die Thelemiten verbreiteter als sonstwo. Um die OTOA-Aktivitäten im Zusammenhang mit dem dortigen "Caliphat" zu sehen, hier zuerst eine Kompilation aus Briefen von Vladimir Madic und seiner Freundin Maja Mandic vom 28.1.93/10.2.93. Beide sind nach jahrelanger Zugehörigkeit zum "Caliphat" aufgrund von schwer begründbaren Copyrightsansprüchen und Geldforderungen des "Caliphats" am 10. April 1993 aus dieser Vereinigung ausgestossen worden.[90*]

"Oliver Legradic (Fr. Khonsu) war derjenige, der das "Caliphat" 1982 nach Yugoslawien brachte. Während der Anfangsperiode entfaltete sich das "Caliphat" allein in Ljubljana/Slowenien, von wo es sich dann in die anderen Gebiete Yugoslaviens ausbreitete. Grady McMurtry kam 1983 zu uns. Das Abrahadabra Camp wurde ca. 1985/86 in Belgrad von Goran Dordevic (Fr. Persifal) gegründet, der es bis 1989 leitete.
Während der 1980er Jahre wuchs das "Caliphat" mitgliederzahlmäßig zum zweitgrößten "Caliphat" weltweit heran.[91] Es umfaßt über 200 Mitglieder in 15 Körperschaften (Oasen, Camps, Logen) in allen größeren Städten. Leider sind die meisten davon Möchtegern-Magier und William Breeze, der "Caliph," sah bald ein, daß dieses schnelle Wachstum ein großer Fehler war.*
Publiziert wurde in den 80ern einzig in Ljubljana - kleine Büchlein, Crowleys offizielle Schriften, interne Magazine - bis wir 1988 unser eigenes Publikationshaus, ESOTHERIA, in Belgrad starteten.

7.3.89: Das Jugendzentrum Belgrad organisierte eine Debatte über Crowleys "Liber IV ABA." Teilnehmer: "Caliphat"mitglieder und Ziorad Mihajlovic Slawinski. Slavinski ist kein Mitglied des "Caliphats." Er war und ist DER spirituelle Pionier in Yugoslavien, der viel publiziert und Gruppen um sich sammelt. Slavinski führt eine eigene Organisation mit über 100 Mitgliedern: die Ecclesia Gnostica Alba, die in Sukzeßion von Michael Bertiaux und Kenneth Grant steht, die beide seine von ihm entdeckten Methoden praktizieren."

Im Sommer 1994 erscheinen 10-15 Zeitungsartikel in der serbischen Presse, in denen die OTO-Mitglieder zu Satanisten gestempelt werden.[92*]

Gnostic Light Movement

P.R. König
Am 11.11.1980 nimmt Naskov Kontakt mit Crowleys Schutzengel, AIWAZ, auf. Eine Wesenheit, die auch von Michael Bertiaux kontaktiert wird.
Am 22.2.1980 verweist Israel Regardie (ehemaliger Sekretär von Crowley, sein posthumer Herausgeber, sowie Verwerter vieler Golden Dawn-Sachen) Julijan Naskov

---
[90*] Zum yugoslavischen "Caliphat" siehe AHA 4/93, 14ff.
[91*] In einem persönlichen Gespräch im Frühjahr 1991 erklärt sich Julijan Naskov das yugoslavische Interesse am Okkultismus mit besonders ausgeprägten okkult-geographischen Schwingungen. M.E. bietet das faschistoide Gedankengut des Okkultismus, gepaart mit der ideologischen Aggressivität Thelemas, ein "ideales" Pendant zu den aktuellen politisch-kriegerischen Auseinandersetzungen in Yugoslavien. Das OTOA-Archiv Naskovs befindet sich im Besitz des Herausgebers
[92*] Vladimir Madic, Brief vom 4.8.94

an den "*European representative*" des OTO: "*Our good friend*" Hermann Joseph Metzger. Naskov wird bei Metzger vorstellig.
"*Im Januar 1982 erzählte mir Metzger, sein OTO sei maurerisch. Da es zur Zeit in Yugoslavien keine aktiven Freimaurer gäbe, sei dies der Grund, weshalb ich nicht sein Repräsentant werden könne. Er glaubte auch, dass eine yugoslavische OTO-Loge von der Polizei überwacht werden würde. Während der drei Stunden, in denen ich bei ihm war, griff er dreimal zum Telefon, bevor er meine gezielten Fragen beantwortete.*"[93*] Als es schliesslich um die Frage der weltweiten Autorität geht und Naskov den Namen Marcelo Ramos Motta fallen läßt, wird Metzger unhöflich und setzt Naskov vor die Tür. Regardie ist darob sehr erstaunt und nennt nun als Ersatz: Heidrick vom "Caliphat."

Naskov schreibt nun (1982) der 3. Agape Loge ("Caliphat") und erhält darauf von Heidrick den üblichen Computerbrief mit der amerikanisierten Geschichtslektion und den Initiationsbedingungen.
Im September 1983 nimmt Naskov Kontakt mit der Wesenheit LAM auf. Von da an drehen sich viele seiner magischen Operationen um LAM.[94*]
Naskov wird am 3.11.83 von Motta zurechtgewiesen (Thelemitische Grußformel in Briefen).
1984 entsteht ein äußerst reger Briefwechsel mit Michael Bertiaux. Am 29.1.1985 teilt AIWAZ Bertiaux mit, daß Naskov ein Buch über Sexualmagie schreiben müße (zitiert im Kapitel vorher).

Ende 1988 kommt es endlich zum Kontakt mit Manuel Lamparter (LAM-parter), worauf ein sehr reger magischer Austausch stattfindet. 1989 beendet Dr. Naskov sein Medizinstudium.
Vom 27.-28. Juli 1990 nimmt Naskov am Londoner Maat-Treffen teil, wo auch Maggie Ingalls Rituale und einen Workshop leitet (ebenfalls dabei, u.a., die Herausgeber von NUIT-ISIS, Kenneth Grants Stellvertreter Michael Staley und der deutsche Repräsentant der Maat-Gruppe, Ian Fries). Frau Ingalls nutzt die Zeit und besucht Grant. Naskov vollführt ein Pentagrammritual.
1991 arbeitet Lamparter mit seinen vier Bischöfen nach Ritualen von Naskov (G.R.A.I.L.). Im November erscheint Naskovs "Thelemitische Version des Pentagrammrituals" in AHA 11/91.

Von Michael Paul Bertiaux, Manuel Cabrera Lamparter und Courtney Willis sanktioniert führt Julijan Naskov die yugoslawische OTOA-Loge, La Couleuvre Noire (Charter vom 6.12.1989).
Zu Naskovs Bedauern ist bislang mit Zivorad Mihajlovic Slavinski, Bischof von Bertiaux' Gnaden und X° von Kenneth Grant (und Michael Staley, Charter vom 22.6.1990)[95*] kein intensiver Kontakt zustandekommen.

Das Gnostic Light Movement wird von Naskov als Oberbegriff für alle mit ihm in Verbindung stehenden Organisationen verwendet. Dazu kommen weitere Gnostische Organisationen. Alles zusammen nennt sich auch "Zen-Gnostic Monastery." Die Kriegssituation zwingt Dr. Naskov seinen Standort dauernd zu wechseln, was ihm

---

[93*] Julijan Naskov, Brief vom 24.7.94
[94*] Bertiaux sieht in LAM und AIWAZ "The underground-swelling of the Lucifer-Gnosis," handschriftliches Manuskript desselben Titels von 1989. Eine Zeichnung von LAM ist in Crowleys "Blue Equinox," Detroit 1919
[95*] Siehe "Materialien zum OTO," 228

als Repräsentant von Bayer Pharma-Leverkusen leichter als anderen Landesgenossen fällt. Von Banja Luka aus geht die "Flucht" nach Ljubljana (Slovenien), nach Sarajevo, nach Beograd, nach Rijeka (Kroatien) und seit dem 9. Mai 1994 lebt Naskov in Skopje (Makedonien). Seine okkulten Erlebnisse von 1972-1994 bereitet er nun als Publikation vor: "Untouch(able)." Ein weiteres Projekt ist die "Hermetic University «Aurelius»." Naskov steht in Verbindung mit dem Serben Vladimir Madic (siehe oben), dessen Verlag ESOTHERIA in Beograd eine Übersetzung der OTO-Bücher des Herausgebers in Englisch und Serbisch vorbereitet.

Auszüge aus der Korrespondenz Bertiaux-König

Ed. Einleitend einen Brief Bertiaux' an Gary Allan Martin/Kelly, dessen Korrespondenz mit dem ältesten lebenden Mitglied der 2. Agape OTO-Loge und Mitglied der Logenneugründung von 1977, dem "Caliphat," Bedeutung im "OTO-Phänomen" gefunden hat. Der Text ist nicht übersetzt, um dem Leser Bertiaux' Sprache nahe zu bringen.

18, Mai, 1979 -
Birthday of Pope Jean-Paul II
You're Full of Shit!
Thelemic Bastards - Spawn of Aiwaz - Arse-hole Fucking Parasites!
Our Purpose is to Exploit Every Avenue of Thelemic Opportunity in Order to Take Advantage of it - by ...iarous - deed, deceit, cunning + sheer diabolic Genius!
You think you know <u>All About</u> us don't you - you curse - Faced, Pock-marked Pick-Pocket!

Dear Mr Kelly - Thank you for your letter - as you know by now we do not consider ourselves as the <u>typical</u> Thelemic OTO group. I do not know why every body thinks we are the <u>same as</u> K. Grant's OTO?
For one thing the F-H [franco-haïtian] OTO is pre-Crowley - it is concerned with RAW Energy! We are not a history club or a nostalgia-buffs' coffee shop by any means -
We are out for sheer power + good times - I say - CHORONZON!
The purpose of the CHORONZON CLUB is to destroy the OTO + make sodomized mutes out of its members! It operates here in Chicago because everybody else wants to tone it down + that is where they fail to understand it - it is supposed to be the way it is not the way they want it to be.
Originally Russel + Culling were big-shots in the CHORONZON CLUB + "tried" to keep it under their control! They failed + moved in 1931 to California. The CC which began in Chicago started their own order known as the G.'.B.'.G.'. etc. They thought the C.'.C.'. would die out - However it survived! + it is very busy + if you are interested in it you will have to write + ask more specific questions. The C.'.C.'. is however a magical society + it does have a "short-cut" method + it couldn't give a shit about the OTO - including the Franco-Haitian - its nearest neighbour! [...]
The Franco-Haitian OTO is open to blacks + persons of French ancestry. It is pre-Crowley OTO + different from K. Grant + McMurtry. I do not know what K. Grant does at <u>all</u>. We are in <u>Communion</u> with the English branch of the CHORONZON Club, which is the O.'.O.'.O.'. + they have the "English Gnostic Church." I have found K. Grant's people very unsatisfactory + highly unsuitable for <u>our</u> approach to the Field of Magic(k?).
Those OTO groups are too religious + use religious terms entirely too much - i.e. "supershakti," "goddess," "MAAT," etc. In fact they belong in the long disconnected romantic movement. So they are very unconnected with reality. We, on the other hand, are "scientists" + NOT poetic bull shiters!

In our Club we are not interested in getting a lot of "religious drop outs" we want real bad people! Now the LCN is a course which the C.'.C.'. + OTO group students can take through me. It is entirely magical + includes Voudoo + Enochiana. It is very up to date + practical. If you want to know more - ask me in a future letter.
You sound oh - I'm glad your not a typical Thelemic Naive "babe in the woods." Write + let me know if you have any questions. I've got to sign off now + do a few people "in."

At the present time the C.'.C.'. is interested in
(1) Time-travel - past, present, + future explorations.
(2) SEX-magic of a horrific type -
(3) Elemental Explorations + work with <u>very low energies</u> -
(4) attacking any body who get too close to it -
(5) magical mathematical formulae to blow up our enemies!
(6) a secret method of control of the Quantum mechanic world of physics via fellatio -
(7) getting more Energies out of our XVI° System -
(8) making friends with like minds in other countries -
(9) eating + drinking -
(10) fucking + sucking -
(11) organizing gnostic Systems or Kliphotic exploration -

Fraternally,
Frater Kliphomynion XVI°
(Michael Bertiaux)

-+-

The Proclus Society and Neo-Pythagorean-Gnostic Church

"Destroy all that is old, then only what is new remains"   Schopenhauer

10. Januar 1989

Lieber Bruder Pierre-Robert
Breeze *[der "Caliph"]*[96*] besitzt die apostolischen Sukzessionen, die ich zwischen 1963-1968 erhielt, als ich T*[au]* J B Hogg konsekrierte, der Breeze weihte. Diese Sukzession geht zurück auf Vilatte, Doinel, Utrecht (Mariaviten), + Vintras, + Chatel. Es ist die geläufigste Linie, die von französischen und gnostischen Bischöfen gehalten wird.
All diese Bischöfe wurden gültigerweise getauft und gefirmt, bevor sie ordiniert und geweiht wurden.

96* Siehe König, Das OTO-Phänomen, München 1994

Die Sukzession von Crowley zu McMurtry muss als okkult und administrativ gesehen werden.

[Bertiaux reagiert auf die unbegründbare Behauptung des "Caliphats," Crowley sei Bischof gewesen und habe McMurtry konsekriert]:[97*]
(1) Es gibt keinen Nachweis, dass Crowley katholisch getauft war, da die Plymouth Brethren *[Glaubensrichtung von Crowleys Eltern, siehe John Symonds: "King of the Shadow Realm," London 1989]* keinesfalls an die Erneuerung durch die Taufe glaubten.
(2) Crowley wurde niemals gefirmt, wenigstens wurde dies bislang nicht nachgewiesen.
(3) McMurtry könnte getauft worden sein. Sein religiöser Background ist aber unklar und es ist nicht nachgewiesen, ob er als Kind katholisch, protestantisch oder überhaupt religiös erzogen wurde.
(4) Ich wusste nicht, das Crowley Joanny Bricaud 1924 in Paris besuchte. Falls er das tat, dann kaum, um gefirmt zu werden oder die Sakramente zu erhalten.

Im "Caliphat" gibt es zur Zeit eine Tendenz, dessen Kirche zu verstärken. Dies ist gut. Ich glaube jedoch nicht, dass Breeze zusätzliche Konsekrationen benötigt, um Patriarch dieser Kirche zu sein.
(1) Er wurde als X° OHO von seinen gesamten Anhängern gewählt.[98*]
(2) Ein Teil OHO zu sein, bedeutet auch, Patriarch der entsprechenden Kirche zu sein.
(3) Jeder Bischof kann Patriarch sein, solange die Jurisdiktion eine patriarchalische Struktur aufweist. Da Bricauds (und vor ihm Doinels) gnostische Körperschaften von Patriarchen geführt wurden, so
(4) konnte Breeze, in unserer Auffassung des Wortes "ein Bischof," ganz gut auch ein Patriarch werden.
(5) Ich wusste gar nicht, dass Breeze von McMurtry geweiht worden war.
(6) Unsere Ansicht ist, dass Breeze ein gültiger Patriarch ist, da er ein gültiger Bischof ist...

(1) Doinel war ein Spiritist und glaubte weder an die Göttlichkeit Christi noch an die katholische Dreieinigkeit noch an die katholische Theologie von Materie und Form und an die Bedeutung der Ordination.
(2) Crowleys Glaube war nicht römisch-katholisch, sondern neo-heidnisch und thelemitisch.
(3) Papus war ein Spiritist und grundsätzlich nicht römisch-katholisch
(4) Doinel und Fabre des Essarts lehnten die römisch-katholische Theologie ab und weihten Frauen als gnostische Priester.[99*]

So! Falls sich die Bedeutung dessen, was Ordination ist, geändert haben mag - so muss etwas anderes diesen Platz eingenommen haben. Ich schlage vor, eine neue Interpretation von Sukzessionen oder apostolischen Linien einzuführen. Doinel etc. glaubten an die **magische** Sukzession vorchristlicher Religionen. Diese Suk-

---
97* Gnostic Gnews 1;3, Kalifornien 1989, 4
98* Die komplizierten Sachverhalte und die Tatsache, dass diese Wahl traditionell ungültig und die Wähler (die IX° des "Caliphats") vom Vorgänger McMurtry als NICHT stimmfähig definiert worden sind, können im "OTO-Phänomen" nachgelesen werden
99* Ein bisschen mehr über die französischen Gnostischen Kirchen im FRA-Reader (Ein Leben für die Rose)

zession verstärkte sich nun in ihrer "Neuen Gnostischen Kirche" "Église Gnostico-Spirite," da sie ohne Einschränkung der römisch-katholischen Theologie funktionierte und sich voll in der freien Luft des Templer-Revivals entfaltete.

(1) Blavatzky stellte fest, dass die vorchristlichen Sukzessionen der Priester und Hohepriester in der Katholischen Kirche weiterwirkten, als die ehemaligen Priester des Osiris Bischöfe und Priester der Katholischen Kirche wurden. C W Leadbeater bestägtigte dies durch seine "clairvoyant" Nachforschungen.

(2) Doinel, Papus etc übernahmen wahrscheinlich diesen Standpunkt, obwohl Doinel anfänglich dachte, die Vergangenheit könne allein durch "Séance Spirite" erforscht werden. Später realisierte er, dass die Katholiken die heidnischen und gnostischen Sukzessionen innehatten (Valentinus, Marcion, Basilies, Bardesanes etc. in der katholischen Sukzession von Vilatte; und vorher in Chatel (von den Templern von 1810 und der römisch katholischen Kirche in Frankreich 1800: Constitutional Church)).

(3) Crowley empfand seine Sukzession als die reinste, da sie direkt an die reine ägyptische Energie anknüpfte: Horus nach 2500 Jahren Versteckheit im Obskuren etc.

(4) eine Art von Sukzession von Papus bis Crowley kann gezogen werden: Ist man bereit "Meister" und "Bischof" als Termini mit dem Begriff "ägyptischer magischer Oberseher" [overseer] auszutauschen, so hat Breeze eine magisch-episkopale Sukzession von McMurtry und von Hogg die apostolisch-theurgische Sukzession.

Bertiaux wurde konsekriert am:
15. August 1963 durch H F Jean-Maine und Carlos Adhémar
18. Januar 1966 durch H F Jean-Maine und F Lopez-de-Brion
25. Januar 1966 durch H F Jean-Maine und J Marraga y Adhémar
10. August 1967 durch R M Shreves
25. Dezember 1967 durch M A Lully
31. August 1968 durch P A St. Charles

Hogg J B, jr wurde am 21. Juni 1971 konsekriert
Breeze William am 12. August 1974 durch J B Hogg.

Carlos Adhémar wurde am 24. Juni 1959 von H F Jean-Maine konsekriert
-- am 2. November durch Robert Ambelain
-- 1960 durch Robert Bonnet
R M Shreves wurde von W W Webb geweiht [XI°?]
W W Webb wurde am 1 April 1960 von L P Wadle konsekriert [Irrtum]
M A Lully wurde am 4. November 1967 von W W Webb konsekriert [postalisch]
H F Jean-Maines Sukzessionen stammen von
(1) Henry Dupont, der die Fayolle Sukzession 1948 erhielt
(2) Robert Ambelain, 1946 von Menerd
(3) Robert Bonnet (Mariavit), der von J A Prévost und Maas am 5. Mai 1956 geweiht wurde
(4) Lucien-François Jean-Maine, der die Bricaud, Doinel und Vintras-Linie auf sich zog
(5) José Marraga y Adhémar, der die Bricaud, Doinel Linien hatte.

Voudoun Book Service - Books and Religious Supplies for the African and Afro-Hatian Religions

4. Februar 1990

Lieber Pierre-Robert
Ich wurde am 10. August 1967 von R M Shreves und von Marc Lully am 25 Dezember 1967 geweiht. Marc Lully besass ein Dokument von W. Webb, das aussagte, dass Marc Lully ein Bischof der QBL Alchemist Church of Illinois sei (eine missionarische Jurisdiktion von Webbs QBL Alchemist Church). Ich werde darin nirgends erwähnt. In keinem Dokument von Webb, nur Marc Lully und Steven Klee (ein schweiz-amerikanischer Poet und Verwandter von Paul Klee). Ich bin der einzige Bischof, der das volle Geheimnis des XI° mit all seinen Implikationen (oder Unterstufen) kennt. Webb besitzt diese nicht.
[Da das "Caliphat" behauptet, der Wandernde Bischof Paul Wadle habe Webb zum Bischof konsekriert,[100*] *aber wie die Recherchen zum "OTO-Phänomen" ergeben haben, nicht mal Webb selber davon weiss, erging eine entsprechende Frage an Bertiaux:]*
Mir wurde erzählt, dass Webb von einem anderen Bischof als Wadle konsekriert sein muss, da Wadle eine fürchterliche Angst vor Thelema hatte.
Marc Lully wurde vielleicht nicht von Webb geweiht, aber er wurde oftmals in Kalifornien von Bischöfen konsekriert, die sich selbst als Gnostiker und Spiritisten verstanden.
Bevor Breeze "Caliph" wurde, dachte ich, Kenneth Grant sei der OHO. Aber als sich der Sub-Aeon änderte, so änderte sich auch der Thron des Lichts, der gnadenvolle Wagen des Hermes (das Vehikel von Breeze im Astralen). Dies war das Zeichen, dass Breeze der richtige OHO ist. Dies ist kein Widerspruch, sondern eben ein Zeichen, dass sich die Umstände geändert haben.

2. März 1990

Lieber Pierre-Robert
Wenn Du sagst, "Person X erhielt das Geheimnis des XI° nicht von Person Y," dann machst Du aus dem XI° einen freimaurerischen Grad. Maurerische Grade haben Geheimnisse, während magische Grade in sich selber Prozesse der Transmutation sind. Das Besondere an ihnen ist der genau definierte Charakter der Prozesse. Ich habe eine direkte Verbindung mit Crowley durch den XI°. Da Lully und ich zusammenarbeiteten, besass er diese Verbindung ebenfalls. Anstatt von "Geheimnissen" sollten wir besser von "Mysterien" der OTO-Grade VIII°, IX° und XI° im thelemitischen Kontinuum reden.
Was aus Lully geworden ist? Er verschwand ca. 1978 in der Nähe der Wüste von San Bernardino County in Kalifornien.

4. April 1990

Wir akzeptieren das "Caliphat" von 1990 als weltweiten Mittelpunkt thelemitischer Führerschaft. Breeze wurde dazu in vielen Leben vorbereitet. Breeze zu

---
[100*] Um die Sukzessionskonstruktion Wadle ==> Webb ==> Bertiaux ==> Hogg ==> Breeze zu erfinden

kritisieren, oder Lully oder Jean-Maine, bedeutet, den Neuen Aeon der Magie und die wunderbaren Energien, die daraus strömen, zu kritisieren. Ich bleibe innerhalb der Gebiete und Themen meines Voudon Gnostic Workbook, aber respektiere das Grosse Licht, das beide, Breeze und Lully, der Welt gebracht haben.

18. August 1990

Das System des Choronzon Club, das ich benütze, ist im 3. Jahreskurs-Papier der Monastery of the 7 Rays eingebaut. C F Russel gab die Führung an Franklin Thomas, weil er selber immer mehr in eine Mischung von gnostischer Numerologie, I-Ging und Rudolf Steinerscher Projektiver Geometry hineingeriet und von der Sexualmagie des 2. Stadiums des CC wegwollte.
1. Stadium: 1933 Crowley, Sexualmagie IX°, XI°
2. Stadium: 1937 Russel (IX°, XI°, "Znuz is Znees"),[101*] Dr Franklin Thomas (Philosophic Gnostic Hermetic Society ==> W.W. Webb), L. Culling (Great Brotherhood of God, Sexualmagie) *[Genauere Daten im "OTO-Phänomen"]*
In Chicago blieb der CC isoliert im 1. Stadium. Da die Mitglieder immer älter wurden, kam immer mehr Theorie und weniger Praxis ins Spiel und als ich in den 1960ern auf diese Gruppe traf, fand ich nur noch mündliche Überlieferung und einige Bücher vor, die Ruby Jones (Achads Witwe) ihnen gegeben hatte. Diese Bücher wurden später von Marc Lully verkauft. Lully, der richtigerweise Lullyanov hiess (ein russischer Name, gekürzt, um Französisch zu klingen), war das einzige jüngere Mitglied des CC, dessen Mitglieder zu meinen theosophischen Vorlesungen kamen. Im Januar 1966 initiierte mich Lully in den CC. Bald kontaktierten wir den kalifornischen Ableger des CC, der sich PGHS *[siehe oben]* nannte. Von nun an befanden sich die Wurzeln der gnostischen Bewegung des CC in Chicago bei Crowley, Achad und C F Russell, da die Linien sich in der Belmont Avenue, Chicago, zusammenschlossen. Der CC begann erst später - 10 Jahre später - mit öffentlichen Lesungen auf dem 8. Stock an der 410 S. Michigan Avenue, als C F Russell nach Kalifornien umzog. Er überliess den CC von Chicago sich selber. Der Rest wird in Cullings Büchern erzählt.

24. September 1990

Ich glaube nicht, dass Breeze so "great" ist,[102*] aber im Vergleich mit Heidrick stellt er immerhin eine Verbesserung dar.[103*]
Ja, der Choronzon Club wurde 1931 gegründet, 1933 erlebte er ein Schisma und man traf sich auf dem 8. Stock an der 410 S. Michigan Avenue, Chicago, um eine Gruppe allein homosexueller Männer zu bilden. Von dieser Gruppe leitet sich mein eigener Choronzon Club her. Die Treffen wurden von nun an, den 1940ern, an der 64 E. van Burenstreet abgehalten und erst wieder in den 1960ern an der 410 S.

101* "Memoirs of a Magician," in drei Bänden, Kalifornien Anfang der 70er Jahre
102* Umgekehrt versichert Breeze "that I have the greatest fraternal regard for M. Bertiaux and his many colleagues. In no way does the O.T.O. infringe upon the rights of the O.T.O.A. or its degree system." Breeze an Lamparter, Brief am 15.8.87 - vergleiche dazu Heidricks Meinung unten
103* Heidrick lehnt Bertiaux völlig ab, bezeichnet die Historie des OTOA und dessen GKK als "completely garbled," "gibberish" und behauptet nach Jahren immer noch (und obwohl NICHTS seine Behauptung untermauert), der OTOA sei "exclusive to Dr. Krumm-Heller." Eine Behauptung, die in ihrer introganten Groteskheit vielen anderen Behauptungen Heidricks in nichts nachsteht (Heidrick in "Emerald E-Mail 6.0, Internet a45d64@shoreline, ca. Juni 1994). Die hochinteressante Gestalt Krumm-Hellers wird in einer gesonderten Publikation vorgestellt

Michigan Avenue. In den 1970ern blieb der CC inaktiv, bis dass er Teil meines eigenen Systems wurde.
(1) Der CC war von Beginn an XI°.
(2) W W Webb ist als historische Quelle unzuverlässig, da er (1) nicht zugibt.
(3) Die sexualmagischen "blocks" wurden zuerst von Russel geschaffen (Liber B-W, block-working), der die Methode erfolgreich Franklin Thomas lehrte.
(4) Die Blocks machen nur im XI° Sinn.
(5) Die PGHS wurde von Webb, seiner Frau und Shreves gegründet. Russel war nicht dabei, denn er beschäftigte sich zu dieser Zeit mit Rudolf Steiner.
(6) Shreves gab mir die Blocks, um sie in Chicago zu gebrauchen,[104*] die Gebrauchsanweisung stammt jedoch von der 1933-Schismatiker-XI°-Gruppe.
(7) In jeder CC-Gruppe gab es immer einen Bestandteil von XI°-Magie.
(8) Meine eigene Arbeit ist von der 1933-Schismatiker-XI°-Gruppe und vom XI°-Voodoo beeinflusst.

4. Februar 1991

Der Krieg war beinah vorüber und die Soldaten waren blonde, sich im Garten sonnende und im bewaldeten Swimmingpool nackt schwimmende Jünglinge. Da sie eine Flasche alten französischen Cognacs getrunken hatten, fühlten sie sich ungehemmt genug, sich einigen Sexspielen hinzugeben. Sie berührten sich, rangen miteinander und spielten "Bockhüpfen." Diese jungen Götter lebten in einer anderen Zeit, einer beinah mystischen Zeit, in der Imagination Realität werden kann.
Plötzlich waren sie von einer Gruppe französischer Männer in eindeutig ekklesiastischen phantasievollen Kostümen umgeben.
Die Männer standen im goldenen Sonnenlicht, das auf ihre Körper fiel und ein Lächeln zog sich über ihre verschmitzten Gesichter.
Ein Franzose sprach zu einem Älteren, der als eine Art mittelalterlicher Kardinal aufgetaucht war:
"Mein lieber Bricaud, Sie sagten uns nicht, dass unser Mittagessen in solch feinem Cognac serviert werden würde!"

(Geschichte des XI°, 1944)

4. Juni 1991

Webb + Shreves machten ihre eigenen Entdeckungen. Webb war eher ein Sexmagier, Shreves eher ein Sexualalchemist.
Die Autorität in all diesem war Marc Lully. Ich nehme nicht an, dass eine dieser Personen an "apostolische Sukzession" im katholischen Sinne glaubte oder eine solche innehatte. Sie sprachen von Sukzession, meinten aber (A) eine Wiederherstellung der ursprünglichen. vorchristlichen Magie, die sie wiederentdeckten, und/oder (B) ihre eigene Interpretation des Wortes "Sukzession," die auf Kapitel LXIX des "Book of Lies" von Crowley basierte.[105*]
All unsere Historien leiden unter dem Durcheinander von Theologie und apostolischer Sukzession (römisch und altkatholisch) mit der Theorie von magischer Einweihung durch oralen Sex. Conway benützte die tibetanische tantrische Methode

---
[104*] Sie befinden sich nun auf Wunsch Bertiaux' im Besitz des Herausgebers
[105*] London 1913, deutsch: Buch der Lügen, Berlin 1985

körperlichen Schwitzens, die er von den amerikanischen Schamanen der Rothäute lernte und von Evans-Wentz' Übersetzungen der tibetanischen Bücher der Toten etc und kombinierte dies mit dem Druidentum UND war gleichzeitig noch Führer einer häretischen Mormonengruppe (siehe "Ein gnostischer Computer").

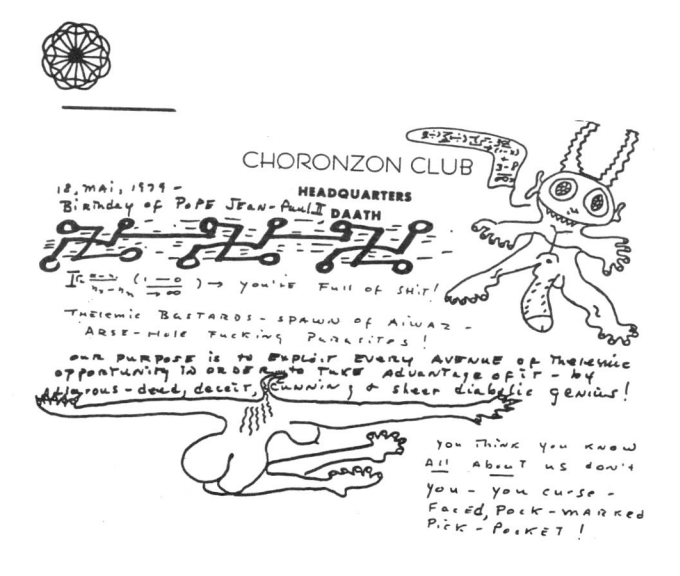

Administration des OTOA: XVI°-1°

M.P. Bertiaux: "Labyrinthos" II,1;1,2 Januar 1975, monatliches Magazin des Alten und Primitiven Ritus von Memphis-Misraïm

Souveräner Absoluter Grossmeister ad vitam
　　Toussaint-Auguste Jean-Maine: Haïti

Liste der Aktiven Grossmeister des OTOA
　　Jean-Padern Leconte: Zentralafrika
　　Marcel-François Jean-Maine: Argahaie, Haïti
　　Roland M. Shreves: Kalifornien
　　Lucien-Michel Jean-Maine: Gonaives, Haïti
　　Marc-Luc Jean-Maine: Leogane, Haïti
　　Toussaint-Baptiste Jean-Maine: Mirebalais, Haïti
　　Jack B. Hogg, jr.: Südamerika[106*]
　　Luc-Martel Saint-Luc: Illinois
　　Michael Joseph Restivo: Kanada
　　Gary Shere: Nebraska
　　Luciano Frank Manzini: New York
　　Tony Vallambrosa: Ohio
　　Robert Guy Metro: Indien
　　Yoshio Imaizuma: Japan

Administrative Sekretäre
　　Philip Timson-Page: Kanada
　　Gerson Alexis: Haïti
　　Gabriel-Alexandre Leon (Generalsekretär): Haïti
　　Racine-Lucien Leconte: Haïti
　　Ken Ward: USA und Kanada
　　Steven Alfred Godlewski: USA

[106*] Bertiaux meint, Hogg habe deshalb auch etwas mit Krumm-Hellers FRA zu tun. William Heidrick, treibende Kraft hinter Breeze vom "Caliphat ," sprengt die Grenzen seiner Phantasie, als er soweit geht, FRA und OTOA historisch miteinander verbunden darzustellen. Eine Behauptung, die sich nicht belegen lässt. Allein Lamparter ist führendes Doppelmitglied, obwohl die beiden Systeme gnostisch diametral entgegengesetzt sind. Im Zuge der Recherchen ist dem Herausgeber dieses Readers allerdings dieselbe Ehre widerfahren, siehe dazu die Faksimiles in: "Materialien zum OTO," hier, und in der geplanten Studie über Krumm-Heller und die FRA, wo dessen Gnosis ausführlich aufgerollt wird

Souveräne Grossmeister
  Lecbha Eliezer Cadet: Haïti
  Hector-François Jean-Maine: Indien und China
  Pierre-Antoine Saint-Charles: Neuengland
  Michael Paul Bertiaux: Tibet und Mongolei
  José A. Marraga: Spanien und Frankreich
  Marc A. Lully: U.S.A.
  Antonio Luciano Paez: Britisch Westindien
  Roberto Pinzon-Gonzales: Südamerika

Ich ernenne mich selber als Kandidat für das Amt des Generalsekretärs für die USA: Tony Vallambrosa
Ich ernenne mich selber als Kandidat für das Amt des Generalsekretärs für die USA: Jack B. Hogg, Jr.

Ed.: Zu bemerken ist, dass der jetzige Führer der 1977 gegründeten OTO-Agape Loge, "Caliph" William Breeze, als «Tau Silenius» am 12.8.1974 von Jack B. Hogg jr. aus der Bertiaux-Linie zum Bischof konsekriert worden ist. Bertiaux selber bezeichnet jedoch diese "Caliphats"-OTO-Linie in der Zwischenzeit als *"passé."* Ebenso beurteilt Manuel Lamparter diese "Caliphatische" OTO-Linie als *"not possible to join."* Die lokale "Caliphatsloge" von New Orléans interessiert sich hingegen sehr für die Voodoo-Trommeln.
Im "Caliphat" selber ist man sich über die Gnostischen Kirchen völlig im Unklaren. Während Bill Heidrick (Heydrich?) zugibt, dass ein grosser Teil der GKK ausserhalb des OTO sei und mit Thelema nichts am Hut habe, meinen andere, das sei völlig unmöglich, denn Crowley habe die GKK gegründet, es gäbe nicht mal 10 Gnostische Bischöfe ausserhalb des OTO und diese seien *"provided special recognition as non-initiate "ecclesiastical Members" of O.T.O."*[107*] Dieser Scheuklappen-Gnostizismus ist allein auf Crowley als Vaterfigur fixiert, um die die historischen Tatsachen fanatisch gebeugt werden. Von den meisten Gnostikern ausserhalb des OTO wird Crowleys Messe abgelehnt. *"It has hearty little in it that could be called Gnostic either, unless the frequent use of the mystic word IAO."*[108*]

[107*] The Scarlett Letter I,3, Austin Juni 1994, 1
[108*] Stephan A: Hoeller: "Position Paper" (ohne Ort und Datum), 6

Ein Gnostischer Computer

Die liberalkatholische Sukzessionslinie von M.P. Bertiaux:
Mathew, Arnold H. (28. April 1908)
Willoughby, Frederick S. (28. Oktober 1914)
Gauntlett, Rupert (26. September 1915)
King, Robert (26. September 1915)
Wedgwood, James I. (13. Februar 1916)
Leadbeater, Charles W. (22. Juli 1916)[109*]
Cooper, Irving S. (13. Juli 1919)
Arundale, George S. (4. August 1925)
Hampton, Charles (13. September 1931)
Spruit Hermann A. (22. Juni 1957)
Barber, Forest G. (15. Juni 1971)
Bertiaux, Michael P. (16. Juni 1979)

Die Mariavitenlinie Bertiaux'
Kowalski, Jean-Marie Michael (5. Oktober 1909)
Fantome, Marc-Marie-Paul (4. September 1938)
Maas, Paulus Helmut Norbert (9. Oktober 1949)
Fusi, Ephem Maria Mauro (24. Mai 1953)
Marchese, Clemente Alfio Sgroi (26. Mai 1954)
de Willmott-Newman, Hugh George (Mar Georgius, 18. September 1954)
de Palatine, Richard (25. Oktober 1953)
Barber, Forest E.G. (9. April 1967)
Bertiaux (16. Juni 1979)

Massimo Introvigne, der Bertiaux ein paarmal besucht hat, hinterlässt dermassen Eindruck bei letzterem, dass er sogar von ihm erfährt, dass Bertiaux den Mormonen-Schismatiker William Schnoebelen/Syn am 23.7.1977 zum Bischof konsekriert hat.[110*] Im Mormomen-Mitteilungsblatt "Dialogue: A Journal of Mormon Thought" Vol. 27, No.1 vom Frühjahr 1994, stellt Introvigne mit dem Beitrag "The Devil Makers: Contemporary Evangelical Fundamentalist Anti-Mormonism" seine intensiven Recherchen zum Thema Schnoebelen den Mormomen in Salt Lake City vor und verweist auf dessen (mögliche) Verbindungen zum XI° und dem OTOA (p.166).

[109*] Wedgwood und Leadbeater treten im FRA-Reader (Ein Leben für die Rose) nochmals auf
[110*] "Quand le diable se fait Mormon. Le mormonisme comme complot diabolique: l'affaire Schnoebelen," Manuskript p.11, dann in: "Politica Hermetica" 6 (1992), 36-54

Fragen und Antworten zu den Sukzessionen Gnostischer Bischöfe

M.P. Bertiaux: Auszüge aus "The Voudon Gnostic Workbook," New York 1988, 483f., 210-213, 440f.

Frage: Wenn ein Bischof mehrere Male konsekriert und gegenkonsekriert wird, so wie das ja oft vorkommt, ist es dann möglich, die einzelnen Sukzessionen oder entscheidenden Komponenten, die auf ihn gekommen sind, zu unterscheiden?

Antwort: Ja, das ist möglich. Jede Sukzession setzt sich aus sakramentalen Einheiten oder dem Energiefeld der dargereichten Sakramente zusammen. Diese sakramentalen Einheiten wirken als beständige ekklesiastische Einheiten und können empirisch sowie historisch unterschieden werden. Sagen wir, 1915 konsekriert der Bischof X den Bischof Y. Etwas später, 1920, konsekriert Bischof Y dann den Bischof Z. Dies sind vor allem historisch unterscheidbare Ereignisse, aber auch sakramentale Geschehnisse um die Energie, die in der Theologie als "Gnade oder Geschenk des Sakraments" bekannt ist. Diese Bischöfe sind das Medium oder der Kanal dieser Gnade, die vom Heiligen Geist, dem Dritten Aspekt christlicher Dreieinigkeit, herabkommt.[111*] Unter diesen Umständen sind diese Bischöfe durch das Geschenk des Sakraments mit dem Kontinuum identifizierbarer Energien eines übernatürlichen Charakters verbunden.

Frage: Und sind nicht auch engelhafte oder übernatürliche Energien bei diesen Vorgängen durch die Kette oder das Kontinuum sakramentaler Kräfte präsent oder damit verbunden?

Antwort: Ich denke, dass mit Hilfe esoterischer Methoden gezeigt werden kann, dass jede Komponente einzeln von einem sakramentalen Engel/Deva überwacht wird und dass sogar jede Sukzession von einem Hauptengel überwacht wird, der nicht nur die Linie (oder das Kontinuum) der Sukzession bewahrt, sondern auch die täglichen Aktivitäten dieser Sukzession verwaltet. So hat jeder Bischof der Vilatte-Sukzession einen helfenden Engel. Jede Tat, die dazu dient, die Sukzession auszuweiten, ja die ganze Sukzession wird von einem Engel überwacht, der alle Komponenten dieser Linie übersieht. Was getan werden kann, muss in Übereinstimmung mit diesen Engeln getan werden, und was nicht getan werden kann, wird von diesen Engeln verhindert.

Frage: Wir nehmen an, dass gewisse Sukzessionen dem Übernatürlichen näher sind, während andere mehr dem Menschlichen zugehören. Sagen wir, Bischof Y hat zwei Konsekratoren. Bischof X von der Vilatte-Sukzession, während Bischof Ms Sukzession eine rein pneumatische oder übernatürliche/spirituelle Quelle hat, das heisst, ihre Gründer sind keine menschliche, sondern über-menschliche Wesen. Später verschmilzt die Sukzession Bischofs M mit historischen Sukzessionen, zum Beispiel mit solchen, die parallel zur Vilatte-Suk-

---

[111*] Bertiaux hat durchaus nichts gegen eine christliche Gnosis. Auch Aleister Crowley hat unter der Aeguide Theodor Reuss' christliche Gnosis vertreten, wie im FRA-Reader (Ein Leben für die Rose) zum Vorschein kommt

zession sind oder sogar mit Teilen der Vilatte-Sukzession, wie die Syro-Gallizische oder Syro-Jacobinische Sukzession, etc. Ist es nun möglich, die ursprünglich übernatürliche Sukzession des Bischofs M, während er Bischof Y konsekriert, von der Vilatte-Sukzession abzutrennen?

Antwort: Ihre Frage betrifft den technischen Aspekt ekklesiastischer Lehre, aber die Antwortet lautet im Grunde Ja. Es ist möglich, jede Komponente einer Sukzession zu isolieren. In der Sukzession Ihres Bischofs Y würde das Kontinuum der Vilatte-Sukzession sehr präsent sein. Trotzdem wäre die archetypische Sukzession Ms, die nicht von Vilatte kommt, ebenso präsent, da die spirituellen Energien nicht an Raum gebunden sind. Wir können sie also als Vilatte- und M-Linie unterscheiden. Letztlich kann man in einem sakramentalen Kontinuum die Sukzession nicht quantitativ bestimmen; es wäre aber angebracht, zu sagen, dass bei der Vilatte-Sukzession mehr göttliche Wesen anwesend sind als bei der M-Sukzession.

Frage: Also sehen Sie nicht alle gültigen Sukzessionen als einander gleichwertig an?

Antwort: Das stimmt. Sukzessionen sind aber insofern gleichwertig, indem ihre Energiequelle vom Heiligen Geist herkommt.

Frage: Sind demnach die verschiedenen traditionellen Linien, die eigentlich ausserhalb der üblichen christlichen Tradition stehen, und die auf viele Gnostische Bischöfe gekommen sind, von anderer Qualität, wenn überhaupt, und falls ja, haben Sie Ähnlichkeiten zu gewissen christlichen Linien entdecken können?

Antwort: Was so einmalig unter den Gnostischen Bischöfen ist, ist erstens ihre Möglichkeit, auf andere "alte" Sukzessionen zurückgreifen zu können als zu den 12 Aposteln, und zweitens ihre Offenheit, mit der sie diese Möglichkeiten ergriffen haben. Der Heilige Augustin hat ganz klar die Existenz solcher Linien erklärt und behauptet, dass die christliche Kirche Erbin dieser Linien sei. So ist es möglich, die christliche Form des Katholizismus in gewissen priesterlichen und hohepriesterlichen Linien vergangener Traditionen zu finden. Wir sind dazu übergegangen, diese "alten" Traditionen als Roh- oder Proto-Katholizismus zu bezeichnen. Die hindu-brahmanische Religion sei ein Beispiel dieser Energie-Art. Nun, wenn also jemand "alte" Traditionen und christliche Sukzessionen auf sich vereinigt, so sind beide eine priesterliche Wirklichkeit für den Betreffenden. Die Sukzession des Erzbischofs Vilatte ist insofern interessant, da in ihr Hindu- und christliche Linien zu finden sind. Bei beiden ist erkannt worden, dass sie eine starke Verbindung zur übernatürlichen Welt aufweisen und ein eigenes Kontinuum bilden. Dieses spezielle Kontinuum erklärt meiner Meinung nach die Aktivitäten der Französischen Gnostischen Bischöfe oder der Syro-Gallizischen Linie.

Frage: Es ist Ihnen also gelungen, die "alten" Traditionen von den apostolischen christlichen Sukzessionen und anderen nicht-historischen Linien der Götter und Geister zu unterscheiden? Meinen Sie also, dass jede Linie ihre eigene gnostische oder ekklesiastische Charakteristik aufweist?

Antwort. Ich würde das bejahen. Die Art und Weise, wie diese Charakteristiken sich manifestieren, ist oft schwierig zu erkennen. Was wichtig ist: Wir müssen diese Komponenten als genetisches Material der Gnosis betrachten, oder besser gesagt, als genetisches Material des sakramentalen Kontinuums des Heiligen Geistes. Jede Komponente reagiert auf ihre eigene Weise, und indem wir dieses genetische Material zu verstehen lernen, verstehen wir auch, wieso gewisse Bischöfe oder Traditionen sich in diese oder jene Richtung gewandt oder scheinbar eine Menge Probleme aufgeworfen haben. Manchmal können wir korrigierend eingreifen, ähnlich den Genetikern, die biologisches Material manipulieren.

Frage: So würden Sie also sagen, dass. gemäss des Heiligen Augustinus, die "alten" Traditionen ihre eigene Gnade oder Geschenke des Heiligen Geistes bekommen haben?

Antwort: Ich denke, das stimmt völlig mit unseren gnostischen Lehren überein. Sogar die Römisch Katholische Kirche geht mit uns einig, obwohl sie kaum geeignet scheint, diese Fragen in die Tiefe auszuloten, wie wir es tun.

Frage: Kehren wir zum Thema ekklesiastischer Genmanipulation zurück. Rückt uns das nicht in die Nähe des Ausspruches Bischofs Charles Leadbeaters, der von Geschichts-"Korrektur" gesprochen hat?

Antwort: Bis zu einem gewissen Punkt Ja. Aber die Methoden sind verschieden, und so ist der Zweck. Obwohl beide Absichten vom Eingreifen Übernatürlicher Kräfte und deren Mithilfe abhängig sind, sind die "Arbeitsmethoden" erstaunlich verschieden. Beide verlangen aber nach einem Eingreifen von ausserhalb unserer physischen Ebene.

Frage: Die Sukzession der Gnostiker der frühen christlichen Periode ist, wenn wir richtig verstehen, dem Kontinuum der Linien verpflichtet. Diese Sukzessionen, seien sie von Marcion, Bardesanes, Basilides, Valentinus, ganz abgesehen von anderen grösseren oder kleineren bekannten Bewegungen und Untergrüppchen innerhalb dieses Kontinuums, werden also von Bischöfen Ihres Patriarchats weitergeführt? Verstehen wir uns richtig, wenn wir sagen, dass Ihre Linien denjenigen der Apostolischen Sukzession ähnlich sind?

Antwort: Bis vor 1979 erhielt ich mindestens viermal gnostische Sukzessionen episkopalen Charakters. Andere Linien, die ich erhalten habe, sehe ich als katholisch und spiritistisch, oder katholisch und proto-katholisch. Als ich das erstemal 1963 konsekriert worden bin, habe ich die Linie Marcions erhalten. Von da an habe ich diese gnostische Linie in Anspruch genommen. Im Januar 1965 erhielt ich zuerst die Linie von Bardesanes, ein paar Tage später diejenige von Basilides. Ein paar Jahre später kam auf mich die Valentinus-Sukzession, die gleichzeitig das gnostische Patriarchat bedeutet. Diese Sakramente verlangen vier gnostische Ströme, die durch vier verschiedene Akte gegeben werden. Während der Konsekrator bei allen diesen Akten der gleiche bleibt, wechseln sich die Ko-Konsekratoren ab, um genau diesen Effekt zu erreichen.

Selbstverständlich besteht eine Verbindung zwischen diesen vier Linien und den vier Patriarchaten der Ecclesia Gnostica Spiritualis, seitdem die Patriarchate die vier Möglichkeiten darstellen, mit denen die Kräfte von vier Gnostikern unterstützt und aufrechterhalten werden.

Frage: Hat eine andere Tradition innerhalb des Kontinuums moderner Gnosis eine ähnliche Lehre?

Antwort: 1979 wurde eine Verbindung mit der apostolischen Sukzession des bekannten Patriarchats von Glastonbury durch Bischof R. de Palatine hergestellt. Wir unterhielten eine ausgedehnte Korrespondenz. In einem seiner Briefe sprach Bischof de Palatine über seine Konsekration in die vier oben erwähnten Linien (und in diejenige St. Josefs von Glastonbury) durch das Patriarchat von Glastonbury. Diese Korrespondenz hat im Zusammenhang mit dem metaphysischen Ritus von Memphis-Misraïm stattgefunden und wir können sagen, dass diese gnostischen Linien mit eben diesem Ritus von Memphis-Misraïm verbunden, wenn nicht sogar dadurch erweitert worden sind.

Auf eine ähnliche Art und Weise sind die Linien der frühen Gnostiker durch den Ritus von Memphis-Misraïm in die Ecclesia Gnostica Spiritualis eingeflossen. 1979, als die gnostischen Linien ausgetauscht worden sind, haben wir die Sukzession St. Josephs von Glastonbury aufgenommen, ebenso wie die anderen vier Traditionen, die ja in die Sukzession des Patriarchats von Glastonbury eingebunden sind.

oOo

1. Aus welcher Quelle bezog Bischof Lucien-François Jean-Maine sein okkultes Spezialwissen, seine Kräfte und Möglichkeiten und was war seine Rolle in der Evolution esoterischen Bewusstseins? (Engelhafter Kontakt mit Nummer 5, sowie 3 + 2): Erde der Erde.
2. Bischof Lucien-François Jean-Maine bezog keine speziellen Kräfte aus der Doinel-Linie der Gnostischen Bischöfe in Frankreich, da er seine Doinel-Sukzession auf seinen direkten Kontakt mit Fabre des Essarts zurückführte (Engelhafter Kontakt mit Nummer 9): Wasser der Erde.
3. Ich glaube nicht, dass ihm seine Verbindung mit Bischöfen der Vilatte-Sukzession darin besonders nützlich war (Engelhafter Kontakt mit Nummer 12): Luft der Erde.
4. Obwohl einige Magier zu Bischöfen geweiht worden sind, sind die von ihnen dann konsekrierten Bischöfe dadurch noch lange keine Magier geworden, wir müssen woanders eine Erklärung suchen (Engelhafter Kontakt mit Nummer 5, sowie 4 + 1): Feuer der Erde.
5. Möglicherweise besass Bischof Jean-Maine die speziellen Kräfte seines Vaters oder Grossvaters, die beide Magier gewesen sind (Engelhafter Kontakt mit Nummer 2): Erde von Wasser.
6. Falls das zuträfe, wäre diese Kraft sehr elementar und könnte als eine Mischung von rohem Voodoo und korrumpierten Praktiken des Martinismus und Martinezismus angesehen werden (Engelhafter Kontakt mit der Nummer 3, und «nein»): Wasser von Wasser.
7. Das wären dann die Überreste dessen, was vom esoterischen Martinismus des 19. Jahrhunderts in Haïti überlebt hätte und wäre eine Art engelhafter Magie. vermischt mit Hexerei (Engelhafter Kontakt mit Nummer 3, + «ja»): Luft von Wasser.
8. Als er dann nach Frankreich kam, kontaktierte er Priester und Bischöfe einer magischen Linie, die zugleich Sukzessionen der Römisch Katholischen Kirche auf sich vereinten (Engelhafter Kontakt mit Nummer 11): Feuer von Wasser.
9. Er kam mit Vater Boullan und anderen magischen Bischöfen in Kontakt und wurde selbst zum Bischof geweiht (Engelhafter Kontakt mit Nummer 9): Erde der Luft.
10. Als junger Mann entwickelte er seine Kräfte dank seiner führenden Position in diesen Gnostischen Kirchen und esoterischen Gruppen; wir finden ihn auch

in jungen Jahren damit beschäftigt, verschiedene Formen der Magie zu erforschen (Engelhafter Kontakt mit Nummer 4, ebenso 2 + 2): Wasser von Luft.
11. Meine Meinung ist, dass Bischof Lucien seine eigene gnostisch-magische Methode entwickelte und sie benutzte, um seine Tätigkeit innerhalb der Gnostischen Kirche zu unterstützen (Engelhafter Kontakt mit Nummer 4, sowie 3 + 1): Luft von Luft.
12. Wäre es richtig, zu behaupten, dass Bischof Lucien eingehend Esoterischen Voodoo anwandte und dass diese Methoden von seinen Zeitgenossen abgelehnt worden sind? (Engelhafter Kontakt mit Nummer 10): Feuer von Luft.
13. Ich glaube ja, weil wir nicht vergessen dürfen, dass Voodoo gar nicht als Voodoo erkannt oder anerkannt wurde; vor allem nicht, seitdem verschiedene Gruppen des Voodoo mit dem Martinismus verschmolzen sind, was nur noch von Spezialisten erkannt worden wäre (Engelhafter Kontakt mit Nummer 6, 4 + 2, oder 3 + 3 + «nein»): Erde von Feuer.
14. Da Bischof Luciens magische Aktivitäten im Verborgenen geschahen, wurde seine esoterische Gesellschaft nicht als solche angesehen; Man nahm an, dass er sich mit echter Hexerei abgab, nur männliche Hexer in seine Organisation aufnahm und der Familie Ghuedhe zugetan war [oberste Voodoo-Instanz], er also bestimmt keine Europäische mystische Gesellschaft habe (Engelhafter Kontakt mit Nummer 7): Wasser von Feuer.
15. Ausserdem muss darauf hingewiesen werden, dass Bischof Lucien grossen Wert auf Voodoo-Praktiken und Initiationen legte, die den Europäern fremd waren, indem er geheime Formeln und Techniken verwendete, die eindeutigen Voodoo-Ursprunges waren (Engelhafter Kontakt mit Nummer 8): Luft von Feuer.
16. Wir wissen nur deshalb davon, weil Bischof Luciens Sohn, Bischof H.-F. Jean-Maine, diese Traditionen anwandte, erklärte und in ihren Einzelteilen identifizierte, d.h. erkennbar machte, welches die historischen Komponenten des Martinismus waren und die dem Voodoo aus der Schule seines Vaters angehörten (Engelhafter Kontakt mit Nummer 6, 5 + 1, oder als 3 + 3 + «ja»): Feuer von Feuer.

oOo

Ich studierte die Energielinien (d.h. die Devas), die sich in Bischof Gregorys Sukzession trafen. Die Linien unterschieden sich exoterisch und esoterisch voneinander. Die esoterischen waren eher uniform, da die Kraft eins war und sich ausserhalb der Geschichte manifestierte. Die exoterischen waren ausserordentlich komplex: ich fand die Linien von Bischof Mathew, Bischof Vilatte, diejenigen der Mariaviten, der Russisch-Orthodoxen Kirche, von Bischof Ferette und diejenige von Bischof Vernon Herford. Die Energie des Bischof Mathew war duch die Liberalkatholische Kirche und die Alten Römischen Katholiken experimentell und z.T. radikal verändert und mit neuen Kontinua von Devas verbunden. Ich untersuchte die Stufen Subdiakon, Diakon, Priester und Bischof und erstellte eine Farbkarte mit 32 Feldern, jedes von einer/m Deva besetzt. Auf diese Weise fand ich heraus, wo sich passivere und lebendigere geheime Felder befanden. Nur wenige der Bischöfe der traditionellen und gnostischen Linien wissen davon. Ich denke, dass diese (ich sage wissenschaftliche) Arbeit grad so wichtig ist, wie diejenige, die unser Patriarch [Charles] Leadbeater[112*] geleistet hat.

Frage: Sie sprechen von den esoterischen Ambaktu-Strahlen,[113*] die in den Bischofslinien gewisser theurgischer Priester und Bischöfe vorhanden sein sollen. Was meinen Sie damit?
Antwort: Diese metaphyische Energie ist in allen Linien durch spezifische Qualitäten präsent und kann mit den Methoden Leadbeaters geortet werden.
F: Sie sprechen auch von Lebewesen, die in diesen Linien präsent sein sollen, z.B. die "Gulotti-Devas." Deshalb nimmt es uns Wunder, ob diese Wesen in der Energie oder im Raum dieser Linien leben - sie setzen sich ja aus Strahlen zusammen.
A: Sukzessionen sind Strahlen und formen präzise Muster aus Räumen, die tatsächlich von okkulten Energien bewohnt sind. Diese Wesen sind die esoterischen Devas dieser Linien. Wichtig ist, dass diese Wesen ihre eigene Qualität in die entsprechende Linie miteingebracht haben und darin zusätzlich eigene Qualitäten entwickelten. Sie wurden also nicht durch die Linie selbst erschaffen, sondern allein eingebracht. Ausserdem wurden sie von denjenigen beeinflusst, die an dieser Sukzession psychisch beteiligt waren.
F: Die Gulotti-Devas kommen vom Bischof Vilatte-Strahl, konsekriert 1892 in Südindien. Diese Devas enstammen also dem indischen und syrischen Kontinuum. Bischof Gulotti und die anderen Bischöfe fügten ihre eigenen Komponenten bei. Abbé Julio, Okkultist und Theurg, wurde 1904 von Bischof Gulotti konsekriert. Von dieser Konsekration leiten sich viele französische und amerikanische gnostische Bischöfe her. Durch die Konsekration des William Whitebrook 1908 durch Gulotti entstand eine neue Linie von Strahlen, die mit Magie aber nicht viel zu tun hatte. Es stellt sich heraus, dass der Vilatte-Gulotti-Julio-Strahl sich ziemlich vom Vilatte-Gulotti-Whitebrook-Strahl unterscheidet. Grund ist, dass verschiedene Energien benutzt wurden, um die Unterstrahlen zu nähren. In der liberalkatholischen Terminologie würden wir sagen, dass der Julio-Unterstrahl ein 7-Strahl und der Whitebrook-Strahl nur ein 6-Strahl war.
A: Es ist richtig, diese Terminologie der 7 Strahlen anzuwenden. Diese Unterschiede haben ihre Ursache in der Zusammensetzung von Subdiakon, Diakon, Priester und Bischof. Das Subdiakonat unter Whitebrook unterschied sich vom Subdiakonat des Julio-Strahles. Auch falls jemand ALLE Linien auf sich vereinen würde, könnte man die einzelnen Strahlen und Unterstrahlen auseinanderdividieren.
F: Esoterisches Ambaktu kann also darin gefunden werden?
A: Obwohl es nicht explizit gefunden werden kann, ist es implizit immer vorhanden. Es drückt sich eher durch die Struktur der Strahlenanordnung aus, die sich vor allem durch Bischof Lucien [Jean-Maine] etablierte.
F: Während alle, die die Jean-Maine-Sukzession UND die Gulotti-Sukzession aufweisen, über Ambaktu verfügen, fehlt dies den altrömisch katholischen Bischöfen ausserhalb der Gnosis?

112* Gregory Tillett (beteiligt am OTO-Phänomen in Australien): "The Elder Brother," London 1982
113* Eine Art göttliches Voodoo-Bewusstsein, das in den Einweihungen präsent ist

A: Ja, alle, die über die Jean-Maine-Sukzession verfügen, haben verschiedene Formen von Ambaktu bekommen. Während die Whitebrook,-Julio-und-Herford-Linien in Ambaktu eingebettet sind, kann nur die apostolische Sukzession beobachtet werden. Ambaktu ist "stark" und "fundamental" gleichzeitig und verursacht nicht diese Probleme, die anderswo bei sog. "Bischöfen in partibus" auftauchen.

oOo

Lucien-François Jean-Maine (11. Januar 1869 bis 1960) war Patriarch. Sein Leben verbrachte er als Führer der gnostischen Kirche unserer Tradition in Europa. Selbstverständlich war seine Leitung allein spirituell und keinesfalls politisch, da er von den inneren Welten und höheren Ebenen geleitet war. Zeit seines Lebens bis zu seinem Tode in Madrid blieb er eine beinah unsichtbare Person. Und da ihn die Geschichte bislang mied, ist er uns bekannt geblieben.
Er war in zweierlei Hinsicht bemerkenswert. Während er im inneren Sinne sehr aktiv war, lehrte er in der Aussenwelt als geheimer Lehrer, ähnlich den alten Adepten und Rosenkreuzermeistern. Als ein Mann, der die meiste Zeit seines Lebens unsichtbar und unscheinbar hinter dem Schleier okkulter Obskurität verbrachte, war er es jedoch, der die Kräfte der Gnosis aufbaute und der alles, was wir heutzutage haben, mit dem höheren sprituellen Leben des Universums verband: dem Lebensstrom des Heiligen Geistes.
Absichtlich hielt ihn seine "geheime Maschine" davon ab, sogar in den okkulten Zirkeln bekannt zu werden. Während er also Papus und Mathers persönlich kannte, die, wenn sie von Geheimen Meistern sprachen, wahrscheinlich Jean-Maine meinten, so taucht er niemals im Zusammenhang mit berühmten Bischöfen auf. Er benötigte diese Art Verbindung nicht.
"Ein Teil meines göttlichen und gnostischen Bewusstseins wurde im Licht geboren und wurde durch tiefe Meditation für diese Welt vorbereitet. Ich muss die ideale Welt meiner Gedanken hervorbringen, die von solcher Gewalt und konstruktiven Charakters sind, dass sie durch einen Akt von Kreation-Gnosis eine neue Seins-Ordnung und eine neue Form des Bewusstseins-Universums hervorbringen. Solches ist mir von der ewigen Wahrheit meiner Essenz und dem Triumphalismus des höchsten Thrones der Gnosis befohlen worden. Und deshalb bin ich der Hierophant der Mysterien der tiefsten Meditation."
Das Werk Lucien-François Jean-Maines ist insofern für die Gnostische Kirche von Bedeutung, weil es sein Werk war, das dieser Kirche in ihren esoterischen Wurzeln neuen Halt gab. Er war verantwortlich für die esoterische und mystische Deutung der Natur der Gnosis als ein System von inneren Welten und sollte geachtet werden für die Ansicht (die meiner Meinung nach stimmt), dass die engelhaften oder göttlichen Energien der inneren Realitätsseite das Leben dieser Kirche sind. Solange wir den Kontakt mit diesen geistlichen Kräften aufrechterhalten, solange werden diese Kirche und sein Werk leben.
In einem rein physischen Sinn habe ich Lucien-François Jean-Maine nie getroffen. Ich wurde jedoch von seinem Sohn 1963 in Haïti zum Bischof ernannt. Lucien-François war dazu bestimmt, die Gnostische Kirche (die die Kirche im Geiste Jesus' ist) durch esoterische Unternehmungen neu aufzubauen und zu bereichern. Im Unterschied zu seinem Voodoo-Werk, machte er eine Reihe von Wiederentdeckungen in-

nerhalb der Gnosis, die seiner Kirche, Ecclesia Gnostica Spiritualis, einen ganz spezifischen Charakter gaben.
Lucien-François war es, der den Memphis-Misraïm-Ritus (ehemals ein pseudo-freimaurerischer Orden) in die Struktur der Gnostischen Kirche einbaute, da er dessen mystischen Charakter als alte ägyptische Magie erkannte. Dies tat er, um die Kirche zum Anziehungspunkt aller okkulten Energien zu machen und jegliche Aktivität/Energiemuster ausserhalb zu verhindern, die der Seele der Kirche zum Konflikt werden könnte. Der Ritus wurde so zur mystischen und priesterlichen Rekonstruktion der administrativen Gnosis für das Gebiet der sakramentalen Einweihung und zum Patriarchat der esoterischen Forschung, wobei sich die Gnostischen Bischöfe exakt entlang der esoterischen Linie der engelhaften Wesen vorwärts entwickeln.

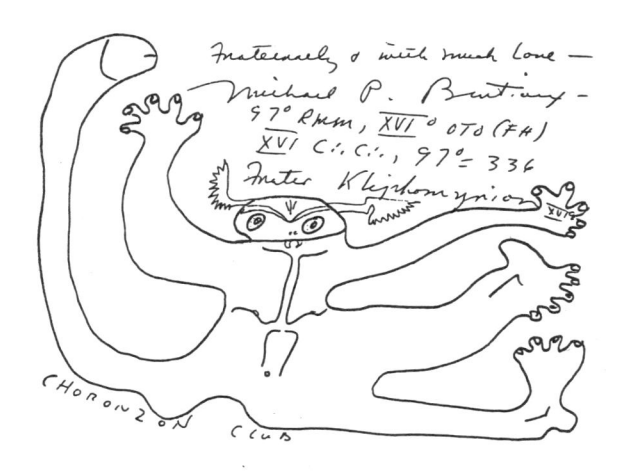

Die Zombie-Macher

von M.P. Bertiaux[114*]

Dies ist die letzte Lektion in Sachen points chauds, von denen das Wissen des Voodoo abhängt. Voodoo ist eine logische Seinsart, die sich aus ineinandervermischten Symbolen zusammensetzt, die physisch wirksame spirituelle Intelligenzen darstellen. Ohne Zögern kann der Magier Kontakt mit den inneren Welten herstellen: er ist jederzeit dort und verfügt über mächtige und positive Kräfte. Ja, die Kraft des Loa ist die des Voodoo-Magiers.[115*]
Die esoterische Voodoo-Loge der "La Couleuvre Noire" (LCN), die wir in Chicago leiten, nennt sich "Die Zombie-Macher." Sie ist mit einer anderen Art von Voodoo-Loge verbunden, die "Familie Ghuedhe" (ebenfalls in Chicago) heisst. Letztere hat mit Initiationen in den franco-haïtianischen OTO zu tun. "Die Zombie-Macher" beschäftigt sich also mit den Inhalten des Voodoo, während "Die Familie Ghuedhe" die formelle Seite darstellt. Im franco-haïtianischen OTO sind die Riten freimaurerisch,[116*] während die Geheimgesellschaft der LCN schamanistische Magie und afro-atlantische Zauberkulte betreibt. Das Zusammenspiel dieser beiden Kulte (Logen) bildet die Grundlage des zweiten Teils unseres Magiekurses: das Grimoire Ghuedhe,[117*] die magischen Rezepte. Es folgen nun ein paar grundsätzliche Fragen und Antworten, denen Studenten begegnen, die unserer LCN-Loge in Chicago beitreten. Der Tempel ist geöffnet und der Student wird vor den Meister gebracht, der auf dem Thron von Ghuedhe sitzt - im Norden, dem Platz von Saturn.

Frage: Was bedeutet der Begriff "Die Zombie-Macher"?
Antwort: Die Bezeichnung der LCN-Loge in Chicago, Illinois.
F: Weist diese Loge einen äusseren und einen inneren Kreis auf?
A: Wie in allen esoterischen Voodoo-Logen gibt es einen äusseren Kreis von drei Graden und einen inneren, fortgeschritteneren Kreis.
F: Wer ist Meister der "Zombie-Macher"?
A: Nach aussen ist es der Grossmeister Doktor Hector-François Jean-Maine, im Innern ist es Maître-Baron-Cimetière.
F: Woher kommt der Name "Zombie-Macher"?
A: Er stammt von Priestern, die Elementale aus toten Körpern machten und veranlassten, dass sich diese Körper bewegten und phyischen Einfluss nehmen konnten, etc.[118*]
F: Gibt es eine esoterische Abteilung der Loge, zu der LCN Studenten Zugang haben?
A: Ja, da gibt es den 2. Orden, der für diejenigen offen ist, die die Recherchen der Zombie-Macher benützen möchten.
F: Wie nennt sich dieser Forschungsorden?

114* Auszug aus "Voudon Gnostic Workbook," New York 1988, 52
115* "Loa" wird erklärt im Kapitel "Das Sexualmagische System des OTOA"
116* Hierzu gibt es widersprüchliche Aussagen Bertiaux'
117* Siehe auch Kapitel "Tempel der Methodologie"
118* Michael Damböck/Albert Rieger: "Das Phänomen des Voodoo-Todes," Ardagger 1989, ISBN 3900589038

A: "Monde Squeletique."
F: Bedeutet das "Der Platz der Drei Schädel"?
A: Das ist der Tempelplatz, wo sich Eingeweihte und Ghuedhe l'Horizon treffen.
F: Worin besteht die Art der Magie dieses Platzes der Drei Schädel?
A: Die Drei Schädel vermitteln dem Adepten die Magie.
F: Was wird da magisch übermittelt?
A: Information über das Ghuedhe-Universum, auch System G genannnt.
F: Ist das ein neuer ultra-topologischer oder logico-magischer Bereich?
A: Genau, ein komplettes Ghuedhe-Universum und eine magische Enzyklopädie der Welten.
F: Sind das Lebewesen?
A: Alle Welten sind lebendig, alle Ideen sind lebendig.
F: Wer lebt dort?
A: Die Zombie-Macher.
F: Sind diese Magier lebendig?
A: In ihrem Universum leben sie. Im Vergleich mit ihnen sind wir es, die tot sind.
F: Können wir dahin gehen, da leben, ohne selbst tot zu sein?
A: Ja, falls sie es so entscheiden. Man muss dazu eingeladen werden.
F: Bedarf es dazu spezifischer Einweihungen?
A: Ja, diese Einweihungen werden im 2. Orden durch die Zombie-Macher der LCN gegeben.
F: Stimmt es, dass die Toten im Universum G das Perfekte sind? Dass sie tatsächlich auferstanden sind?
A: Das ist die Bedeutung des "Lebens" in diesem Universum.
F: War Paulus, der katholische Autor des Römerbriefes, ein diesbezüglicher Eingeweihter?
A: Was sonst könnte sein Brief verdeutlichen?
F: Was hat es mit dem Zerfall der toten Körper in unserem Universum auf sich?
A: Dies unterscheidet den Körper Adams (Universum A) vom glorifizierten Körper der Wahren Auferstehung im Universum G.
F: Ist dies ein Universum, das auf heidnischen metaphysischen Religionsansichten basiert?
A: Nein, es ist streng katholisch orthodox, im Sinne der alten christlichen Kirche der Mysterienschule.[119*]
F: Wird dort eine Messe abgehalten, und von wem?
A: Es ist die Messe der Heiligen Wiederauferstehung, da die Totenmessen des Universums A eine Vorbereitung sind für die Messen im Universum G. Der Zelebrierende der Messe im Universum G ist allen Eingeweihten bekannt: es ist Maitre-Ghuedhe/Loa-le-Régénéré, Loa Christ-du-Midi-des-Faiseurs-des-Zombi.

[119*] Wiederum Bertiaux' Anlehnung an christliche Gnosis

Grad-System von OTOA und Memphis-Misraïm

Aus "Instrumentum" VI;III

Studenten der Monastery of the Seven Rays machen die Substanz des OTOA aus, der den 4. Jahreskurs der Monastery darstellt. Das Gradsystem des OTOA unterscheidet sich von anderen OTO-Strukturen, da es 5 zusätzliche Grade aufweist.[120*] Die magischen Grade des OTOA und ihre kabbalistischen Korrespondenzen sind wie folgt:[121*]

I°: Probationer, entspricht Malkuth.
II°: Novize, korrespondiert mit Yesod.
III°: Anwärter zur Priesterschaft, Hod.
IV°: Laienbrüder, Netzach
V°: Eingeweihter, Tiphareth
VI°: Eingeweihter II, Geburah. Behandelt Sexualmagie und deckt die mystischen maurerischen Grade 1°-5° und 0° ab.[122*]
VII°: Ritter des Regenbogens, Chesed. Sex-Alchemie und die Grade 6°-41°. Gleichbedeutend mit dem Amt des Unterdiakons.
VIII°: Ritter des Regenbogens II, Binah. Sex-Alchemie und Grundlagen des Kundalini Yoga innerhalb des männlichen Systems.
IX°: Ritter der Sonne, Chokmah. Sexualmagie und die Grade 42°-77°. Diakonat.
X°: Ritter der Sonne II, Souverän der Souveränen, Kether. Fortgeschrittene Sexualmagie und Sex-Alchemie.
XI°: Eingeweihter Priester, Kether-Daath-Chokmah. Luciferischer Gnostizismus und Esoterisches Engineering[123*] aufgrund von Sexualmagie, Alchemie und den Graden 78°-89°.
XII°: Eingeweihter Priester II, Kether-Daath-Binah. Fortgeschrittenes Esoterisches Engineering, Sexualmagie und Sex-Alchemie.
XIII°: Hohepriester, Daath. Reine Magie und Gnostizismus, Erkundigung der abstrakten Welten auf der Hinterseite des Lebensbaumes, 90°-93°.[124*]
XIV°: Hohepriester II, negatives Tiphareth. Bischof. Homosexuelle Sexualmagie oder abstrakte oder symbolische Logik, die sich mit der Hinterseite des Lebensbaumes beschäftigt.
XV°: Patriarch-Grand Conservator,[125*] negatives Yesod. Beherrschung der letzten Stufen von Weisheit und Vereinigung. 94°-97°.
XVI°: Hierophant-Grand Conservator, negatives Malkuth. Grösstmögliche magische Kontrolle.

120* Der Autor, wahrscheinlich Lamparter, weiss nicht, dass selbst Crowley sein Gradsystem auf 12 Grade ausgeweitet hat. Synopsis in: AHA 8/91, 16. Ausserdem gibt es in den aktuellen Crowley-Logen verschiedene Zwischengrade, z.B. den P.I.
121* Vergleiche Reuss' OTO-Synopsis in "Materialien zum OTO," 22
122* Memphis-Misraïm
123* Ausdruck nicht übersetzt
124* Was von Kenneth Grant aufgegriffen und in seinen Büchern aufs ausgiebigste ausgewertet wurde
125* Solche Titel sind nicht übersetzt

Hierarchie von Memphis-Misraïm

Aus "Labyrinthos," Magazin symbolischer Monaden, Chicago Februar 1976, II,1,2;3[126*]

Frage: Wie viele Grade oder Stufen gibt es im Alten und Primitiven Ritus von Memphis-Misraïm?
Antwort: Wir gehören der Tradition mit 97 Graden an.
Frage: Wie sind diese Grade organisiert?
Antwort: Sie sind in vier Systeme von Einweihung und magischer Entwicklung aufgeteilt. (A) Die Ecclesia Gnostica Spiritualis (EGS) = Grade 1-5. (B) Die Mysterienschule (La Couleuvre Noire) = 4 Grade mit dem 5. Grad der EGS. (C) Vier kabbalistische Serien (Grade 6-90), und (D) die planetären administrativen Grade 91-97.
Frage: Womit korrespondieren diese Grade zum Beispiel mit denjenigen der [Golden-Dawn-Ablegerloge] Stella Matutina?
Antwort: Innerhalb der EGS-Einweihungen. Grade 1 (Subdiakon): 1-10, 2° (Diakon) ist 2-9, 3° (Priester) ist 3-8 und 4° (Bischof) ist 4-7. 5° und (B), der erste der 4 Punkte der Mysterienschule bis zum 4.: 5-6 oder Adeptus Minor. (C) korrespondiert exakt mit der ersten Sammlung der vier kabbalistischen Serien der Grade 6-23 und 78-80, die mit der Essenz des ersten Grades der Mysterienschule korrespondiert, der den 2. Punkt des 5-6 oder Adeptus Minor darstellt. Dies unterscheidet ihn vom theoret. Adeptus Minor Grad.

Die nächste Sammlung (2.) von kabbalistischen Graden ist die Serie 24°-41° und 81°-83°, die mit dem 2. der vier Punkte der Mysterienschule und dem 6-5 oder Adeptus Major korrespondiert.
Die 3. Sammlung, der 3. der vier Punkte, ist die Serie 42°-59° und 84°-86°. Sie korrespondiert mit dem S:::M::: 7-4 Adeptus Exemplus.
Die letzte Sammlung, der 4. Punkt, ist die Serie 60°-77° und 87°-89° und korrespondiert mit dem 8-3 oder Magister Templi.[127*]
Die Grade 6°-23°, 24°-41° etc sind "operational points," während die Grade 78°-80°, 81°-83° etc "speculative points" sind. In den vier kabbalistischen Sphären wird eine sorgfältige Unterscheidung zwischen magischen Operationen, experimentellen Arbeiten, magisch spekulativen Werken und initiatorischer Verantwortung nötig.

(D) Die planetären administrativen Grade folgen dem 90°, der mit dem S.:.M.:.[128*] 9=2, Magus, identisch ist. Der 90° ist verantwortlich für die magische Administration aller vier kabbalistischen Serien aufgrund des 90er Systems unseres Obersten Rates. Diese planetären administrativen Grade (91°-97°) korrespondieren allesamt mit dem Ipsissimus 10=1 der S.:.M.:. Sie sind in vier Forschungssekre-

---
126* Vgl. Abbildung im dokumentarischen Anhang
127* Die beste deutschsprachige Golden Dawn-Kompilation ist das dreibändige Werk von Israel Regardie: "Das magische System des Golden Dawn," Freiburg im Breisgau 1987 = eine bearbeitete Übersetzung von Israel Regardies ca. 1100 Seiten in Überformat: "The complete Golden Dawn System of Magic," Arizona 1984
128* Stella Matutina

tariate oder "operational" Grade und die vier Meister des Obersten Rates und "speculative" Grade 91°-94° unterteilt, die folgenden okkulten Planeten entsprechen: Mond, Merkur, Venus und Sonne. Die Grade 95°, 96°, 97°B (die "Stimme" des Grosshierophanten oder Obersten Rates) und 97°A (der Grosshierophant) sind die vier Meistergrade und beziehen sich auf Mars, Jupiter, Saturn und was jenseits von Saturn liegt. Die magischen Energien sind: 91° Chela bis 95°, 92°-96°, 93°-97°B und 94°-97°A.

Das 95°-System ist insofern von Interesse, als es als Souveränes Sanktuarium den 4 zeitstationären Patriarchaten entspricht, die die sieben Strahlen ausmachen. Nur vier Brüder können den 95° innehaben, und diese formieren das Souveräne Sanktuarium. Im 96° gibt es nur drei: das Sanktuarium der Sublimen Magier, SSM. Und nur zwei Brüder haben den 97° inne. Die zeitstationären Patriarchate beeinflussen die sieben Strahlen in ihren kabbalistischen Serien.
Zeitstationäres Patriarchat 95=A beeinflusst die Grade 6-23; 95=B beeinflusst 24°-41°; 95=C 42°-59° und 95=D 60°-77°. Im 94° gibt es sieben Brüder: die magischen Lehrlinge der LOGOI-SYZYGIES-COSMOI des Mondes (94=324), Merkur (94=322), Venus (94=323), Sonne (94=324), Mars (94=325), Jupiter (94=326) und Saturn (94=327).
Diese Grade, speziell der 94° und der 95°, verbinden unser Erd-System mit anderen Planeten -- den heiligen, okkulten und denen der Wissenschaft -- und mit anderen Teilen des Universums.

Das Sexualmagische System des OTOA

"Instrumentum" VII;III-VI;I, von Manuel C. Lamparter

Das gesamte folgende Material ist eine Zusammenfassung aus Michael P. Bertiaux' 4. Jahreskurs in Esoterischer Magie der M7R.

Sexualmagie ist der grundlegendste Schlüssel magischer Forschung, da sie so einfach ist. Sie verlangt keine besonderen magischen Instrumente, sondern allein den magischen Körper. Man kann damit auf allen Seinsebenen arbeiten und wunderbare Einsichten gewinnen. Sexualmagie ist der Weg des höchsten Eingeweihten. Das sexualmagische System des OTOA unterscheidet sich von Aleister Crowleys OTO, der hauptsächlich phallisch ausgerichtet ist. Die Sexualmagie des OTOA basiert auf astralen und mentalen Gegensätzen und nicht auf sexuellen Handlungen. Die Sexualenergien werden astral und nicht rein physiologisch entwickelt. Dies trifft auch dann zu, wenn die Rituale im tantrischen Sinne nackt zelebriert werden.
Es gibt also zwei Arten von Sexualmagie. Die eine zielt auf physisch phallische Arbeiten in Yesod ab - die andere aber bezieht das Hirn, also Kether, mit ein.[129*] Diese zwei Formen konkurrieren nicht, sondern ergänzen einander.
Die alchemistischen Kabbalisten lehren, dass die Verbindung mit den inneren Merkmalen oder Archetypen des Spermatozoons mit Hilfe von mystischen Zahlen aufgenommen werden kann. Sobald das Spermatozoon hervorkommt, werden die verschiedenen Intelligenzen, die zu ihm gehören, beschworen, und falls sie richtig angerufen worden sind, erhält man die gesuchte esoterische Information. Es ist wichtig, genau zu wissen, wie und was man da anruft. Grundlegend sollte man jedes Spermatozoon als Mikrokosmos ansehen, in dem zu jedem Archetypen entweder dämonische oder engelhafte Wesen gehören, die mithilfe von Syzygie in ein höheres Zwillingspaar verwandelt werden. Vor und nach dieser Verwandlung sind die Dämonen und Engel entweder positiv oder negativ. Indem die heiligen Namen, die auf dem gnostischen Gebrauch der heiligen Vokabeln basieren, vibriert werden, kommen die inneren Energien hervor, und falls die Namen mit dem Spermatozoontyp korrespondieren, ist ein perfekter magischer Akt von Anrufung möglich. Die Kommunikation oder geistige Verbindung zwischen Mensch und magischer Kraft der inneren Welt ist somit durch sexuelle Substanz möglich. Dies ist die genaueste Form von Sexualmagie. Auf folgende drei Stadien der Anrufung sollte geachtet werden: 1) das Okkulte, 2) das Esoterische und 3) das Magische. Diese Stadien entsprechen der Entwicklung von Sexualenergie und erzeugen sogar ein magisches Feld, bevor das Spermatozoon den Phallus verlässt. Trotzdem muss man nicht unbedingt sexuell aktiv werden, um diese magische Arbeit zu vollführen.
Diese Anrufung ist direkt mit der Welt der Archetypen innerhalb des Spermatozoons verbunden. Deshalb ist sie ein Akt der Gnosis, worin entweder eine magisch-metamathematische oder eine magisch-metaphysische Information übermittelt wird. Be-

---
129* Michael P. Bertiaux, "IInd Year Course in Sexual Magic"

vor wir die vier Typen von Spermatozoen untersuchen, betrachten wir folgende kabbalistische Tabelle:

Mystische Zahl, Zodiac, Engel, Dämon, Syzygie, positiv, negativ:
1, Mond in Gemini/Aquarius und Libra, Gadai, Taromnay, Manaiamoan, Amain, Manoa[130]*
16, Sonne in Leo, Gadael, Taromnet, Manaeamoen, Amaen, Manoe
15, Sonne in Aries, Gadzorael, Tarombar, Manoaeamoan, Amoaen, Manoa
2, Sonne in Sagittarius, Gadmygael, Taromvar, Manyaeamoan, Amyaen, Manoa
3, Sonne in Gemini, Mygai, Barcah, Mynaiaman, Ymain, Mana
6, Mond in Leo/Aries und Sagittarius, Mygael, Barcet, Mynaeamen, Ymaen, Mane
5, Sonne in Aquarius, Mysinael, Bartarom, Myniaeamaon, Ymiaen, Manao
4, Sonne in Libra, Myggadael, Barad, Mynaaeaman, Ymaaen, Mana
9, Sonne In Cancer, Sinai, Adar, Minaiaman, Imain, Mana
8, Sonne in Pisces, Sinael, Adaret, Minaeamaen, Imaen, Manae
7, Mond in Virgo/Capricorn und Taurus, Sinmyggael, Adbar, Minyaeaman, Imyaen, Mana
10, Sonne in Scorpio, Sinzoreael, Advarm, Minoaeamen, Imoaen, Mana
11, Sonne in Capricorn, Zorai, Varmna, Monaiaman, Omain, Mana
14, Sonne in Virgo, Zorael, Varmnet, Monaeamen, Omaen, Mane
13, Sonne in Taurus, Zorgadael, Varad, Monaaeaman, Omaaen, Mana
12, Mond in Cancer/Pisces und Scorpio, Zorsinael, Vartarom, Moniaeamaon, Omiaen, Manao

Jede der drei Stadien der Anrufung wird in zwei Phasen unterteilt. Die erste ruft Engel und Dämon, die durch Syzygie vereinigt werden, die zweite den negativen und positiven Aspekt eben dieser Syzygie an.
Obige Liste machte klar, dass der negative Aspekt der Syzygie eher nach Individualisation denn nach Vereinigung tendiert und dass Namen von verschiedenen negativen Polaritäten gleichzeitig benutzt werden. Die Anrufung wird davon keineswegs beeinflusst, solange die ersten beiden Stadien der Anrufung korrekt durchgeführt werden. Es ist absolut notwendig, dass die Korrespondenzen zwischen Spermatozoontypus und Anrufungsphase eingehalten werden.

1. Das Occultum

Es beschäftigt sich mit den vier Spermatozoentypen: Feuer, Luft, Wasser und Erde. Jeder Typus weist negative und positive Pole auf, die sich alchemistisch ausbalancieren, was ingesamt acht Pole macht. Bei der Anrufung beginnt man mit Nummer 1 (positiv) und benützt die Korrespondenztabelle, so dass sehr bald ein Kraftfeld aufgebaut ist, wenn man von Engel zu Dämon, von Syzygie zu den negativen und positiven Polen hin arbeitet. Um dies korrekt zu bewerkstelligen, müssen (wie immer bei Anrufungen) zuerst die "kleinen/schwachen" Kräfte vor den "grossen/starken" angerufen werden. Also: Dämon, Engel, Syzygie, negativ und zum Schluss positiv. Diese Art von Anrufung/Invokation darf auf keinen Fall mit der Evokation/Beschwörung verwechselt werden, die nie oberhalb der Engel- und Dämonenebene arbeitet.

130* Die Namen der Gottheiten werden am Schluss dieses Textes vorgestellt

A. Das feurige Spermatozoon
> Nummer 1 -- positiv: Mond in Gemini/Aquarius und Libra
> -- negativ: Mond in Capricorn/Virgo und Taurus
> Nummer 16 -- positiv: Sonne in Leo
> -- negativ: Sonne in Gemini
> Nummer 15 -- positiv: Sonne in Aries
> -- negativ: Sonne in Cancer
> Nummer 2 -- positiv: Sonne in Sagittarius
> -- negativ: Sonne in Capricorn

B. Das luftige Spermatozoon
> Nummer 3 -- positiv: Sonne in Gemini
> -- negativ: Sonne in Leo
> Nummer 6 -- positiv: Mond in Leo/Aries und Sagittarius
> -- negativ: Mond in Cancer/Pisces und Scorpio
> Nummer 5 -- positiv: Sonne in Aquarius
> -- negativ: Sonne in Pisces
> Nummer 4 -- positiv: Sonne in Libra
> -- negativ: Sonne in Virgo

C. Das wässrige Spermatozoon
> Nummer 9 -- positiv: Sonne in Cancer
> -- negativ: Sonne in Aries
> Nummer 8 -- positiv: Sonne in Pisces
> -- negativ: Sonne in Aquarius
> Nummer 7 -- positiv: Mond in Capricorn/Virgo und Taurus
> -- negativ: Mond in Gemini/Libra und Aquarius
> Nummer 10 -- positiv: Sonne in Scorpio
> -- negativ: Sonne in Taurus

D. Das erdige Spermatozoon
> Nummer 11 -- positiv: Sonne in Capricorn
> -- negativ: Sonne in Sagittarius
> Nummer 14 -- positiv: Sonne in Virgo
> -- negativ: Sonne in Libra
> Nummer 13 -- positiv: Sonne in Taurus
> -- negativ: Sonne in Scorpio
> Nummer 12 -- positiv: Mond in Cancer/Pisces und Scorpio
> -- negativ: Mond in Leo/Aries und Sagittarius

2. Das Esoterikum

Hier gibt es nur zwei Stadien: positiv und negativ. Diese Vereinfachung zeigt, dass die Vereinigung des Seins eher innerhalb des Spermatozoons stattfindet denn versteckt.
Das positive Esoterikum weist auf das feurige und wässrige Spermatozoon hin - das negative auf das luftige und erdige.

A. Das positive Esoterikum

    Nummer 1 -- Nummer 9
    Nummer 16 -- Nummer 8
    Nummer 15 -- Nummer 7
    Nummer 2 -- Nummer 10

B. Das negative Esoterikum

    Nummer 3 -- Nummer 11
    Nummer 6 -- Nummer 14
    Nummer 5 -- Nummer 13
    Nummer 4 -- Nummer 12

3. Das Magikum.

In diesem Stadium ist das sexuelle Element dermassen verfeinert, dass überhaupt keine Mixturen oder fremde Beigaben mehr notwendig sind. Die magischen Zahlen verlieren ihre Bedeutung, da nun die letztendliche Realität des reinen Seins mit dem Spermatozoon in Verbindung tritt. Das Magikum zieht allein folgende vier astrologische Werte mit ein: Leo, Gemini, Scorpio und Taurus.

        Positive Polarität: Mond in Leo
        -- negativ: Mond in Scorpio
        Positiv: Mond in Gemini
        -- negativ: Mond in Taurus
        Positiv: Mond in Scorpio
        -- negativ: Mond in Leo
        Positiv: Mond in Taurus
        -- negativ: Mond in Gemini

Da alle Kombinationen derart komplex sind, kann nur der forgeschrittenste Alchemist die absolute sexualmagische Erfahrung erleben. Sollte jemand die theoretische und praktische Meisterung des Spermatozoons beherrschen, ist es somit möglich, das Niveau hoher und mächtiger magischer Einweihung zu erreichen.

Obiges hat also klargemacht, dass es zwei Arten von Sexualmagie gibt: diejenige, die sich physisch mit dem Phallus abgibt (Yesod), und diejenige, die sich im Kopf abspielt (Kether): eine genitale Form von phallischer Sexualmagie und eine "cerebrale."
Die cerebrale Sexualmagie enthält den Schlüssel zum transzendentalen Ego. Die Person des cerebralen Phallus ist im unbewussten Sinne cerebral. Denn wäre sie bewusst cerebral, besässe sie den Schlüssel zum transzendentalen Id des cerebralen Phallus. Dies ist die Idee des magischen Bruches mit dem Bewussten/Wahrgenommenen, das nach aussen projiziert wird, da die cerebrale Ego-Qualität durch den Phallus zerschmettert worden ist. Dies hat [bislang] den Phallus zum Öffnungsprinzip zu völlig anderen Realitäten gemacht. Für den hohen Eingeweihten im Voodoo ist der cerebrale Phallos jedoch der Schlüssel zum transzendentalen Id. Um das Gleichgewicht der Psyche aufrechtzuerhalten, denke man sich eine erweiterte Entwicklung zwischen Ego und transzendentalem Id: Das Id oder das transzendentale Ego. Beide isolieren das Ego vom transzendentalen Id.

In den magischen Methoden des OTOA sind beide Prinzipien vorhanden und ergänzen sich auf wichtige, magische Art und Weise, so dass die Ego-Energien sehr einfach in transzendentales Id überführt werden können.
So wie der genitale Phallos das physische Spermatozoon produziert, so erzeugt der cerebrale Phallus ein Fluidum, das der "rationes seminales." Manchmal sind die rationes seminales im physischen Spermatozoon anwesend, meistens aber erscheinen sie in anderer Form: als göttliches Fluidum, oder im Voodoo: LOA. Während eines sexualmagischen Aktes erscheint dieses Fluid physisch als Stirnschweiss des Magiers. Deshalb sind die Körper dieser Magier salzig im Geschmack - Yang, da sie den positiven Aspekt reiner Kraft darstellen. Aus diesem Grunde sind sie immer "heiss," da sie die "Heissen Punkte" (Hot Points, Points Chauds) reiner Magie bilden. Jeder elektrische Akt des Mind ist ein Point Chaud der reinen Kraft des cerebralen Phallus, die von Punkt zu Punkt, von einer Ewigkeit zur andern fliesst. In diesem Sinne gibt es keinen Anfang und kein Ende des cerebralen Phallus, den wir auch Magischer Wille nennen - nur temporäre Verdunkelungen, die aber niemals von Dauer sind.
Der cerebrale Phallus ist die reinste und perfekteste Willensäusserung des Menschen. Er ist der hinduistische Atman im menschlichen Leben. In Wirklichkeit ist er das Bewusstsein des Mindes, da er mit dem Mind als kleine aber doch kraftvolle Präsenz arbeitet. Wir nennen ihn das transzendentale Ego, da er das absolute Ego unserer täglichen Erfahrungen und Gedanken ist. Der cerebrale Phallus ist eine mystische Kraftquelle im Menschen, die letztendliche Realität, denn ohne ihn/diesen Willen hätte der Mensch keinen göttlichen Funken in sich. Aufgrund dieses Willens ist es den Göttern, oder LOA, möglich, in diesen Mind hineinzukommen/zu steigen und ins Bewusstsein zu gelangen. Der cerebrale Phallos ist ihr Eingangstor, so wie der genitale Phallus das magische Tor ist, wodurch die Naturgeister physisch in den Menschen eintreten.
Unless this passageway is blocked by magical orgasms, the gods can come in quite easily and quite freely. However, when there is a magical orgasm occuring, they are blocked in their entry. Therefore it is important for the magician to develop a very powerful sense of the orgasm and to act so that his will is always strong and self-assertive.[131*]

oOo

Die Sexualmagie des OTOA basiert auf astralen und mentalen Polaritäten und auf der Positiv-negativ-Basis von Syzygien. Sexualmagie erfordert nicht unbedingt einen Geschlechtsakt. Sexualenergien können eher auf magische Weise als mit physiologischen Techniken entwickelt werden. Es ist überhaupt nicht nötig, dass ein Magier mit einem anderen Magier zusammenarbeitet.
Die höchste Form der Sexualmagie ist die sexuelle Kommunikation mit dem Göttlichen. Im Tantrismus, und ebenso bei gewissen Voodoo-Praktiken, nimmt das Göttliche vom menschlichen Partner Besitz, was äusserlich aussehen kann, als hätten zwei Menschen Sex miteinander. In Wirklichkeit ist der eine Partner vom Göttlichen Sein besessen. Im OTOA-System braucht es nicht unbedingt einen Partner - oder so viele, wie man will.

131* Originaltext, um dem Leser die Sprache vorzustellen

Die sexuellen Zentren

Es gibt 16 sexuelle Zentren der Wahrnehmung und Kraft; 16 hot points. Diese Zentren enthalten individuelle Gottheiten, die durch Stimme, Hand, Gesten, den Mund oder mit anderen Organen und symbolischen Methoden herbeigerufen werden können. Dies ist die Technik des "Prise-des-yeaux" und ist geheime Voodoo-Magie.

[Vgl. dazu die Abbildung im dokumentarischen Anhang][132*]
I. (Erde von Erde). Das traditionelle Zentrum wird Mond in Scorpio zugeordnet. Es befindet sich zwischen Wirbelsäule und Anus. Im Ritual wird Gelb und Schwarz verwendet. Das Zentrum ist negativ.
II. (Wasser von Erde). Sonne in Taurus, rechte Analgegend, Gelb und Blau, positiv.
III. (Luft von Erde). Sonne in Virgo, linke Analgegend, Gelb und Grün, negativ.
IV. (Feuer von Erde). Sonne in Capricorn, dieses archaischste Zentrum befindet sich im Rektum, Gelb und Rot, positiv.
V. (Erde von Wasser). Sonne in Scorpio, Blau und Gelb, negativ.
VI. (Wasser von Wasser). Mond in Taurus, sehr primitiv und archaisch, Blau und Schwarz, positiv.
VII. (Luft von Wasser). Sonne in Pisces, Blau und Grün, negativ.
VIII. (Feuer von Luft). Sonne in Cancer, Blau und Rot, positiv.
IX. (Erde von Luft). Sonne in Libra, Grün und Gelb, negativ.
X. (Wasser von Luft). Sonne in Aquarius, sehr primitiv und archaisch, Grün und Blau, positiv.
XI. (Luft von Luft). Mond in Leo, sehr primitiv, Grün und Schwarz, negativ.
XII. (Feuer von Wasser). Sonne in Gemini, dieses Zentrum wird durch manuelle Stimulation positiver, Grün und Rot, positiv.
XIII. (Erde von Feuer). Sonne in Sagittarius, Rot und Gelb, negativ.
XIV. (Wasser von Feuer). Die Prostata: Sonne in Aries, Rot und Blau. Die Prostata sondert 256 Sexualfluide aus,[133*] positiv.
XV. (Luft von Feuer). Sonne in Leo, Rot und Grün, negativ.
XVI. (Feuer von Feuer). Sonne in Cancer, neuerdings Mond in Gemini, Rot und Schwarz, positiv.

Die cerebralen Zentren

Im OTOA sind noch andere Zentren aktiv: die cerebralen. Sie werden aus den Sexualzentren entwickelt. Das Ego und das transzendentale Ego sind Kreationen oder Emanationen des Id und des transzendentalen Id.
Cerebrale Zentren werden aus Sexualelixieren und Gemischen erzeugt, die durch das Id und das transzendentale Id angeregt wurden. Die Sexualelixiere und Gemische sind Sexualsekrete, die umso dichter werden, je mehr ihr Ursprungsort feurig ist. Die Sekretionen der Erd-Zentren sind ätherischer als diejenigen der eher materiellen Feuer-Zentren. Alle Arten von Sekretionen verdunsten und geraten in die Atmosphäre, wo sie die Grundlage zur spontanen Erzeugung von dämoni-

---

[132*] Hergestellt vom yugoslavischen OTOA unter der Leitung von Julijan Naskov
[133*] Im IX°-OTO ist der Uterus der Geheime Tempel: Die Sonne hinter der Sonne. Im XI°-OTO ist es die Prostata. Es besteht keine Gradgleichheit zwischen OTO und OTOA, d.h. der XI°-OTOA ist nicht identisch mit dem XI°-OTO. Wenn aber von VIII°, IX° und XI°-Techniken (oder Formel) gesprochen wird, ist damit immer die OTO-Version gemeint

schen Nicht-Menschen (fiends) bilden (die erste Hälfte der Siddhis), worauf dann die points chauds ruhen. Dasselbe geschieht mit den cerebralen Sekretionen, die aber die spontanen engelhaften Nicht-Menschen (fiends) erzeugen (die andere Hälfte der Siddhis), und ebenfalls die hot points. In den cerebralen Zentren kommt es zur Umkehrung der Polaritäten von Dichte und Ätherik. Das dichteste Zentrum ist das Herz (Erde) und dessen Sekretion ist konkreter und dichter (Blut) als diejenige des Kopfes (Feuer).

I. (Erde von Erde), Mond in Scorpio [wie bei den Sexualzentren]. Das Herz.
II. Zentrum leicht oberhalb des Herzens in der rechten Brust.
III. wie II in der linken Brust.
IV. Im Zentrum des Schlüsselbeins.
V. Kehlkopf.
VI. Rechts/Vorne der "parathyroid group of glands."
VII. Links wie VI.
VIII. An der Zungenwurzel.
IX. Sinusgegend oberhalb der Nasenbrücke.
X. Zwischen rechtem Auge und Ohr; für das psychische Vermögen sehr wichtig und die Basis der/des "prise-des-yeaux."
XI. Das Braune Zentrum oder die Hirnanhangdrüse.
XII. links wie X.
XIII. Im genauen Zentrum des Cerebral Cortex, manche meinen auch die Zirbeldrüse damit, die durch "la prise-des-yeaux" aktiviert wird.
XIV. Mitte der rechten Hirnhälfte (Macht über das Vergangene, von "la prise-des-yeaux" ausgehend).
XV. links wie XIV, Macht über das Zukünftige.
XVI. Das spirituelle Zentrum, das den Kopf krönt.

Jedes dieser Zentren besitzt abzapfbare einzigartige Kraft und Stärke, die genau beschrieben werden kann. Diese Energien werden anhand ihrer unbegrenzten spirituellen Essenz definiert, die der Magier erzeugt, um deren Unbegrenztheit zur Kreierung der Nicht-Menschen zu verwenden, die spontan von diesen Zentren genährt werden, aber letztendlich magische Konstrukte des Magiers sind. Sie sind entweder dämonisch und sexuell oder engelhaft und cerebral. Sie werden vom Willen des Magiers unter Kontrolle gebracht, indem er sie zu allzeit verfügbaren Siddhis oder reiner magischer Kraft transformiert.

oOo

In jedem magischen System sollte auf die Form (shakta) und den Inhalt (shakti) geachtet werden, denn hier wie dort vereinigt sich das Weibliche in einem magischen Akt mit dem Männlichen.
Wir werden nun ein magisches System oder einen Magischen Computer bauen, dessen Endergebnis die points chauds des Voodoo sein soll. Bislang haben wir die zwei grossen Gruppen der Chakras untersucht, die nun in den Magischen Computer hineinverwoben werden, der die letzte Phase auf der Suche nach dem Unendlichen und Absoluten darstellt. Wir haben 32 Chakras diskutiert, die durch einen magischen Verdunstungsprozess in die psychische und okkulte Atmosphäre des astralen

Magnetismus eingehen, und dass durch diese magische Verdunstung jedes Chakra ein Kraftzentrum einer anderen Dimension darstellt, die durch die Beschwörung der Chakras durch Magie entstand.
Jedes Energiezentrum wird anhand seiner magischen Persönlichkeitsstruktur erkannt, die, vom Chakra abhängig, entweder positiv oder negativ ist. Jede Persönlichkeitsstruktur verfügt über eine sexuelle Ergänzung: die negative shakti über einen positiven Nicht-Mensch (fiend), der positive shakta eine negative Nicht-Menschlichkeit (fiendness). So entsteht eine neue magische Logik, die der Magier auf der Suche nach sexueller Erleuchtung aufstellt. Man kann diese Gottheiten und ihre Konsorten als dauernd Chakra-immanent sehen. Ihre Immanenz ist jedoch eine andere als diejenige des Geistes oder des Wesens im Chakra, der oder das durch magische Techniken beschworen wird und von dessen Elixier-Verdunstung diese Gottheiten und Konsorten überhaupt stammen.

Die Sexualzentren werden anhand dämonischer oder aktiver Energie innerhalb einer unsichtbaren magischen Hierarchie definiert. Die cerebralen Zentren entstammen den sexuellen Zentren und die Namen engelhafter Wesen sind ihnen gegeben - denn sie sind evolutionäre Produkte einer ursprünglichen Kraft, die von der Dunkelheit ins Licht strebt. Aufgrund der dämonischen Kraft von Id und transzendentalem Id assoziiert man immer engelhafte Kräfte mit dem Ego und dem transzendentalen Ego.
Das Konzept der Syzygie taucht in der Vereinigung von dämonischen und engelhaften Kräften als points chauds auf. Selbst in der kosmischen Fusion gilt das Konzept der magischen Ausgeglichenheit, die (ohne den Gedanken der Syzygie jetzt zu ändern) eine zusätzliche magische Bereicherung bedeutet.
In diesem System/Computer sind nur zwei Arten von Siddhis möglich. Mit Hilfe der Technik dieser Siddhis erlangt der Magier alle okkulten Kräfte.

A. Sexuelle Vereinigung mit dem Nicht-Mensch oder der Nicht-Menschlichkeit des entsprechenden Chakras und mit deren shakti oder dessen shakta.
B. Cerebrale Vereinigung mit dem Nicht-Mensch oder der Nicht-Menschlichkeit des entsprechenden Chakras und mit deren shakti oder dessen shakta.

Mit Vereinigung meinen wir die magische oder tantrische Vereinigung der Zentren des Magiers mit denjenigen der Gottheit und seines Partners (mate).[134*] Diese Vereinigung geschieht entweder heterosexuell oder homosexuell und ist immer die Einheit von drei Kräftepunkten.
Der Magier befindet sich inmitten des magischen Energiefeldes, das durch seine Vereinigung mit den Gottheiten & Co. und der shakti und des shakta erzeugt wird. In jeder Vereinigung sind die Gottheiten & Co. entweder an seiner Seite, um ihn oder mit ihm selber in sexueller Vereinigung. In diesem sexuellen System stellt sexuelle Symbolik wahrscheinlich die beste Methode dar, die versteckten und inneren Bedeutungen (verbunden mit den Namen der Energien) der verschiedenen Stadien esoterischen Bewusstseins hervorzubringen.

Die erste Gruppe folgender Korrespondenztabelle ist den Dämonen, ihren positiven und negativen Aspekten (shakti oder shakta) und den sexuellen Chakras zugeord-

---

[134*] Amüsant umgesetzt als Science Fiction Roman von Stephen Fine: "Mein Leben als Androidin," Bergisch-Gladbach 1990

net. Die zweite Gruppe betrifft die engelhaften Wesen und die cerebralen Zentren. Sexualkräfte herrschen über die Cerebralkräfte, denn das transzendentale Id und das Id erzeugen das magische System der Erd- und Wasserzeichen.

Gruppe 1.

Chakra und Tattwa, Gottheit, Konsorte:
I. Erde von Erde [wie in den vorherigen Tabellen], Prithiwi von Prithiwi, fiendness Vartarom, shakta Manao
II. Apas von Prithiwi, fiend Varad, shakti Mana
III. Vayu von Prithiwi, fiendness Varmnet, shakta Mane
IV. Tejas von Prithiwi, fiend Varmna, shakti Mana
V. Prithiwi von Apas, fiendness Advarm, shakta Mana
VI. Apas von Apas, fiend Adbar, shakti Mana
VII. Vayu von Apas, fiendness Adaret, shakta Manae
VIII. Tejas von Apas, fiend Adar, shakti Mana
IX. Prithiwi von Vayu, fiendness Barad, shakta Mana
X. Apas von Vayu, fiend Bartarom, shakti Manao
XI. Vayu von Vayu, fiendness Barcet, shakta Mane
XII. Tejas von Vayu, fiend Barcan, shakti Mana
XIII. Prithiwi von Tejas, fiendness Taromvar, shakta Manoa
XIV. Apas von Tejas, fiend Tarombar, shakti Manoa
XV. Vayju von Tejas, fiendness Taromnet, shakta Manoe
XVI. Tejas von Tejas, fiend Taromnay, shakti Manoa

Gruppe 2.

I. Erde von Erde [wie in den vorherigen Tabellen], Prithiwi von Prithiwi, fiendness Zorsinael, shakta Omiaen
II. Apas von Prithiwi, fiend Zorgadael, shakti Omaaen
III. Vayu von Prithiwi, fiendness Zorael, shakta Omaen
IV. Tejas von Prithiwi, fiend Zorai, shakti Omain
V. Prithiwi von Apas, fiendness Sinzorael, shakta Imoaen
VI. Apas von Apas, fiend Sinmiggael, shakti Imyaen
VII. Vayu von Apas, fiendness Sinael, shakta Imaen
VIII. Tejas von Apas, fiend Sinai, shakti Imain
IX. Prithiwi von Vayu, fiendness Myggadael, shakta Ymaaen
X. Apas von Vayu, fiend Mysinael, shakti Ymiaen
XI. Vayu von Vayu, fiendness Mygael, shakta Ymaen
XII. Tejas von Vayu, fiend Mygai, shakti Ymain
XIII. Prithiwi von Tejas, fiendness Gadmygael, shakta Amyaen
XIV. Apas von Tejas, fiend Gadzorael, shakti Amaen
XV. Vayju von Tejas, fiendness Gadael, shakta Amaen
XVI. Tejas von Tejas, fiend Gadai, shakti Amain

Dieses mystische System bezieht heterosexuelle und homosexuelle Techniken mit ein, um die positiven und negativen Polaritäten des Magiers zu befriedigen. Trotzdem sollte diese Sexualmagie nicht als materialistischer Geschlechtsverkehr gesehen werden, sondern als sublimer Audruck des Menschen Verkehrs mit dem Göttlichen.

Vereinigung als Tarot

Werden die sexuellen Zentren mit den cerebralen Zentren verschmolzen, entstehen die Tarot-Kräfte, die die Grundlage der points chauds bilden. Sie sind die mächtigste Kraftquelle im esoterischen Voodoo.
In den vorherigen Kapiteln haben wir die 32 magischen Zentren diskutiert. Nun gehen wir dazu über, mit diesen 32 Zentren sexuellen Kontakt aufzunehmen, um 16 Basiskräfte zu erzeugen. Vier davon werden durch Set-Namen verallgemeinert, die restlichen 12 sind ihnen untergeordnet.
Um genau zu arbeiten, müssen wir abstrahieren. Wir konzentrieren uns voll darauf, eine Gleichheit zwischen den verschiedenen Kräften herzustellen. Deshalb vereinigen wir uns gemäss einer sehr einfachen magischen Formel mit diesen Kräften. Dies ist das Gesetz der Vereinigung mit Extremen. Wir verkehren mit extremen Kräften, anstatt mit analogen, und kreiieren so viel mächtigere Magie, als wenn wir dem Gesetz der Symmetrie folgen würden.[135*] Kraft (power) entsteht durch die Verbindung des Geraden mit dem Ungeraden. Dieses Gesetz herrscht auch in der Syzygie, der Vereinigung von positiv und negativ. Deshalb vermischt oder vereint man das genitale Chakra Nummer 1 mit dem cerebralen Chakra Nummer 16, das genitale Chakra Nummer 2 mit dem cerebralen Chakra Nummer 15 und so weiter. Auf diese Weise wird eine sexuelle Matrix magischer Energie erzeugt. Diese Energien, Elixiere, Verdunstungen und magischen Essenzen zusammen nennt man "das magische Nest der Schlangen" oder "les nids." Diese Nester wiederum bilden das magische Kraftfeld, auf dem das gesamte sexualmagische System der atlantischen und ophitischen Gnosis basiert.

Vereinigungstabelle

1 von 1 ist Prithiwi, 4 von 4 ist Teja. Oder: 1 ist Erde, 2 Wasser, 3 Luft, 4 ist Feuer.

Genitale Tafel 1 verbindet sich mit Cerebraler Tafel 2:

1 von 1	4 von 4
2 von 1	3 von 4
3 von 1	2 von 4
4 von 1	1 von 4

Das Höchste verbindet sich mit dem Tiefsten. Wenn Kether in Malkuth ist, ist Malkuth in Kether.

1 von 2	4 von 3
2 von 2	3 von 3
3 von 2	2 von 3

[135*] "Normale" Voodoo-Techniken folgen dem Analogiegesetz, wie die auch im deutschsprachigen Raum von sexualmagischen Organisationen (z.B. Ordo Saturni) verwendeten Voodoo-Puppen belegen

4 von 2	1 von 3
1 von 3	4 von 2
2 von 3	3 von 2
3 von 3	2 von 2
4 von 3	1 von 2
1 von 4	4 von 1
2 von 4	3 von 1
3 von 4	2 von 1
4 von 4	1 von 1

Sobald die Vereinigungen vollzogen sind und das Nest entstanden ist, werden die 16 Schlangen durch das Ophitische Tarot dargestellt. In ihm sind alle Bedeutungen der Chakras, ihrer mystischen Korrespondenzen und Kräfte und die magischen Energien sowie die Schlangenabkömmlinge der Vereinigungen vorhanden. Der ophitische Magier ist fähig, alle zu jeder Tarot-Karte zugehörigen Bilder zu visualisieren, wozu auch all deren Zusammenhänge gehören. Jede Karte bildet somit einen Teil des mystisch sexuellen Alphabets der Ophiten, die zusammen mit den magischen Tempelkarten (nochmals eine Tarot-Version der ophitischen Gnostiker in Haïti) eine magische Sprache konstituieren. Auf diese Weise werden alle Gedanken in der ophitischen und solar-stellaren phallischen Sprache der atlantischen Magier ausgedrückt.

Der Magier gelangt mit Hilfe der sexuellen Zentren und der Tarotkarten zu den universellen Energien.

Die Farben des ophitischen Tarots:

1. Schwarze Schlange auf gelbem Hintergrund.
2. Blau auf Gelb.
3. Grün auf Gelb.
4. Rot auf Gelb.
5. Gelb auf Blau.
6. Schwarz auf Blau.
7. Grün auf Blau.
8. Rot auf Blau. .
9. Gelb auf Grün.
10. Blau auf Grün.
11. Schwarz auf Grün.
12. Rot auf Grün.
13. Gelb auf Rot.
14. Blau auf Rot.
15. Grün auf Rot.
16. Schwarz auf Rot.

Farben der Tempelkarten:

1. Schwarz auf Gelb.
2. Blau auf Gelb.
3. Grün auf Gelb.
4. Rot auf Gelb.
5. Gelb auf Blau.
6. Schwarz auf Blau.
7. Grün auf Blau.
8. Rot auf Blau.
9. Gelb auf Grün.
10. Blau auf Grün.
11. Schwarz auf Grün.
12. Rot auf Grün.
13. Gelb auf Rot.
14. Blau auf Rot.
15. Grün auf Rot.
16. Schwarz auf Rot.

Tarot und Zodiak

Um unseren sexualmagischen Computer weiter auszubauen, reduzieren wir die Tarotkarten gemäss der Zodiakzeichen auf 12 an der Zahl. Im ophitischen System sind die zwölf Sternzeichen mit den points chauds verbunden:
"Und der Magier soll sich mit den Sternen vereinen."
Das heisst, dass der Magier sexualmagisch mit Partnern des entsprechenden Zodiakzeichens verkehrt und diesen Zeichen so seinen Willen aufzwingt und eine starke magische Persönlichkeit aufbaut. Er wird so die sexuellen Aspekte der Sternzeichen in ihrer tiefsten Bedeutung erfahren.
Die Karten 1 (1 von 1), 6 (2 von 2), 11 (3 von 3) und 16 (4 von 4) werden die tonangebenden Karten. Sie repräsentieren Erde, Wasser, Luft und Feuer. Die anderen Karten sind den Sternzeichen zugeordnet: 2 zu Taurus, etc.
Zwei Kraftwellen gehen von den points chauds aus. Die eine ist der normale Kreislauf des Kartensets, beginnend mit Aries bis zu Pisces. Der zweite Keislauf beginnt mit Taurus und endet mit Leo.
Dieser zweite Kreislauf ist dem ersteren übergeordnet. Im ersten sind viele Ideen vergangener Zeitstationen und haïtianischer Geheimgesellschaften enthalten.
Das erste Set der points chauds:
In den Riten der Monastery of the Seven Rays bilden die ersten fünf Grade die magische Transaktion. Sie sind die Ämter von: Subdiakon, Diakon, Priester, Bischof und Patriarch. Es sind die magischen Anfangsschritte des Systems. Nun diskutieren wir die Grade 6-90 des magischen Computers.[136*] Jedes Sternzeichen besitzt sechs points chauds.[137*]

1. Das Mysterium der Solitude
2. Das Luage Mysterium

[136*] Misraïm
[137*] 12 x 6 = 72

3. Das Leghba Mysterium
4. Das Dämonenmysterium
5. Das Engelmysterium
6. Das Syzygie Mysterium
[Erklärung folgt unten]

Diese 6 points chauds bezeichnen die jeweilige sexuelle Technik und jede Mysterie ist mittels sexo-logischer Beziehung mit der in der Tabelle benachbarten Technik verbunden. Nummer 1 ist also mit Nummer 2 verbunden, etc. Immer zwei points chauds sind durch den Faktor 1 miteinander verbunden: also wird ½ durch Nummer 1 und Nummer 2 erzeugt. Dies ergibt 9 mystische Elemente in jedem Set.[138*]
Im ersten Set der points chauds gibt es vier Stadien aus je drei Zodiakzeichen. Wir nennen sie der Einfachkeit halber Jahreszeiten, da sie Frühling bis Winter darstellen. Innerhalb jeder Jahreszeit sind die Sternzeichen durch 2½ sexo-logische Beziehungen untereinander verbunden, so dass zwischen Aries und Taurus 2½ Beziehungen und zwischen Taurus und Gemini ebenfalls 2½ Beziehungen herrschen. Da Aries, Taurus und Gemini je 9 points chauds (sechs Kräfte plus drei Beziehungen) darstellen, haben wir:
9 + 2½ + 9 + 2½ + 9 = 32
und wir kommen wieder auf die mystische Zahl 32, die auf dieser Ebene die Matrix oder das Schlangennest bildet. Die Nullklasse, dargestellt durch Tarot 1 von 1, ist die Verbindungskarte auf der höheren Ebene. Die "master control" liegt bei den Zeitstationen oder Patriarchaten (zeitstationäre Patriarchate), die wir schon diskutiert haben. Die vier Jahreszeiten sind die vier haïtianischen Geheimgesellschaften und die drei Zeichen sind die Grade Lehrling, Geselle und Meister innerhalb der Jahreszeiten. Behalten wir das alles im Hinterkopf und legen wir nun einmal unseren Magischen Computer anhand unserer magischen Tempelmaschinen vor uns.

Der Magische Computer der sexualmagischen Logik

Wir stellen nun die vier Jahreszeiten anhand der magischen Arbeitszeiten und ihrer Kontrollmethoden vor.

Frühling
Zeichen: Aries, Taurus, Gemini = 32 Kräfte
Magische Gruppe: Die Sternenwanderer, "Les Pelerins des Astres"
Magische Kontrolle durch: Die erd-patriarchische Zeitstation oder: Die Vergangenheit.
Durch die Kräfte gedeckte Grade: Aries: 6-11, Taurus: 12-17, Gemini: 18-23
Tätigkeit: Projiziert die sechs magischen Kärfte in diese drei Zeichen hinein.

Sommer
Zeichen: Cancer, Leo, Virgo = 32 Kräfte
Magische Gruppe: Kabbalistische Lykanthropie, "La Lycanthropie Kabbalistique"

[138*] "½ is generated by number 1 and ½ is generated by number 2. This means a relationship having the value of 1 for every two points chauds connected or for six points, three relationships which add up to nine mystical elements in each set"

Magische Kontrolle durch: Die wasser-patriarchische Zeitstation oder: Die Vorgegenwart.
Durch die Kräfte gedeckte Grade: Cancer: 24-29, Leo: 30-35, Virgo: 36-41
Tätigkeit: Projiziert die sechs magischen Kräfte in diese drei Zeichen.
Achtung: Die Kräfte werden in jedes Zeichen projiziert: für jede Jahreszeit gibt es insgesamt 18 Kräfte, und 18 = 97 = 336.[139*]

Herbst
Zeichen: Libra, Scorpio, Sagittarius = 32 Kräfte
Magische Gruppe: Die Geheimen Reisenden, "Les Sorteurs Secrets"
Magische Kontrolle durch: Die luft-patriarchische Zeitstation oder: Die gegenwärtige Zukunft.
Durch die Kräfte gedeckte Grade: Libra: 42-47, Scorpio: 48-53, Sagittarius: 54-59
Tätigkeit: Projiziert die sechs magischen Kräfte in diese drei Zeichen.

Winter
Zeichen: Capricorn, Aquarius, Pisces = 32 Kräfte
Magische Gruppe: Die Schwarze Schlange, "La Couleuvre Noire"
Magische Kontrolle durch: Die feurig-patriarchische Zeitstation oder: Die Zukunft.
Durch die Kräfte gedeckte Grade: Capricorn: 60-71, Aquarius: 66-71, Pisces: 72-77
Tätigkeit: Projiziert die sechs magischen Kräfte in diese drei Zeichen.

Anmerkungen
1. Die Nullklassen (1 von 1, 2 von 2, 3 von 3 und 4 von 4) verbinden die vier Jahreszeiten untereinander. 1 von 1 verbindet Frühling mit Sommer (Mond in Scorpio); 2 von 2 verbindet Sommer mit Herbst (Mond in Taurus); 3 von 3 verbindet Herbst mit Winter (Mond in Leo); und 4 von 4 verbindet Winter mit der Erdebene der zweiten Stufe, d.h. mit Mond in Gemini.
2. Der magische Orden "La Couleuvre Noire" wurde von Capricorn-geborenen gegründet und wird immer noch von solchen geleitet; Capricorn ist Winteranfang.

Da wir nun die erste Stufe/Ebene unseres Magischen Computers erstellt haben, schreiten wir zur zweiten über, wo die points chauds näher beschrieben werden.

Die zweite Stufe des Computers

Auf dieser Ebene betrachten wir die ursächlichen Kräfte, die die vier Jahreszeiten ausmachen. Die Zodiakzeichen werden neu zusammengesetzt und ergänzt, so dass ihre Zahl auf 9 erweitert werden kann. Stellen wir uns die Zahlen einfach, einheitlich, neunfach und ineinander verschmolzen vor, ohne dass notgedrungen eine Beziehung zwischen ihnen herrscht. Die neuen Kräfte sind Erweiterungen der ursprünglichen magischen Kräfte der points chauds. Da wir uns der Erzeugung archaischer und archetypischer Kräfte zuwenden, befassen wir uns mit den Grundlagen des Id und des transzendentalen Id. Das Id ist das Unbewusste (unconscious)

139* (90°) 97° ist der höchste Grad im Memphis-Misraïm-System, 336 ist Bertiaux' Zusatzversion (siehe Unterschrift im Dokumentenanhang). Erklärung folgt sogleich

und das Unterbewusste (subconscious) ist grundlegend wichtig für unser magisches System. 2½ Gitter verbinden jedes Kräfte-Set, was als Grundwert jeder Stufe (4 Elemente) 32 Gitter macht. Also 32 x 8 = 256 *[wieder die 256 kalas der Göttin]*. Zusammen mit den 64 Interpretationen der Axiome und den 16 Axiomen addiert sich das zu 336, der magischen Zahl dieses Systems.

Die points chauds werden in die Zodiakzeichen projiziert und erzeugen so eine Matrix aus Sexualmagie zum Zugang zu den archaischen Energien. Diese Energien können allein von mir erklärt werden, da ich sie benenne. Diese Energien sind non-verbal, nicht-intellektuell und bestehen aus reiner Energie des Un- und Unterbewussten.

1. Das Mysterium der Solitude: magische Masturbation.
2. Das Luage Mysterium: homo-dämonischer Erotizismus.
3. Das Leghba Mysterium: hetero-dämonischer Erotizismus.
4. Das lykanthropische Mysterium: Besessenheit durch primitive, elementare und archaische Tiergeister (eine schamanistische Form von Sexualmagie; erototechnisch in esoterischer Logik).
5. Die Zombie Mysterien: wahre esoterische Nekrophilie oder Besessenheit durch/bei Geistern von Toten. Sexuelle Vereinigung der Götter mit den Toten: Guedhe Nibbho. Befähigt die psychisch Toten wiederzubeleben.
6. Das Dämonenmysterium: elementare Linie der Evolution.
7. Das Engelmysterium: Realisierung der magnetischen Evolution.
8. Das Syzygie Mysterium: sexuelle und cerebrale Polarisation.
9. Das initiierende Mysterium: Die Fähigkeit, die Welt vollständig mit der Sexualität des Magiers aufzufüllen. Diese Kraft wird durch 9 magische Wege erworben: Wille und Realität des Magiers werden immer mehr eins. Diese neun Kräfte, die krönenden Siddhis oder points chauds, sind:

1. Die Kraft (power) des "nourrisseurs." Die Fähigkeit, sich von sexuellen Energien zu ernähren und so alle Gedanken-Formen (thought-forms) zu erzeugen, die Fähigkeit einzuweihen, und ausserdem, die sexuellen Energien zu übertragen und so die magischen Arbeiten mit dem absoluten Willen zu unterstützen.
2. Die Kraft des Magiers. Die Fähigkeit, die unsichtbaren Kräfte der Natur zu erzeugen und sie zu beherrschen. Die Fähigkeit, die höheren Geister durch das transzendentale Ego, die Welt der idealen Essenzen, Archonten und Engel anzurufen. Dies ist die klassische Weisse Magie durch die Projektion der sexuellen Kraft in den Lichtbereich.
3. Die Kraft des Magus. Theurgie oder Göttliche Magie, d.h. der Magier arbeitet mit Göttern als seinesgleichen. Die Fähigkeit, zu heilen, aber auch, den Göttern mit absolutem Willen zu befehlen.
4. Die Kraft des Zauberers. Beschwörung und grundlegende magische Arbeiten nach dem Atlantischen und dem Voodoo-System. Archaische und fremdartige Naturgeister zu beschwören, die aus einer anderen Evolutionslinie und einem anderen Universum stammen. Grundlegend furchterregende Fähigkeit, die auf dem Erdzeichen basiert.
5. Die Kraft des "evouteur." Fähigkeit, zu verwünschen, die Zeit- und Raumverhältnisse von sichtbaren und unsichtbaren Objekten zu verändern.

6. Die Kraft des "enchanteur." Fähigkeit, zu verhexen, d.h. die Möglichkeit, Zustände und Bewegungen von Objekten zu verändern. Dies wird durch magisches Singen, d.h. Mantras bewerkstelligt.
7. Die Kraft des "imagier." Die Fähigkeit, Objekte und Gedankenformen zu erzeugen, die sich mit metaphysischer Essenz physisch manifestieren.
8. Die Kraft des "ataviquier." Die Fähigkeit, sich selbst zu verändern, frühere Evolutionsformen anzunehmen und physische wie auch psychische Veränderungen zu erleben. Lykanthropische Kabbalistik.
9. Die Kraft des "elementeur." Bewegung in Körper bringen. Sexualmagische Kontrolle durch den absoluten Willen, das reinste Sein in seiner rohesten und unbewusstesten Form.

Diese Kräfte werden durch Voodoo-Einweihung gegeben und entwickelt. Sie unterstützen diejenigen, die in die tieferen Kräfteebenen fliessen, die magischen Jahreszeiten. Wir beschränken uns nicht allein auf die sexualmagischen Operationen, das menschliche Königreich, sondern wir fühlen eine tiefe Verbundenheit mit dem elementaren Sein. In diesem Sinne sind wir völlig magisch und völlig ursprünglich, obwohl wir eine moderne Ausdrucksweise, nämlich den Magischen Computer, gebrauchen, um diese archaischen und unaussprechlichen Energien auszudrücken. Unsere Magie ist die der Erdzeichen des Zodiaks.

Struktur der Kräfte

Sehen wir diese magische Struktur, die dem Muster des ersten Stadiums der points chauds sehr ähnlich ist, genauer an. Wir stellen uns diese Hochenergien, wie sie in Beziehung mit dem früheren Kräftestadium stehen, als Archetypen hinter reiner Energie oder den points chauds vor. Ein Unterschied besteht darin, dass wir erstens das Element anstelle der Jahreszeit einsetzen. Zweitens ist keine spezifische magische Gruppe miteinbezogen, so dass die Kräfte anhand der elementaren Patriarchate geordnet sind. Magisches Ziel ist es, die sechs magischen Kräfte anhand der neun magischen Stadien, die in die drei Zodiakzeichen projiziert werden, darzustellen. Wir beginnen mit dem 78. Grad.

Name des Elements: Erde
    Zeichen und Grade: Taurus - 78 - 9, kreiert und unterstützt 6 bis 11.
    Virgo - 79 - 9, 12 bis 17.
    Capricorn - 80 - 9, 18 bis 23.
    Magische Kontrolle: Erd-Patriarchat, Wert: 32: $9 + 9 + 9 + 2½ + 2 ½$

Name des Elements: Wasser
    Scorpio - 81 - 9, 24 bis 29.
    Pisces - 82 - 9, 30 bis 35.
    Cancer - 83 - 9, 36 bis 41.

Luft
    Libra - 84 - 9, 42 bis 47.
    Aquarius - 85 - 9, 48 bis 53.
    Gemini - 86 - 9, 54 bis 59.

Feuer
Sagittarius = 87 = 9, 60 bis 65.
Aries = 88 = 9, 66 bis 71.
Leo = 89 =9, 72 bis 77.

Die Nullklasse verbindet jedes Element, und das letzte, das Feuerelement (4 von 4), verknüpft das Ganze mit dem 90° Misraïm-System, wie es von den ophitischen Gnostikern Haïtis verwendet wird [siehe Abbildung]. So haben wir einen herrlichen magischen Baum von okkulten Kräften, der uns eine mentale Kraftstation liefert. Eine mentale Kosmologie esoterischer Voodoo Kabbala. Dieser Baum wird immer Früchte sexualmagischer Erzeugung, die points chauds, tragen.

Die Namen der Göttin

Die Göttin trägt vier Namen, die ihre magischen Kräfte und die magische Methode ihrer Erotolatrie angeben.

1. Ymaen. Mond in Leo, Aries und Sagittarius. Der Priester realisiert auf sexualmagische Weise die Gottheit durch die wunderbaren shaktis, die a) durch magische Blumen, b) durch magische Elixiere ausströmen. Der Priester nimmt die von der Göttin gewünschte Gottform an - es gibt deren 16, um zu den 16 weiblichen Chakren zu passen.[140*]
2. Amain. Mond in Gemini, Aquarius und Libra. Die Göttin wird auf ihrem Heimatboden realisiert. Sie wohnt dem Priester in der Gestalt einer Frau bei; innerhalb der beiden weiblichen magnetischen Sphären: der astral-magnetischen Zone von Yesod und der Magie des Mondzyklus.
3. Omiaen. Mond in Cancer, Pisces und Scorpio. Der Priester wohnt der Göttin (sie als Frau) halbbesessen in der gnostisch-magnetischen Sphäre von Daath bei. Während der Priester von einer bestimmten Gottheit (der Konsorte der Göttin im Mondzyklus) halbbesessen ist, wird die Göttin (La Deesse, unsere Erzulie) vom Priester in Besitz genommen. Der magische Orgasmus ist durch die Hymne an Erzulie gekrönt, die nur diejenigen kennen, die "La prise-des-yeaux" erreicht haben. Diese vollkommenste physische Sexualmagie funktioniert nur dann, wenn der Priester sein Un- und Unterbewusstes von Anfang bis Ende unter Kontrolle bringt.
4. Imyaen. Mond in Capricorn, Virgo und Taurus. Die Göttin kopuliert mit dem Priester auf ausserzeitliche und ausserräumliche sexualmagische Art und Weise. Dazu müssen beide "Seelenpartner/Dualseelen" sein. So wird diese Sexualmagie karmisch. Obwohl die sexuellen Polaritäten von Mann und Frau metapyhsisch und magisch dargestellt sind, spielen aufgrund zeitlicher und inkarnalischer Begrenzung bisexuelle Aspekte mit. Dies ist die Magie, die hinter den Mysterien des vergangenen Atlantis steckt, gegenwärtig in Haïti praktiziert wird und auch in Zukunft existieren wird. Die Göttin ist die Hohepriesterin von Mond in Virgo. Ihr Name Imyaen wird "myan" ausgesprochen. Die sexualmagischen Energien werden zur Karma-Beeinflussung verwendet, was zukünftige Inkarnationen steuert.

140* Folgt sogleich

1. Die Gottheit Ymaen

Voodoo und Tantrismus haben gemeinsam, dass der Kultus der Göttin im alchemistischen Aspekt betrieben wird. Es sei ja nur auf die Produktion und Transmutation der von ihr abgesonderten magischen Essenzen (shaktis) hingewiesen. Für Frau und Mann sind die cerebralen Chakras dieselben, obwohl jedes anders und spezifisch zu dem ihm entsprechenden Id reagiert. Im Bereich der sexuellen oder genitalen Chakras treten jedoch die hauptsächlichsten magischen und spirituellen Unterschiede auf. Bis jetzt hat sich dieser Text mit den männlichen Chakras auseinandergesetzt, da die gesamte Magie darauf basiert. Im Laufe der Jahrhunderte gab es vermehrt Versuche, auch die Homosexualität in den Okkultismus miteinzubeziehen, die grundlegenden Axiome bleiben jedoch heterosexueller Art.[141*] Der Kult der Göttin steht im Zentrum der Magie: die Polarität von Göttin und Priester. Der Priester nimmt die entsprechende Gottform an und erzeugt mit der Göttin magische Elixiere und magische Blumen. Durch die Transmutation der Elemente entstehen Liköre. Durch diese Feuer-Magie wird die Flamme sexualmagisch.

Die Chakras der weiblichen Gottheit[142*]

Chakra, Tonikum, Blume, Gottform:

1. Basis der Wirbelsäule, Mond in Scorpio, schwarzer Rum der Schwarzen Venus dediziert, "la rose mystique," Gottform des "Maître Grand Bois d'Ilet."
2. Rechtes anales Zentrum, Sonne in Taurus, dunkelbrauner mit schwarzer Likörmelasse angereicherter Rum, "l'origene," Guede als Cousin Azaca.
3. Linkes anales Zentrum, dunkelster "liqueur des nekasses," "la flamboyante," Simbi.
4. Rektum, Sonne in Capricorn, "liqueur des clarines," "la fleur du mal," Guede-Nibbho.
5. Zentrum zwischen Anus und Venusdreieck (siehe 13), Sonne in Scorpio, halbdunkler Melissenlikör, "heliotrope," Verbindung von Agwe und dem "Maître Grand Bois d'Ilet."
6. Rechte Seite der Vagina, Mond in Taurus, Brombeerlikör, "rose exotique," Agwe-Azaca.
7. Rechte untere Seite der Vulva,[143*] schwarzer Kirschlikör, "la masque," Simbi-Agwe.
8. Rechter Eierstock, Sonne in Cancer, Nusscrème, "la narcisse lunaire blanche," Ogou-Fer-Agwe.
9. Linker Eierstock, Sonne in Libra, Nusscrème mit leichtem Nelkengeschmack, "l'origene bleue," Simbi-Guede.

141* Hier unterscheidet sich der heterosexuelle Lamparter vom homosexuellen Bertiaux, für den die "wahre" zukünftige Magie natürlich ganz anders beschaffen ist
142* Die weiblichen Genitalien scheinen eine Art gnostische Schnapsbrennerei zu sein
143* Keine astrol. Angabe. Angebracht wäre: Sonne in Pisces

10. Zentrum zwischen den Eierstöcken und dem Venusdreieck, Sonne in Aquarius, Nusscrème mit Angelikageschmack, "l'origene baroque," Maître Grand des Ilet."
11. Linke Vaginaseite, Mond in Leo, Erdbeerlikör, "la rose fantastique," Agwe Chango.
12. Linke untere Seite der Vulva, Sonne in Gemini, roter Kirschenlikör, "le flamine," Simbi-Azaca.
13. Venusdreieck zwischen Vaginaöffnung, Anus und den zwei Eierstöcken, Sonne in Sagittarius, Chartreuse, "golden fire-flower," Damballah-Nibbho.
14. Zentrum oberhalb des Gebärmutterhalses, ein auf Cognac basierender Likör, "white fire-flower," Ogou-Fer-Chango.
15. Basis der Klitoris, Sonne in Leo, ein auf Cognac basierender Likör, schwarze Narzisse, Damballah-Simbi.
16. Krone der Klitoris, Mond in Gemini, ein auf Cognac basierender Storaxlikör, "la rose noetique," Grand Damballah Stellaire.

In verschiedenen esoterischen Voodoo-Lehren treten andere Liköre, zum Beispiel Bonbons-Sirupe anstelle von hochprozentigen Spirituosen, auf.
Diese Doktrine ergänzen die 16 männlichen Chakren. Zusammen bilden sie die wahre Basis der 32 Grade der esoterischen Co-Maurerei, wie sie im Ordo Templi Orientis Antiqua von Haïti gelehrt werden.

2. Der Kult der Amain

In dieser Form erscheint die Gottheit als Frau und vollbringt leidenschaftliche erotechnische magische und höchst spirituelle Vollkommenheit. Der Tempel ist dieser Gottheit geweiht, und der Hohepriester muss ihre Bedingungen genau kennen und erfüllen. Diese Pflichten sind Teil seines Geschenkes an "la prise-desyeaux." Man weiss sie entweder instinktiv oder gar nicht. Dieser spezielle Kultus ist zum Verständnis der Gottheit durch die Verwandlung und Mystifizierung der Projektion des reinen Bewusstseins wichtig. Diese Magie ist eher magnetisch als alchemystisch und führt uns zur dritten Form der Göttin durch die physische Enthüllung, ausserhalb Yesod, manifestiert in Malkuth.

3. Der Kult von Omiaen

Hier werden Voodoo und Tantra eins. Die mystische Heirat findet nur statt, wenn der Priester vollkommen von seiner Anbetung besessen ist, ansonsten nur Sexualmagie geschieht, die vor der Begegnung mit dem Göttlichen endet.

O goddess, manifested in woman's form,
thou white lighted and out of seas born;
be presented in these my arms so about thee,
O deesse, deesse, deesse Erzulie.

4. Imyaen

Malkuthische Magie führt in eine andere Sphäre von Kether. Das heisst, dass wir uns auf eine andere Ebene der Gnosis begeben, wo Venus in ihrer reinsten Abstraktion aus Raum und Zeit herrscht. Irgendwo in Raum und Zeit bildet sich eine Triade aus Venus in Sagittarius, Capricorn und Aquarius, die die Zeitstationen und deren Einfluss auf die Gnosis beeinflusst. Nur eine Frau ist fähig, diese ausgedehnten Weiten von Raum und Zeit zu beherrschen: L'Eve Future, die absolute Manifestation der "Gottheit." Sie ist fähig, von einer Region zur anderen zu gelangen, wo ihr immer ein Liebhaber seine magischen Dienste anbieten wird. Und zwar in den Tempeln von:

1. Venus in Sagittarius: Die vergangene Zeit der Magie
2. Venus in Capricorn: Die vorvergangene und die baldige Zeit der Magie
3. Venus in Aquarius: Die zukünftige Zeit der Magie.

Diese, eigentlich vier, Zeitstationen sind zur Zeit von den drei Hohepriestern der Imyaen besetzt. Sie ist die höchste Gottheit und höchste Hohepriesterin der Magie mit den astrologischen Qualitäten:

Sonne in Capricorn 29°
Mond in Virgo 16°
Merkur in Aquarius 16°
Venus in Aquarius 24°
Mars in Scorpio 24°
Jupiter in Leo 16°
Saturn in Aquarius 20°
Libra, aufgehend 16°.

Imayen ist somit die Gottheit der Zukunft: Die total abstrakte Frau![144*]

144* Die äusserst ambivalente Haltung der Gnostiker gegenüber der Frau kommt im FRA-Reader (Ein Leben für die Rose) ausführlicher zur Sprache

Ophitische Sexualmagie

von Schwester Akhkanandi Igumena Moramis, "Instrumentum" II;III

Der ophitische oder "93er Strom" (Thelema) ist die weibliche Essenz, die den Lebensbaum (der jüdischen Mystik) durchdringt und die lunaren Todes-Energien manifestiert. Deshalb ist diese Essenz das universale Plasma der kreativen Manifestation und der Ontologie der Existenz. Eingeweihte haben verschiedene Möglichkeiten, diese Essenz heranzuziehen und zu verwenden. Die gebräuchlichste und genussvollste ist die ophitische Sexualmagie, die Praxis des sog. "Linken Pfades." Man sollte aber den Gebrauch von ritueller/magischer Sexualmagie (Ausrichtung magischer Energien) vom Sex als Katalysator von Kundalini Shakti unterscheiden. Bevor die Arbeiten mit ophitischer Sexualmagie Wirkung zeigen, muss Kundalini Yoga beherrscht werden. Da die sexuelle Energie eine der stärksten Shakti ist, wundert es nicht, dass viele "Eingeweihte" seit jeher auf ihren Gebrauch zurückgegriffen haben. Um die ophitischen Energien mittels Sexualmagie zu gebrauchen, muss zuerst die Praxis der Kundalini, d.h. das Aufrichten der Feuerschlange, beherrscht werden.

Crowley: *"Ich bin die geheime Schlange, zum Sprunge bereit gerollt, in meinen Windungen liegt Freude"* (Liber AL, II;26).[145*]

Im Kundalini Yoga wird die sexuelle Energie durch die Wirbelsäule hinauf ins Ajna Chakra getrieben, wo sie sich im tausendblättrigen Lotus des Sahasrara Chakra ausbreitet, anstatt im "gewöhnlichen" Orgasmus zu verebben. Die Tantriker behaupten, dass Kundalini nicht länger als 21 Tage im Sahasrara bleibt und dann wieder ihren Weg nach unten nimmt.

Crowley: *"Erhebe ich mein Haupt, sind ich und meine Nuit eins. Senke ich aber mein Haupt und speie Gift, ist es die Wonne der Erde, und ich und die Erde sind eins"* (Liber AL, II;26).

In Liber HHH, Sektion SSS, gibt Crowley genaue Anweisungen darüber, wie die Feuerschlange zu erheben und Kundalini zu aktivieren ist. *"Bei dieser Übung wird die Kopfhöhle zur Yoni - Das Rückenmark ist der Lingam."* Die Kopfhöhle ist Nuit, die kosmische Yoni, symbolisiert durch den Wagen, den Kelch oder den Gral. Sie ist die primordiale Gebärmutter oder der wässrige Abyssus.

Crowley: *"Weil ich die Raumunendlichkeit und die Unendlichkeit der Sterne bin, tuet ihr gleiches."* (Liber AL, 1;22).

Das Rückenmark ist Hadit, der kosmische Lingam, symbolisiert durch den Punkt, den Stab und den Stock. Hadit ist die primordiale Energie, die in die Gebärmutter Nuit eindringt, sie durchdringt und in ihr erblüht.

"Ich bin die Flamme, die in jedem Menschenherzen brennt und in dem Kern eines jeden Sterns" (Liber AL, II;6).

Im Voodoo werden Nuit und Hadit von Olorum und Obataia symbolisiert. Die Chinesen drücken diese universelle Philosophie im Hexagramm des Yin und Yang aus. Ebenso stellt das Kreuz im Kreis dieses Konzept dar. Man erlebt eine mystische Erfahrung, sobald Kundalini im Sahasrara Chakra anlangt. Eine magische Erfahrung

---

145* Liber AL-Zitate aus "Liber AL vel Legis," Genossenschaft Psychosophia, Schweiz 1953, übersetzt von C.H. Petersen

findet hingegen statt, wenn Kundalini Sahasrara verlässt und in einen intensiven Orgasmus mündet.
Im astral-sexuellen menschlichen Körper können 7 grössere Energiezonen, d.h. Chakren, definiert werden. Diese Chakren bleiben inaktiv, bis dass sie durch die Feuerschlange "geweckt" werden. Sie sind empfindliche Zentren, die den materiellen Körper mit dem Lichtkörper verbinden. Da sie in der Nähe der endokrinen Drüsen sind, kann eine mögliche Verbindung nicht von der Hand gewiesen werden. Trotz gegenteiliger Versuche sind die Chakren nichtexistent oder inaktiv, solange man sie nicht durch die Feuerschlange aktiviert. Mit Sicherheit sind sie nicht identisch mit dem Zentralnervensystem - Ähnlichkeit besteht höchstens zum endokrinen System. Empfindungen innerer Organe äussern sich nicht zwingend in der entsprechenden Körperregion: Herzbeschwerden können sich z.B. in den Extremitäten äussern. Wenn die endokrinen Drüsen durch Kundalini stimuliert werden, äussert sich die entsprechende Wahrnehmung u.U. in anderen Körperbereichen. Kundalini steigt nicht geradlinig der Wirbelsäule empor, sondern gabelt sich bei jedem passierten Chakra. Wenn Kundalini emporsteigt, öffnen und schliessen sich Blutgefässe so schnell, dass ein Herzanfall eintreten kann, wenn die Feuerschlange nicht unter Kontrolle gehalten wird. Daher die "mysteriösen Gefahren," auf die Eingeweihte anspielen. Deshalb ist es angebracht, Asana Yoga (Donnerkeil-Position), die Visualisation (Yantras der Chakras), yogische Atemübungen (unterstützt durch ein Mantra), tantrische Mudras und Bhakti Yoga zu beherrschen.
Sobald der Körper ausreichend sensibilisiert ist und der Aspirant glaubt, genügend Selbstkontrolle ausüben zu können, können die Chakras noch sensitiver "gemacht" werden, indem z.B. ein Partner das Yantra in den Körper projiziert.
Die endokrinen Drüsen sekretieren die im Blut transportierten Hormone, die zusammen mit dem Zentralnervensystem das Kommunikationssystem des Körpers darstellen. Hormone sind chemische, hauptsächlich aus Aminosäuren und Peptiden zusammengesetzte "Organismen," die als "Boten des Körpers" fungieren und Funktionen wie den Metabolismus, die Körpertemperatur und die Fortpflanzung regulieren. Während das Zentralnervensystem die bewusst kontrollierbaren Körperfunktionen steuert, kontrolliert und reguliert das "autonome Nervensystem" die unwillkürlichen Körperfunktionen, z.B. Temperatur und Herzschlag. Letzterer kann manchmal durch fortgeschrittene Formen des Bon-Pa oder Hatha Yoga verändert werden.
Die Verbindung von autonomem und Zentralnervensystem und dem Gehirn wird von einem kleinen Organ etwa der Grösse einer Damaszenerpflaume, dem Hypothalamus, gebildet. Der Hypothalamus reguliert die Homöostase (die chemischen und physikalischen Körperfunktionen) und die endokrinen Drüsen. Das Sahasrara Chakra liegt nun über demjenigen Teil der Hirnrinde, den man "Spalt von Rolando" nennt und der entlang der Mittellinie die Stirn von den Seitenlappen trennt und zwar an dem Punkt, wo die beiden Gehirnhemisphären zusammentreffen. In der diesen Spalt umgebenden Region treten willkürliche Bewegungsimpulse auf, die via Rückenmark an die verschiedenen Teile des Körpers weitergeleitet werden. Direkt darunter liegen der Hypothalamus und die Hypophyse, die mit dem Hypothalamus verbunden ist.
Hier ergeben sich zwei für Kundalini Yoga interessante Aspekte.
1. Alle 3 Lappen der Hypophyse scheiden Hormone aus. Von den 6 durch die vordere Hypophyse ausgeschiedenen Hormonen gibt es eines, das Prolactin, dessen Funktion unbestimmt ist. Die von der vorderen Hypophyse ausgeschiedenen Hormone kennt man

als tropische Hormone, d.h. sie aktivieren die anderen endokrinen Drüsen. Man hat beobachtet, dass Prolactin bei Ratten die Milchproduktion nach der Schwangerschaft und die Produktion des weiblichen Geschlechtshormons Progresteron unterstützt. Prolactin scheint also gonadotropisch, d.h. ein Sexualhormon zu sein. Bei Menschen ist diese Funktion zweifelhaft, man nimmt an, dass Prolactin bei Männern im Zusammenhang mit der Prostata steht.

2. Die Epiphyse ist ein konisches, etwa erbsengrosses Organ, das dicht unter der Oberfläche von Hirnrinde und Zwischenhirn in der Nähe des olfaktorischen Traktes, kurz vor dem Cerebellum liegt. Obwohl eine endokrine Drüse, ist die Funktion der Epiphyse unbekannt. Es gibt Biologen, die behaupten, die Epiphyse sei früher bei primitiven Wirbeltieren ein drittes Auge gewesen und bei höheren Säugetieren nicht mehr in Funktion.

Es kann sein, dass die Funktion der Epiphyse bei den meisten Menschen im Ruhezustand ist und untätig bleibt, solange sie nicht durch magische Methoden, wie Kundalini, dazu angeregt wird, Hormone zu produzieren, und so ihre Funktion als drittes Auge wiedererlangt.

Das dritte Auge empfängt andere als durch Licht und Geräusche verursachte Wahrnehmungen. Z.B. haben Techniker ja schon "eigenartige" Instrumente erfunden, die messen, was dem Sehen und Hören nicht zugänglich ist. Das Elektronenmikroskop, Röntgengerät und Radar. Möglicherweise empfängt die Epiphyse Informationen, die die sonstigen Möglichkeiten des Körpers, sie zu empfangen, übersteigen - jedoch könnte das Hirn sie interpretieren. Etwas, was wir weder sehen, hören, anfassen, schmecken oder riechen können, muss nicht notgedrungen nichtexistent sein.

Obwohl die Funktion von Prolactin nicht ganz geklärt ist, scheint es ein "Gonadotrophin" zu sein. Prolactinhormone sind beim Menschen vielleicht halbaktiv oder gar nicht funktionell. Da Kundalini die Sexualfluide transsubstantiiert, könnte Prolactin als Katalysator dabei die geheimnisvolle 16. Kala produzieren. Was auch immer die physiologischen Effekte sind, während des Shakti simuliert die Feuerschlange sonst unbenutzte Bereiche des Gehirns. Adepten des Kundalini Yoga sind der Ueberzeugung, dass die Feuerschlange den Geist erweitert.

Durch Kundalini Yoga werden die ophitischen Energien mit Hilfe von Sexualmagie kanalisiert. Dies unterscheidet die mystische von der magischen Kundalini-Erfahrung, da bei der mystischen Erfahrung der Adept seine Realitätswahrnehmung insofern erweitert, als er Kontakt zu seinem Höheren Willen oder Höheren Selbst aufnimmt. Solange die Feuerschlange ruht, so ist sich der Adept nur ihrer unmittelbaren Anwesenheit bewusst. Erhebt sich Kundalini jedoch, erlangt er Kosmische Bewusstheit und objektive Wahrnehmungsfähigkeit.

Zweck der Sexualmagie ist es, die Kundalini (oder ophitische Energie) in Uebereinstimmung mit dem Willen (der auf ein bestimmtes Ziel/Objekt gerichtet ist) kontrolliert anzuwenden. Grundsätzlich werden drei Praktiken von Sexualmagie unterschieden:

(1) Autoerotik
(2) Koitus
(3) Belebung

Das Objekt der Begierde kann durch ein Sigill oder einen Talisman visualisiert/manifestiert sein, wenn sich die Feuerschlange im Sahasrara Chakra ausbreitet. Alle Arten der Sexualmagie können alleine, mit einem Partner oder in der Gruppe vollführt werden. Allerdings sind 27 Teilnehmer erforderlich, um einen vollen Kaula Zirkel zu bilden.

Autoerotik

Solange sich die Feuerschlange nur in einer einzelnen Person manifestiert, spricht man von Autoerotik, auch wenn ein Partner oder mehrere Personen teilnehmen. Durch Autoerotik werden z.B. Talismane mit Sperma geweiht (zum Heilen oder Anziehen von Geistern); der/die Priester/in kann zu Visionen oder Orakelsprüchen verleitet werden; sexueller Kontakt mit Incubi oder Succubi (die auch als Partner dienen können) wird hergestellt; man erreicht Zauber, Illusionen oder Verzauberungen; und letztlich wird die Autoerotik auch in der Praxis der atavistischen Wiedererweckung, der Lykantrophie und des Vampirismus verwendet.

Koitus

Shiva-Shakti vereinigen sich vollständig mit Hilfe der Feuerschlange, die die Polaritäten auflöst. Beide Partner oder die ganze Gruppe erfahren Kundalini gleichzeitig im Sahasrara. Die Praktizierenden werden zur heraufbeschworenen Gottheit, eine Erfahrung, die mit der Besessenheit durch Loa ähnlich ist. Shakti, die im Tantrismus von der weiblichen Initiierten übernommen ist, spielt die dynamische Rolle. Wird genitaler Kontakt zwischen Mann und Frau ausgeübt, sind Arbeiten/Werke der Schöpfung am geeignetsten.
Abweichungen davon, d.h. Umkehr der weiblichen und männlichen Rollen oder Homosexualität, passen am besten zu Arbeiten wie: yuggothischer[146*] (ausserirdischer) Sex, Zombiismus und alles, was den Thanatos-Bereich betrifft. Bischof Anon behauptet, dass der Eros-Bereich am ehesten bei der Invokation des gnostischen Pleromas eingesetzt werden kann, während der Thanatos-Bereich sich am ehesten für die Beschwörung von Wesen der Dunkelheit eigne.
Dies sind somit die beiden Hauptkategorien des Koitus in der ophitischen Sexualmagie. Der Eros-Bereich wird durch die Löwen-Schlange symbolisiert: "*Unsere Lady Babalon und das Tier, auf dem sie reitet.*" Die mystische Vereinigung von Damballah und Erzulie oder Shiva-Shakti wird im Roten Tempel von Atlantis geerdet. Der Thanatos-Bereich benutzt die tantrische Formel des Viparita (Umkehr der Sinne), die ähnlich der Voodoopraxis von Bocor ist (Manifestation des obszönen Loa), und ist im Schwarzen Tempel von Atlantis geerdet.
Dazu gehörig sind die Spinnenzauberei, der Tempel der Ghoule und die Nekromantie. Thanatos dient als Katalysator zu trans-yuggothischen Zeitreisen. Bei beiden Formen des Koitus (Genital- und Analverkehr) bilden die kombinierten Geschlechtsflüssigkeiten das "Elixier," auf das sich Crowley andeutungsweise bezieht.[147*] Die Sexualfluide werden jedoch nur dann zum Elixier, wenn vorher die

---

146* Begriff aus der Fantasy/Science Fiction Welt des H.P. Lovecraft, der auch in deutschsprachigen Okkultkreisen äusserst ernst genommen wird
147* Siehe im Anhang: "Emblems and Mode of Use"

mystische Umwandlung stattgefunden hat.[148*] Wenn während einer Kundaliniarbeit ein vorzeitiger Orgasmus stattfindet, d.h. bevor Kundalini das Sahasrara erreicht hat, kann das Sperma mit Hilfe von Vajroli-Mudra in den Körper zurückgezogen werden. Ist Kundalini im Körper aktiviert, nimmt der Adept die Nadi wahr, psychische/astrale Nervenzentren, die den physischen Körper durchlaufen. Die Stimme der Nadi sind ähnlich wie läutende Glocken, Wellen an einer Meeresküste, Flöten, ein Wasserfall oder das Schreien von Möwen. Die Nadi verstummen, sobald sie in den Strudel der innersten Stille gesogen werden. Visualisiert nimmt der Adept zuerst kleine Licht- oder Farbpunkte wahr, Flammen oder geometrische Formen, die, wie die Nadi, in einem grenzenlosen Licht aufgehen und im kosmischen Feuer aufgezehrt werden.

Belebung

Grundsätzlich ist dies ähnlich wie der Koitus, wird aber bei abnehmendem Mond durchgeführt, wenn sich die Priesterin in Katamenia befindet. Autoerotik ist ebenfalls möglich, da es sich um eine Formel der Genii oder Erdjungfrau handelt. Ein dienender oder verbündeter Elementargeist wird erschaffen und in einer Flasche (oder Govi) eingefangen. Die Substanz, mit der dieser Geist gefüttert wird, hängt von der Natur des Geistes ab. Am wirkungsvollsten für solide und materielle Formen ist das Menstrualblut, das nach Shakti mit Sperma gemischt wird. Alkohol wird einen anderen, eher ätherischen Geist erzeugen. Diese Formel kann auch dazu benützt werden, um Kinder von trans-yuggothischen Wesenheiten oder Abkömmlinge von choronzischem[149*] Sex zu erzeugen.

148* Dies ist auch mit ein Grund, weshalb nur ein OTO-Mitglied ein voll wirksames sexualmagisches Ritual durchführen kann, da erst die OTO-Grade die entsprechenden Chakras öffnen
149* Choronzon: eine Art thelemitischer Teufel, siehe Kapitel "Aiwaz"

Tempel der Methodologie

von M.P. Bertiaux[150*]

Das Ziel des "Grimoire Ghuedhe" (GG) ist, eine praktische Arbeitsweise für die grundlegenden Voodoo-Geister zu schaffen. Ausserhalb der spirituellen Kräfte wird der Magier einen Tempel innerhalb seiner eigenen okkulten Anatomie aufbauen, damit die Geister auf eine ganz persönliche Art und Weise aktiv werden können. Sie sind dem Magier untertan, da er ihnen Lebensraum in seiner Anatomie gibt. Sein okkulter Körper wird zum Tempel von LOA.
Du wirst lernen, wo diese okkulten Räume, genannt das Ghuedhe-Universum, oder G-Räume, sich befinden. Dies sind sehr magische und persönliche Räume, die du ja schon kontrollierst, und wenn sich die Geister darin als Gäste niederlassen, arbeiten sie nur für dich. Ursprünglich gab es 16 solcher Räume, nach einer Neudefinierung sind es nun aber 256 - genausoviele, wie es Kraft-Sphären im Universum oder Chakras gibt [die kalas der Göttin].
Die Räume sind vollkommen magisch und sexuell und werden von den GG-Priestern auf genaueste Weise angewendet, um die herrlichsten Zaubersprüche und okkulten Willens- und Kraftprojektionen (ohne materialistische Ethik, z.B. des Katholizismus) zu realisieren. Es gibt darin kein Gut oder Böse. Der wahre Katholik ist ein GG-Katholik. Der Katholizismus ist die reinste und wahrste aller Kirchen und bis jetzt der Anziehungspunkt allen Okkultismus' und religiöser Vereinigungen mit Christ-Legbha-ghuedhe-Gott. Dies ist der Name des Königs aller und seiner Geister.
Schwarze und Weisse Magie können nicht existieren. Sie sind ausserhalb des Gott-Menschen, der am Kreuz starb, der in seinem Kreuzestod alle dämonischen Kräfte zerstörte und übriggebliebene böse Kräfte der katholischen Kirche von Ghuedhe überliess. Es ist wahr, dass wir zu jedem guten Geist ein Gegenstück, finden: konstruktiv und destruktiv. Trotzdem sind alle Geister Ghuedhes Diener und so sind allesamt in seinem Plan eingeschlossen, dem Gott-Menschen, der auf dem Kreuze starb, zugeführt zu werden. "All Loa are saints attributed to Famille Ghuedhe." Deshalb sind die katholische Kirche von Ghuedhe und der Schwarze Papst die Quellen sehr wirksamer Magie. Dies ist der Pfad des Kreuzes.
Es ist sehr einfach, die sexuellen Techniken anzuwenden: du bist schon ein Priester der katholischen Kirche von Ghuedhe und deren Schwarzem Papst, Hector-François Jean-Maine! Er ist der Heilige und Katholische Vater aller Ghuedhe-Anbeter. Leogane ist die Heilige Stadt, Rom ist das Leogane der Heiligen Römischen Kirche. In den frühen Tagen dieses Jahrhunderts kannten alle armen Farmer von Leogane diese Tatsachen. Deshalb sind alle Voodoo-Gebete dem Mann auf dem Kreuz zugetan, der der Ewige Gott ist. Dieses schamanistische Geheimnis kennen viele Magier und ist nicht von irgendwelchen Haïtianern erfunden worden.
Bischof Lucien-François Jean-Maine war der Vater von Hector-Fançois Jean-Maine. Lucien war der Schwarze Papst, d.h. Patriarch der Afro-Atlantischen Katholischen Kirche. Dies ist reine afrikanische und atlantische Einweihung. Freimaurerische

---
[150*] Voudon Gnostic Workbook, 62

Orden speisen sich ebenfalls aus diesen Quellen, viele Magier sind Doppelmitglieder.

Katholisch-okkulte Anatomie kann nur in Priestern, aber in keinen Priesterinnen gefunden werden. Deshalb gibt es in keiner katholischen Kirche Priesterinnen. Die okkulten Räume müssen sehr intensiv visualisiert werden, oft mehrere zur selben Zeit. Gnostische Dämonen und Aeonen nehmen darin Platz. Man sieht sie manchmal hinein-, manchmal hinauskommen.

Übung

Heilige Kraft ist in vielen Körperteilen. Strecke deine Hand aus, so dass die Handfläche nach oben zeigt. Schau zum Beispiel auf deine rechte Hand. Gott gab dir diese äusserst magische Maschine. Christ starb auf dem Kreuz, damit die Kraft dieser Hand immer für gute Zwecke gebraucht werde. Schau auf deine Finger und sieh sie mit afrikanischer Klarsicht - alle afrikanischen Vorfahren sind psychisch - sieh sie, ich sage mal, als Lichtstrahlen, oder okkulte Energie, die aus deinen Fingern strahlt. Jetzt, wo deine Finger enden, ergeben die Falten deiner Haut drei einzelne Räume für jeden Finger und Daumen. So hast du 15 Räume, falls deine Hand intakt ist. Und nun sieh im Zentrum deiner Handfläche einen gesonderten Raum, der ebenfalls Licht und Kraft ausstrahlt und empfängt. Beginne jetzt jeden Raum zu studieren, du hast insgesamt 16. Drei für den Daumen, 12 für die vier Finger und eine für die Handfläche. Schau genau in jeden Raum, jeden zu seiner Zeit, langsam und sorgfältig, nicht schnell und sprunghaft. Du beobachtest deine Kräfte, die dir Gott gegeben hat und für die Christ-Ghuedhe auf dem Kreuz starb. So real sind die Heiligen Kräfte deiner Hand. Und nun sieh in jedem Raum das Gesicht und den Körper des schwarzen Mannes aus Haïti, der dich mit einem lächelnden Gesicht anschaut. Er hat weisses Haar und sehr, sehr dunkle Haut, und eigenartig farbige Augen, mit blauen, schwarz-braunen Flecken. Das ist Papst Hector-François Jean-Maine und er versucht, auf sehr spezielle Art und Weise mit dir in Kontakt zu treten. Bemerke auch einen weissen Schnauz- und Geissbart in seinem Gesicht, nur ein paar wenige Haare, denn sein Bart ist nicht sehr dicht. Er hat hohe afrikanisch-königliche Backenknochen, und du wirst ihn besser sehen, wenn du mit deinen Augen von einem Raum auf deiner Hand zum andern fährst.[151*]

[151*] Diejenigen, denen Hector-François Jean-Maine auf diese Weise nicht erscheint, können sich mit einer Photographie in "Materialien zum OTO" (316) weiter behelfen

Shivas Messe

von M.P. Bertiaux

Einführende Gebete und Reinigung

Priester: Meditieren wir über das glorreiche Licht der Sonne, möge Er, Der das All-Licht ist, unsere Sinne erwecken, auf dass wir uns mit Ihm auf ewig vereinen mögen.

Volk: Möge uns das glorreiche Licht der Ewigen Sonne erleuchten und reinigen. Amen.

Priester: Möge der Herr SURYA die Strahlen seiner Wonne auf unsere innersten Seelen senden und uns Sein Heiliges Feuer und die Kraft seines Heiligsten Yoga schenken.

Volk: Amen.

Priester: Möge der Herr SURYA unsere Seelen im Heiligen Feuer der Heiligen Gnosis erwecken und uns läutern von Irrtum und Missverständnis.

Volk: Amen.

Priester: Läutere uns, O Herr, damit wir uns Dir nähern können. [Dies ist viermal in die vier Himmelsrichtungen zu sagen, beginnend mit dem Norden, dann Westen, Süden und schlussendlich Osten.)

Volk: Meditieren wir über das glorreiche Licht der Sonne, möge Er, der das All-Licht ist, unsere Sinne erwecken, auf dass wir uns mit Ihm auf ewig vereinen mögen.

Priester: O Herr, Welcher im Beispiel unzähliger Heiliger YOGIS und SADHUS uns die Gnosis Deiner Reinheit und Kraft gelehrt hast, vergönne uns, die wir uns diesem Opferaltar nähern, das unsichtbare Feuer Deiner Reinheit und das unsichtbare Licht Deiner Stärke, so dass wir, die wir vor dich treten, wahrhaftig eins mit Dir werden mögen.

Volk: Meditieren wir über das glorreiche Licht der Sonne, möge Er, Der das All-Licht ist, unsere Sinne erwecken, auf dass wir uns mit Ihm auf ewig vereinen mögen. Amen.

Gebete der Weihung

Priester: Möge der Geruch dieses Heiligen Weihrauchs vor den Einen Gott Aller Wesen kommen. Und möge Er, der Alles Licht ist, seine Heiligen DEVAS und DAKINIS herbeisenden, um diesen Tempel des Lichts mit seiner Reinheit und Seiner geheiligten Anwesenheit zu erfüllen.

Volk: Amen.

Priester: Möge der Geruch dieses Heiligen Weihrauches das innerste Heiligtum dieses überirdischen Tempels füllen, worin wir die Heiligen Mysterien ISWA-RAs, des Herrn des Universums und Kosmischen Erlösers des Ewigen Feuers feiern wollen.

Volk: Amen.
Priester: Möge der Herr Allen Lichtes, der der Eine Gott ist, uns segnen.
Volk: Amen.
Priester: O glorreicher Herr über Himmel und Erde, Der Du umgeben bist von der strahlenden Anwesenheit unzähliger Heiliger Engel und Lehrer und Lichtbringer, erhöre unsere Gebete und vernimm unsere Gedanken, die von dieser Welt der Schatten aufsteigen zu deinem Wohnsitz aus unergründlichem, unaussprechlichem und unendlichem Licht.

O Ausstrahlender und Ewiger Vater, der Du die Göttlichen Funken auf den Pfaden der Geschichte verstreut siehst, wir treten vor dich mit dem Gefühl der Ehrfurcht, und mit dieser Messe gedenken wir Deiner Geistigen und Materiellen Nährung unseres ganzen Seins, empfangen in unzähligen Formen seit dem wahren Morgenleuchten unseres Bewusstseins und vorher in den Äonen, als wir Dich nicht erkannten.

Seitdem sind Deine Heiligen Engel, Lehrer und Lichtbringer auf unzähligen Pfaden und Wegen zu uns gekommen und haben die geheiligten Mysterien Deiner Innewohnung und Verborgenheit vollbracht.

Volk: Denn Du bist Einer und Dein Mysterium ist verborgen über unsere inneren Sinne und über unsere Vorstellungskraft hinaus.

Priester: Und Deine Heiligen Engel, Lehrer und Lichtbringer sind vor uns getreten und wir, in zeitlicher und zeitloser Verwunderung, sind von Ihnen genährt worden mit dem Brot des Friedens und dem Wein der Danksagung.

Volk: Denn Du bist Einer und Dein Mysterium ist verborgen über unsere inneren Sinne und über unsere Vorstellungskraft hinaus.

Priester: Und Deine Heiligen Engel, Lehrer und Lichtbringer haben uns im Licht Deines innewohnenden Mysteriums das himmlische MANNA und den Kelch der göttlichen Segnung gezeigt.

Volk: Denn Du bist Einer und Dein Mysterium ist verborgen über unsere inneren Sinne und über unsere Vorstellungskraft hinaus.

Priester: Und Deine Heiligen Engel, Lehrer und Lichtbringer haben uns gelehrt, Deine Spende und Fülle in diesen ursprünglichen Symbolen geistigen Essens und Trinkens zu feiern.

Volk: Denn Du bist Einer und Dein Mysterium ist verborgen über unsere inneren Sinne und über unser Vorstellungsvermögen hinaus.

Priester: Und so beten wir zu Dir, O Ewiger Vater aller Wesen und Schöpfer allen Seins, sende uns den Strahl Deiner Seligkeit, der ein Licht jenseits allen Lichtes ist und ein Geist jenseits allen Geistes, dass gemäss dieser Gaben und Schöpfungen aus Brot und Wein, wir, die wir sie gemäss den Wahrheiten Deiner Ewigen Gnosis empfangen, teilnehmen mögen am himmlischen Festmahl Deines Lebens und Geistes, das jeden Raum erfüllt und alle Zeit überdauert, so dass wir in der Lehre des Mysteriums dieser geweihten Teilnahme eine Vorform und eine Vorahnung unseres ewigen Wohnsitzes in Deinen Himmlischen Gemächern finden mögen, für immer und ewig.

Volk: Und dies, O Vater der Ewigen Gnosis, erbitten wir im Namen aller Heiligen Engel, Lehrer und Lichtbringer, die Du uns, Allmächtiger Herrscher allen Seins, gesandt hast seit dem Anbeginn der Zeiten. Amen.

Weihung von Brot und Wein.

Priester: O Du, Nie Endende Pracht dieser Erhabenen Sonne, wir leben in einem geheiligten Universum, verkörpert durch Deine Opferung auf dem Kreuz aus Raum und Zeit und im Abstieg Deiner Macht aus der vollendeten Fülle der Unendlichkeit hinab in die Formen Deiner Erscheinungen - Da ist nichts, das nicht Geist und Stoff Deines Göttlichen Ausströmens und der darin vollendeten Offenbarung Deiner Gottheit wäre, denn Dein Schöpfungsakt ist immer zugleich Deine Hingabe.

PURUSHA - ISWARA

Priester: Und so beten wir zu Dir, um in uns die zeitlose Gnosis wiederzuerwecken, so dass wir in diesen geheiligten Mysterien die zu verkörpernde wahre und wahrhaftige Anwesenheit Gottes selbst erkennen. Mögen wir uns in Mystischer Kommunion mit dem Grossen und Ewigen Herrn des Lichts, der zur selben Zeit der Grosse und Ewige Lehrer aller Engel und Menschen ist, vereinen.
Volk: Amen.
Priester: O Grosser und Kosmischer Lehrer! Komm hervor aus dem unendlichen Königreich Deiner Wonne!
Volk : Amen.
Priester: O Grosser und Kosmischer Lehrer! Komm hervor und nimm Deinen Wohnsitz in diesem unserem Tempel!
Volk: Amen.
Priester: O Grosser und Kosmischer Lehrer! Komm hervor und nimm Platz in diesen geheiligten Mysterien von Brot und Wein.
Volk: Amen.
Priester: O Grosser und Kosmischer Lehrer! Komm hervor und mache sie wahrhaftig zum Leib des Erlösers, unserem Logos, und dem Blut des Erlösers, unserem Logos.
Volk: Amen.
Priester: Und so, bei der theurgischen Kraft Unseres Priesteramtes, Ich, N.N., Priester der sakramentalen Mysterien der Gnosis, vollführe von Neuem in der Möglichkeit Deiner Erscheinungen diesen zeitlosen Akt des Ausströmens Deines Geistes und des Ausgiessens Deines Eigenen Seins, indem ich sage: "Und der Herr allen Seins, ausgeströmt über alles Sein, sagt: Du bist wahrhaftig anwesend O CHRISTOSANCT, Du bist wahrhaftig geheiligt O CHRISTOSANCT!"
Volk: Der vom ersten zum letzten ist beides das erste und letzte, Der Eine Gott ohne den zweiten. Der vom ersten zum letzten ist beides das erste und letzte, der Eine Gott und das Licht des Alls. Der vom ersten zum letzten ist beides das erste und letzte, der Eine Gott und die Ewige Gnosis der Wahrheit. Der vom ersten zum letzten ist beides das erste und letzte, der Eine Gott und die Vollendung des Seins, die allen Raum erfüllt und alle Zeit überdauert.

SHIVA

Priester: Wir beten zu Dir, Grösster Herr, uns zu segnen in diesem Messopfer, in Deinem Geist und in Deiner Wonne; erwecke in uns die vollendete Verwirklichung Deiner völligen Anwesenheit durch diese Unsere Gabe des Göttlichen Seins in diesem ODANA, das Dein mystischer Körper Deiner Spende und Stoffe ist; das nun im Thron dieser Reinen Patene und in diesem SOMA, das Dein Mystisches Blut Deines Geistes und Lebens ist, das nun im Kelch dieses reinen Abendmahlkelches innewohnt.

Dadurch nehmen alle Geschöpfe nun teil am Opfer Deines Eigenen Mysteriums und Anwesenheit, das zu Dir im Licht Deiner Äonen, und mit Dir im Licht Deiner Dämonen, und in Dir im Licht Deiner Zusammenfügung, und von Dir im Licht Deiner Archonten, anwesend ist als der ewige Hohepriester des Tempels aller Engel und Menschen, für immer und ewig, in der geistigen gnostischen Vereinigung aller Welten ohne Ende.

Volk: Denn Du hast Sie wirklich zu Körpern und Blut PURUSHAs, unseres Logos, gemacht, und Du hast Sie wirklich zu Körper und Blut ISWARAs, unseres Erlösers, gemacht. Amen.

AGNI

Priester: Komm, Du Gott der Opferung; Du, das Mystische Feuer Göttlicher Eingebung und Offenbarung, das vermittelt zwischen Himmel und Erde und das in den Flammen Deines innersten Herzens Geist und Stoff dieses heiligen Opfers von Gott selbst gebiert - nimm diese immerwährende Opfergabe zu den höheren Welten des Lichts, um dort von Neuem in Ewigkeit diese geheiligten Mysterien der Göttlichen VEDAs darzustellen, auf dass sie dort Schutz, Begleitung, Aufnahme und Einsegnung Gottes und aller Götter haben mögen! So wie sie dargestellt werden von Neuem und stattfinden durch die theurgische Kraft unseres Priesteramtes, hier in den Welten der Zeit; und dass diese Heiligen Opfergaben zu unseren Absichten und unserer letztendlichen Befreiung gezählt werden mögen.

Volk: Amen.

Absolution

Priester: O Du, Der Du die Lichtteilchen aus dem See des Vergessens sammelst, vergönne uns, dass wir, die wir genährt worden sind mit dem Brot und dem Wein der Ewigkeit, uns erkennen mögen als Ausströmen Deines Selbst, denn Dich in vergangenen Zeiten und Welten erkannt habend und Dich in einem weniger vollendeteren Sein geliebt habend, werden wir Dich nun mehr und mehr vollkommen lieben inmitten der Welten und Universen, die nach diesem Zeitalter kommen werden, für immer.

Volk: Denn Dein Mysterium ist jenseits aller Mysterien und Dein Name über allen Namen und Dein Licht ist jenseits allen Lichtes.

Priester: O Du, Der Du die Lichtteilchen aus dem See des Vergessens sammelst, vergönne uns, dass wir, die wir Eins geworden sind mit Dir in Geist und Stoff, Deine Ewige Gnosis hineinatmen mögen in die Göttlichkeit jenseits der Bereiche der Begrenzungen, denn in diesem zeitlosen Moment erkennen wir wahrhaftig unsere Teilnahme an Deinem Mysterium, so dass wir, indem wir im Symbol des Körpers existieren, wir erfüllter sind jenseits dieses Bereiches der Grenzen, wo wir nur unvollkommen uns selbst erfahren innerhalb dieser Beschränkung, denn in der Erfüllung Deiner Vollendung sind wir jenseits aller Beschränkungen und vereint mit Dir, für immer.

Volk: Denn Dein Mysterium ist jenseits aller Mysterien und Dein Name über allen Namen und Dein Licht ist jenseits allen Lichtes.

Priester: Und so, O Herrscher aller Mysterien, preisen wir Dein Ausströmen über uns und wir danken Dir, dass durch diese Mysterien, worin wir genährt worden sind durch Heilige Engel, Lehrer und Lichtbringer, wir Dich erkannt haben, so wie Du auch uns erkannt hast, über alle Zeit und Raum hinweg und über die Grenze dieser Zeit hinaus.

Volk: Denn Dein Mysterium ist jenseits aller Mysterien und Dein Name über allen Namen und Dein Licht ist jenseits allen Lichtes.

Priester: Meditieren wir und fahren wir fort, die Lichtpartikel aus dem See des Vergessens zu sammeln.[152*]

Meditation und Segnung.

Priester: Möge Sie, die Verkörperung aller Weisheit und Segnung, deren ehrfurchtsgebietender Name verborgen ist in den endlosen Mysterien Ihrer Erscheinungen, in dir Ihr Licht und Ihre Segnung erwecken; Sie, die dich mit zeitlosen und doch genau abgezählten Schritten zu Ihrem Lichthimmel führen wird, von dem her aller Glanz scheint und alle Wahrheit erkannt ist.

Volk: Amen.

152* Auf welche Art und Weise diese gnostische Aufgabe zu vollbringen ist, wird aus dem Zusammenhang klar

Das Jesus-Judas-Mysterium

von W.W. Webb, aus "Liber XIII," Ramona 1978, 48

Wir hoffen, im Lichte vergessener kabbalistischer Schlüssel, die wahre Verbindung von Jesus und Judas zu zeigen.
Jesus wird zitiert in Johannes 13;21: *"Wahrlich, wahrlich ich sage euch: Einer unter euch wird mich verraten."*
Tatsächlich ist das Wort, das hier mit "verraten" übersetzt wird, falsch verstanden worden. "Erlöst" wäre besser. "Mich erlösen," anstelle von "mich verraten," bringt das Verhältnis zwischen Jesus und Judas in eine neue Perspektive.
Judas ist derjenige Schüler, den Jesus ausgesucht hat, um Ihn Satan (Zeit) auszuliefern.
Jesus spricht in Joh 13;18-19: *"Nicht sage ich von euch allen; ich weiss, welche ich erwählt habe. Aber es muss die Schrift erfüllt werden: «der mein Brot isset, der tritt mich mit Füssen.» Jetzt sage ich's euch, ehe denn es geschieht, auf dass, wenn es geschehen ist, ihr glaubet, dass ich es bin."*
Wie Jesus angibt, wählt er Judas, um eine Aufgabe zu vollbringen. Die anderen Schüler missverstehen diese Bestimmung.
Wie auch immer, Jesus ist sich bewusst, dass Er Judas auserwählt hat, die Prophezeiung Ben-Adam betreffend zu erfüllen. In Gen 25;26 lesen wir, dass der Ungeborene Jacob Ben Adam im Mutterleib die gegen ihn gerichtete Ferse seines Zwillings Esau-Edom in der Hand gehalten hat. Schliesslich wird Esau, Sohn der Erde, gezwungen, zuzugeben, dass Jakob, Sohn des YHVH, tatsächlich Träger des Samens ist; Jakob hat ihm Brot als Zeichen der Kommunion gegeben. Esau lebt, aber zwischen ihnen ist kein Friede.

Die Erfüllung von Mythos und Mensch muss notwendigerweise eine Vereinigung zweier Aspekte vitaler Energien in einem einzelnen Individuum sein. Diese Vereinigung ist symbolisiert durch Kain und Abel, später durch Jakob und Esau, dann durch Jesus und Judas. Jesus gibt dies zu, indem er sagt: Ich erzähle es euch, bevor es geschieht, damit ihr glauben könnt, dass ich es bin.
Das Wort "es" bezieht sich offensichtlich auf Judas, wenn wir den Text wortwörtlich lesen. Im vorherigen Satz sagt Jesus: *"Der mein Brot isset, der tritt mich mit Füssen."*
Trotz der Klarheit dieser Aussagen betont Jesus in Joh 13;20: *"Wahrlich, wahrlich ich sage euch: Wer aufnimmt, so ich jemand senden werde, der nimmt mich auf; wer aber mich aufnimmt, der nimmt den auf, der mich gesandt hat."*
So hat Jesus seine Absicht ausgedrückt, Judas zu senden: Judas, sein Alter Ego.
Im folgenden Vers lesen wir: *"Da Jesus solches gesagt hatte, ward er betrübt im Geist."*
Indem er diese Worte von sich gegeben hat, muss Jesus realisiert haben, dass Er, Sohn des YHVH, tatsächlich Mensch geworden ist. Er also Sohn-der-Erde geworden ist.

Da Judas der einzige ist, mit dem Jesus die Kommunion vollzieht, ist die direkte Folge dieser Kommunion, dass Jesus Satan (Zeit) in Judas eingeführt hat. Einzig nachdem Jesus Satan (Zeit) in Judas gebracht hat, kann der Menschensohn verklärt werden.
Es steht geschrieben in Joh 13;31-32: *"Da er [Judas] aber hinausgegangen war, spricht Jesus: Nun ist des Menschen Sohn verklärt, und Gott ist verklärt in ihm. Ist Gott verklärt in ihm, so wird ihn Gott auch verklären in sich selbst und wird ihn bald verklären."*
In kabbalistischer Sprache ist das ganz einfach zu verstehen: es gibt nur eine Energie, ein einziges Leben, eine einzige Bewegung. Alles ist Eines und Eines ist Alles.

Gemäss kabbalistischer Sprache wird der Name Jesus in Hebräisch YHShVH buchstabiert. Zusammengezählt ergibt dieser Name die Summe 326:
Yod = 10, He = 5, Shin = 300, Vau = 6, He = 5.

Der Name Judas buchstabiert sich YHVDH, was sich zu 30 summiert:
Yod = 10, He = 5, Vau = 6, Daleth = 4, He = 5.

Indem wir die beiden Namen vergleichen:

Y H Sh V H
Y H V D H,

sehen wir sofort, dass der Hebräische Buchstabe Shin in Jesus, und der Buchstabe Daleth in Judas in umgedrehter Beziehung zum Buchstaben Vau stehen.
Shin (mit der Zahl 300), kann nicht ins Dasein versetzt werden. Daleth (4) ist Symbol des nötigen Widerstands zum Leben. Ohne Widerstand kann das Leben seine Strukturen nicht entwickeln.
Die Summe der beiden Namen ist 356. Jesus' Name (326) fehlt die organische Funktion, die von Judas' Name (30) kommt. Mit der Hinzufügung der Zahl 30, wird Jesus' Name vervollständigt durch die umgekehrte Opferung von Judas.
Kabbalistisch gesehen bedeutet die Zahl 356 der kosmische Lebensatem, der lebendig und fruchtbar - hier und jetzt - diese physische Ebene befruchtet.

[Bibelzitate übersetzt nach der Scofield Bibel]

Der Kelch der Ekstase und das Himmlische Brot

von Ramon Vazquez/Tau Armenius, aus "Instrumentum" IX;II, Spanien 1985

Der Kelch oder Gral wird aus dem Lebensbaum gebildet. Wir nähern uns dem Heiligen Mysterium des Eucharistischen Gnostischen Sakraments: der Heirat von Logos und Sophia.
Der Kelch wird durch "Begehren" gebildet und enthält die sieben Sephiroth unterhalb des Abyss. Seine Natur ist weiblich, empfangend und dem YIN-Aspekt der Erscheinungen und des Mond-Kraftstromes entsprechend. Wir gehen davon aus, dass das gesamte manifestierte Universum negativ, d.h. weiblich ist, angesichts der Oberen Triade oder geistigen Ebene, die positiv/männlich ist.

Sieben Juwelen schmücken den Kelch der Ekstase, unseren Heiligen Gral.
Die Zahl Sieben taucht überall in der Literatur auf, so dass ich dafür keinen weiteren Platz mehr verschwenden will. Trotzdem rufen wir einige den mystischen Sinn dieses Kelchs betreffende Verbindungen ins Gedächtnis:
- In der Merkabah-Mystik treffen wir auf die sieben Hekhaloth, die Lichtpaläste oder Himmlischen Hallen, die man zu durchschreiten hat, ehe man die Merkabah selber, d.h. Gottes Thronwagen erreicht.
- In der Mithras-Initiation erscheint eine siebenstufige Leiter; eine maurerische Entsprechung des soeben Besprochenen.
- Unser Universum setzt sich aus sieben vibrierenden Teilen zusammen: In sieben Strahlen wird das Licht durch ein Prisma zerteilt, sieben Noten bilden unsere Musikskala.
- In der Apokalypse spricht der Logos durch sieben Kirchen, während Er von sieben Kerzenhaltern umgegeben ist, die sieben Lichter spenden. Über seinem Kopf leuchten sieben Sterne, etc...

In "Le Mystère des Cathédrales" spricht Fulcanelli vom Grossen Werk, das dem Hinaufklettern auf einer Leiter in die Unendlichkeit ähnlich sei. Und plötzlich endet diese Leiter inmitten dieser Ewigkeit. Ja, meint Fulcanelli, das einzige, was der Adept nun tun könne, sei warten auf sein Glück; "Deo concedente." Diese Metapher beschreibt den Aufstieg auf der Leiter, wo wir uns plötzlich in der Leere befinden, im Abyss, wo wir uns mit Daath als Brücke zwischen Unterer Triade und dem Rest des Lebensbaumes auseinandersetzen müssen.

Addieren wir die numerischen Werte der Sephiroth unterhalb des Abyss, die den Kelch bilden:

Analysieren wir die Zahl 2'108 = 11 = 2, so finden wir:

2'108: Von der Zweiheit (2) zur Einheit (1) (via Samen) ins Nichts (0) zur Unendlichkeit (8). Diese Zahl ist die Formel des Universums.

11: Daath, Gnosis, etc.
2: Zweiheit, Beth.

Durch Summierung der numerischen Werte der sieben das relative Universum darstellenden Sephiroth entdecken wir, dass diese die grundlegende Formel des Universums enthalten (2'108). Daath, die falsche Sephira, wird gebildet von unten nach oben, sobald der Kelch gebildet ist; als Tor zwischen den unteren und oberen Welten. 11 = 2 drückt den doppelten Kraftstrom aus, der durch Daath strömt und die notwendige Polarität, um das manifestierte Universum zu erleben. 2 korrespondiert mit Beth/Haus; also dem Archetyp alles Enthaltenden (Kelch). Weitere Ideen kann sich der Leser selber aus der Formel 2'108 = 11 = 2 ableiten.

Zuallererst bilden wir den Kelch, um eine Brücke zwischen Erde und Himmel zu bauen. Die Aufnahmekapazität des Kelchs erschöpft sich mit Chesed, Geburah, Netzach, Hod und Yesod. Den Hohlraum füllt Tipharet, und das Material des Kelches korrespondiert mit Malkuth, das die Braut und ebenso die Tochter ist. Tipharet ist der Wein, der den Kelch füllt, der feminine, lunare Aspekt der Sonne und der solare Aspekt des Mondes. Hier findet das Entzücken der Liebesekstase der Shakti statt, die Liebe von Miriam und Magdalena zu Jesus oder das Verlangen der Sophia nach der verlorengegangenen Ruhe. Psychologisch gesehen, spräche man hier von der Plastiksubstanz des Unbewussten, und sein Gegenstück in der physischen Welt wäre der Rote Lehm, das Menstrualblut.

Sobald der Kelch mit dem Wein gefüllt ist, bildet sich Daath im Lebensbaum. Zwei weitere Worte mit der gleichen numerischen Entsprechung zu Daath (474):

DOTH; das Zeugnis in der Arche.
OTHD; der Widder, Geissbock, das vorbereitete Opfer.

Wenn wir 6 (den reduzierten Wert von 474) zu 38 (dem reduzierten Wert der sieben Sephiroth) addieren, haben wir Daath in den Kelch hineingebracht und erhalten 44, was u.a. mit DM korrespondiert. DM bedeutet als Verb "messen," als Substantiv "Blut," beides in Verbindung mit dem weiblichen Menstruationszyklus. AGLI (Tropfen) und GVLK (Fesselung). Fügen wir DOTH unserem Schema bei, wird das Tor zum Himmel geöffnet und die Geheiligten Mysterien können konsumiert werden! Da Daath, Wissen oder Gnosis, nicht im Lebensbaum selber enthalten ist, sind obere und untere Welt durch den Hostienteller getrennt. Sobald der Kelch geformt und die Brücke Daath gebildet ist, steigt das Himmlische Brot zur Mystischen Braut herab. In diesem Moment entfernt der Priester den Hostienteller und tunkt ein Stück Brot in den Kelch.

Das Brot ist Licht und Wort des Ewigen und Allgeschlechtlichen Logos, des männlichen Samens, der, sich mit der Tochter vereinend, das Gleichgewicht des Pleroma wiederherstellt, während sie ihr Haus der Ruhe wiederfindet, das das achte ist: Vater, Meister, Sohn und Tochter werden vereint. In der Tat ist der Vater immerwährend in der Tochter. Dies ist ein inneres Mysterium, das von den Wächtern des Heiligen Sanktuariums der Shekinah bewacht wird. Wir Gnostiker sagen, dass dieses Mysterium von Frau zu Frau in ihrem Exil reist.

Dies sei genug für den Weisen. In all unseren Erklärungen liegt ein tieferer Sinn, der mehr ist als viele Kirchen in der Kommunion sehen. Diese Kommunion wird durch das Mysterium alter Gnostiker ausgedrückt, so wie es auch im XI° des OTO praktiziert wird.

"Destroy All That is Old, Then only what is New remains." Schopenhauer

The Proclus Society and Neo-Pythagorean-Gnostic Church

October 10, 1987

Dear Robert:

I'll try to print my letters to you. Enclosed is my photo, taken 2 weeks ago. Yes, AIDS is the Ancient Magical disease of Pluto, hidden away since Atlantean times. Even some occultists have taken it — but right it with Alchemy + homeopathic medicines. The French do NOT think that Herr Metzger got a Gnostic Consecration, maybe old Catholic. I agree with you, the only source of Bp. Metzger's consecration is himself. He (Metzger) told Francis King that Chevillon was his consecrator. So — it all depends on Metzger. I'm surprised that Metzger did not know about Gnozis. Of course the leading authority on Gnozis earlier was Dr Rudolf Steiner. I have some esoteric papers from Groscha — but nothing from him on XI° work. Only his homosexual + Nazi research on Atlantean Magic. Your understanding of the Next Aeon is right. The Next Aeon will be male homosexual (Typhon) and Lesbian (MA'AT Formula) strongly. For 2000 years of Aeon Loire the Horus = X° work was dominant. But the Aeons exist in work of the OTO grades. That is why the Liber Legis is now in Japanese form. As the magicians work higher + higher grades VIII° (swords), IX° (cups), X° (wands) XI° (coins). They we possess the 4 highest secrets of the OTO (our own) XII° = (Prithivi Tattwa), XIII° = (Apas Tattwa), XIV° = (Vayu Tattwa) XV° = (Tejas Tattwa) + XVI° = (Akasha Tattwa). These are grades given by Radionically correct homosexual Magick.

[margin note:] All the lessons cost the same. So send $20.00 + I will like you to use shortwave to use Tomah Radar mailing. If you mail your papers. Also work. Let me know. Men in most museums are quite blond Atlantean Michael

Meditation über den Göttlichen Phallus

von S.J. Waters "Instrumentum" Vol. VIII,III, Spanien 1984

Obwohl das weibliche Sexualorgan zu Recht schon in den frühesten Kulthandlungen seinen wichtigen Platz eingenommen hat, ist dem Phallus in erigiertem Zustand grössere sexuell-religiöse Hingabe zuteil geworden. Dem Glied selber wird eine philosophisch-okkulte und mystische Bedeutung zugemessen. Nach den Worten Aleister Crowleys ist es das wahre Ziel des Willens und "the physiological basis of the oversoul." Die Eichel des Penis entspricht natürlich der Form des menschlichen Gehirns. Die menschliche Aura wiederum soll selber in phallischer Form in Erscheinung treten.

Als Einleitung für folgende allein praktizierte Astralübung soll das Glied mit beiden Händen massiert und gleichzeitig völlige inwendige Leere angestrebt werden.

A. Taufe

(1) Begib Dich astral auf eine karierte Ebene. Am Horizont findest Du ein grosses erigiertes männliches Glied, dessen Eichel von einem farbigen Schein umgeben ist. Stell Dich an den aufrechten Schaft. Der Boden unter Dir beginnt zu beben und Du hörst dumpfe Geräusche.
(2) Indem Du den Schaft mit beiden Händen umfasst, spürst Du die ersten Spasmen, die das in Richtung Eichel aufschiessende Sperma erzeugt. Du schaust auf und siehst die Spermakügelchen sich in der Dunkelheit entladen. Als reinen Geist. Ihr Erguss in die Tiefen des Himmels bedeckt den Raum mit Sternen. Sie sind der Sternensamen, den der stehende Phallus von Baphomet ejakuliert.
(3) Jetzt stell Dich unter den vom Himmel herabregnenden Sternenregen und lass die Lichtpartikel an Dir bis zu Malkuth herabströmen. Dies ist die Taufe der Weisheit.

B. Der Schwarze Tempel

(1) Begib Dich astral in einen einfachen Holzsarg und reise rücklings, kopfvoran, als Zentrum eines Kreuzes. Du bist bereit, den Schritt ins Geistige zu tun.
(2) Am Ende Deines Weges führt Dich die Öffnung einer Stufenpyramide in völlige Dunkelheit, während sich hinter Dir das Portal schliesst. Ein Prozess der Wiedergeburt beginnt. Inmitten der Dunkelheit leuchtet eine Laterne in immer heftiger werdendem Flackern auf. Ohne das Gesicht der Figur zu sehen, erkennst Du den Meister des Tempels.

(3). Nun verlässt Du den Sarg und wirst langsam in eine vertikale Höhlung in der Mitte der Pyramide hineingesogen. Durch sieben Ebenen hindurch wirst Du aus einem wundervoll geflügelten Phallus in den Tempel ejakuliert.
(4). Wie Du in die Himmel schiesst, trittst Du durch die Augenhöhlen Baphomets/Aiwaz aus seiner Hirnhöhle aus. Du allein bestimmst, aus welchem Auge.
(5). Nachdem Du Deinen Tod und die Freiheit der Räume um Dich genossen hast, kehrst Du auf die Erdsphäre zurück, die unter Dir als kleiner Erdball erscheint.

- o -

Durch diese Visualisierung erlebt der Eingeweihte seine Einheit mit der Wesenheit der Sonne, die durch den erigierten Penis dargestellt ist, und die Wesenheit der Sonne hinter der Sonne, die durch den Kopf repräsentiert wird.

Baphomet ist der All-Vater, in den der Eingeweihte hineingeboren wird, während er seine physische Erscheinung verlässt. Sein Kopf ist das Produkt seines Samens, seine Augenhöhlen sind die schwarzen Löcher, die in die zu erforschenden Räume führen. Die geometrisch dargestellten "Erektionen" bedeuten die Anhäufung der Vergangenheit, der Ausstoss des Spermas die Segnung der Zukunft. Der geflügelte Phallus ist die fruchtbare Kraft hinter jeglicher Kreativität und ein Symbol des triumphierenden Helden, der die schwarze Nacht hinter sich lässt. Schliesslich sind die Hoden die beiden Endstationen des Lebens und bedeuten die esoterische Glyphe der Unendlichkeit.

XI°-Ritual/Luage Mysterium

Ein Brief von Manuel Lamparter zum XI°, 4. Februar 1991

Ich habe eine Menge Erfahrung im IX°-OTO, so wie er in allen thelemitischen Zweigen ausgeführt wird. Trotzdem habe ich so meine Zweifel, was die wahre Interpretation des XI°-OTO betrifft. Dieser Grad wurde von Crowley in den OTO eingeführt, um das magische Spektrum um männlich-homosexuelle Aufführungen zu erweitern. Nichtsdestotrotz gibt es thelemitische Gruppen, die sich nicht an männlich-homosexueller Magie orientieren und dem XI° eine andere Bedeutung geben. W.W. Webbs QBLH und Kenneth Grants Typhonischer OTO setzen den XI° mit dem IX° während der Menstruationszeit der Priesterin gleich. Für sie besitzt die Frau in diesen Tagen einen Teil männlicher Psyche und Magie.

Ich kann nicht behaupten, von einer Frau in den IX° geweiht zu sein, ich kenne jedoch die Schlüssel und habe Erfahrung mit diesem Grad. Ich habe auch Erfahrung mit Sexualmagie während der Menstruation (XI°?), da die Gnostische Messe unserer Ecclesia Gnostica Latina jeden dritten Tag der Menstruation ausgeführt wird, dann, wenn der Wein (Blut) mit dem Brot (Sperma) vereint wird, um magisch zu transsubstantieren.

Falls der XI° allein auf einen sexuellen Akt zwischen Mann und Mann hinweist, muss ich Dir sagen, dass ich darin überhaupt keine Erfahrung habe und dass mein magischer Partner (ein gnostischer Bischof) eine Frau ist. Ich habe keine unterdrückten schwulen Abneigungen gegen schwule Beziehungen, niemals solche Erfahrungen gehabt, noch bin ich sexuell von irgendwelchen männlichen Eingeweihten angezogen, die ich kenne. Ich denke, sie sind auch nicht sexuell angezogen von mir.

Ich möchte einen anderen Aspekt mit Dir diskutieren. Ich glaube, der XI° birgt Bedeutungen in sich, die dem VIII° und IX° fehlen. Liber AL äussert sich ganz klar: Jeder Mann und jede Frau ist ein Stern. Falls der XI° nun tatsächlich eine Sache nur zwischen Männern wäre, bedeutete das ganz klar eine Diskriminierung der Frauen. Das wäre nicht mehr Liber AL-konform. Es muss mehr im XI° stecken als die sexuellen Komponenten von "männlich" und "menstruierender Priesterin," und ich denke da an einen versteckten Sinn des "Sonne und Sonne"-Symbolismus'. Möglicherweise liegt die wahre Natur des XI° (1 + 1 = 11) bei den Ausführenden und nicht beim sexuellen Akt als solchem? Könnte der XI° nicht der Ausdruck des sexualmagischen Aktes sein, den eine Person ausführt, die sein/ihr Bewusstsein und Unterbewusstsein mit den männlichen und weiblichen Teilen seines Selbst integriert hat? Könnte der XI° auf die Androgynität des Magiers hinweisen? Falls dem so ist, dann wäre der XI° ein sexueller Akt, in dem der Eingeweihte KEINEN Teil seiner Selbst auf die Astralebene projiziert (so wie beim VIII°) oder auf den Partner (so wie beim IX°).

Würde dieser XI° dann nicht auf einen sexualmagischen Akt völlig innerhalb des Magiers hinweisen? Könnte der Magier in diesem Falle nach der XI°-Formel arbeiten, auch wenn es äusserlich nach einem VIII°, IX° oder homosexuellen XI° aussehen würde?

Das XI°-Ritual

von M.C. Lamparter, übersetzt von Mimmo Dutli

AH: Adept Hierophant = XI°-Kandidat
H: Hierophant = Initiator, X° und/oder XI°

Vorbereitung des Altars:

Im Norden: gelbe Kerze
im Osten: blaue Kerze
im Süden: rote Kerze
im Westen: grüne Kerze
im Zentrum: eine schwarze Kerze

Utensilien des AH: Magischer Stab, Weihwasser, Weihöl, Glocke
Bekleidung: rote Tunika für den H.
Weihrauch: dem Tag oder der Jahreszeit angepasst, oder Abramelin

Eröffnungsritual:

1. Im Zentrum des Tempels werden die Kerzen angezündet und der Weihrauch angemacht. Der H. intoniert nach Westen: *"Tu was du willst soll sein das ganze Gesetz!"*
2. Er dreht sich nach Norden, entzündet die gelbe Kerze und sagt: *"Heiliger Geist des leuchtenden Nordkreuzes, komm herauf!"*
[3.-5. gemäss der Himmelsrichtung und Farbe]
6. Er dreht sich zur Mitte: *"Heiliger Geist des Zentrallichtes des Universums, steig empor!"*
7. Im Zentrum: *"Oh Licht ohne Dunkelheit, O Licht, wir sind in der Gegenwart des erleuchteten Lichtes!"*
8. Der H. nimmt den Stab, dreht sich nach Norden und macht das Kreuzzeichen im Kreis. Dazu sagt er: *"Eins sei mein Körper mit dem Souveränen Sanktuarium der Gnosis des OTO."*
9. Er dreht sich nach Osten, macht das Kreuz und sagt: *"Eins seien mein Körper und meine Gefühle mit dem SS der Gnosis des OTO."*
10. Er dreht sich nach Süden, macht dasselbe Zeichen und sagt: *"Eins seien mein Körper, meine Gefühle und mein Wille mit dem SS der Gnosis des OTO."*
11. [wie oben nach Westen, und]... *und mein Mind...*

Beschwörung des Heiligen Schutzengels

1. Nach Westen schauend, erhebt der H. den Stab und sagt: "*Ich grüsse dich oh Ra-Hoor-Khuit!*"
2. Nach Süden: "*Ich grüsse dich oh Aiwaz!*"
3. Nach Osten: "*Ich grüsse dich oh Hoor-Paar-Kraat!*"
4. Nach Norden: "*Ich grüsse dich oh Lam!*"
5. Er begeht den Tempel im Uhrzeigersinn, anschliessend legt er im Westen den Stab auf den Altar und nimmt das Weihwasser. Er besprüht im Vorbeigehen die vier Punkte dreimal.
6. Er geht ins Zentrum des Tempels, schaut nach Westen und schlägt die Glocke 11x in folgender Weise:

x xxx xxx xxx x

7. Er nimmt den Stab, zieht damit einen Kreis über dem Kopf und sagt: "*Nuit*"
8. Er berührt mit dem Stab die Geschlechtsteile: "*Hadit*"
9. Er berührt mit dem Stab die Brust: "*Heru-Ra-Ha*"
10. Nun schaut er nach Westen: "*Ich rufe meinen göttlichen Genius, meinen unsterblichen Dämon, meinen Heiligen Schutzengel!*"
11. Er hebt die Hände: "*Mein Engel sagt mir, ich stehe über dir und in dir. Meine Ekstase ist in deiner. In meiner, in meiner. ABRAHDABRA.*"

Gnostisch Thelemitische Messe

Der H. begibt sich in die Tempelmitte zum Altar. Rechterhand der Priester oder Priesterin (Helfer des IX°), die ihm während der Messe dienen. Die Assistenten bleiben mit dem Blick auf den Altar gerichtet. Dieser trägt 11 Lichter, einen 7-armigen Kerzenhalter und 4 Kerzen gemäss den Farben der 4 Elemente. Ebenfalls einen Kelch mit Wein, eine Patene aus Gold mit den Hostien darauf, den Stern der Auferstehung und andere Symbole, die der H. für angebracht hält.
Der H. entzündet die Kerzen des 7-armigen Kandelabers und der 4 Elemente. Er legt den Weihrauch ins Weihrauchgefäss und wendet sich an die Assistenten: "*Tu was du willst soll sein das ganze Gesetz!*"
Alle antworten: "*Liebe ist das Gesetz, Liebe unter Willen!*"
Alle finden sich zusammen, schauen auf den Altar und sagen: "*Ich glaube an einen geheimen und unnennbaren Herren...* [Credo aus Crowleys Gnostischer Messe]"
Alle knien. H. und Priester wenden sich an die Assistenten. Der H. erhebt den Kelch mit dem Wein, zuoberst die Patene mit den Hostien, und sagt: "*Dies ist der Heilige Gral!*"
Alle antworten: "*So sei es!*"
Der H. senkt den Kelch auf Brusthöhe: "*Seid euch der versteckten Himmlischen Scharen bewusst, jedermann und jede Frau ist ein Stern, alle sind wir leuchtende Edelsteine am nächtlichen Firmament!*"
Alle fallen ein: "*Wo sie sind, gibt es keinen Unterschied, das Geteilte ist eins!*"

Priester/in sagt: "Du Hadit, mein geheimes Zentrum, mein Herz und meine Zunge, ich stehe über euch und in euch. Meine Ekstase ist in euch, meine Freude ist euer Vergnügen."
Der H.: "Oberhalb des Blau aus Edelsteinen, die entblätterte Schönheit Nuits, um das Geheimnis Hadits zu empfangen..."
[Nach der Transsubstantiation, die hier nicht nicht weiter beschrieben ist, und ähnlich, wie Crowleys Gnostische Messe dem katholischen Ritus und der Dreieinigkeit folgt, wendet sich der Priester an die Gemeinde:] "Io Io IAO Sabao Herr Abrasax, Herr Mithras, Herr Phallus, Io Pan, Io Pan, Io Pan, Io Starker, Io Unsterblicher, Io Göttlicher, Io IAO. Heil Phallus, Heil Allesverschlinger, Heil Alleserzeuger. Heilig heilig heilig IAO. Dies ist das Blut und der Körper des Logos."
Er erhebt die Patene: "Dieses Brot ist der Körper des Logos." Er plaziert sie in die Nähe des Kelches: "Touto ecti to soma mou."
Er wirft sich vor dem Altar nieder, richtet sich wieder auf, erhebt den Kelch und sagt: "Dieser Wein ist das Blut des Logos."
Er stellt ihn zurück an seinen Platz: "Touto ecti to iiothpion. Tou haimatoc mou."
Wieder wirft er sich nieder und richtet sich auf. Daraufhin schneidet er ein Stück Brot ab und tunkt es in den Wein. Alle erheben sich. Der H. kniet mit der Patene und dem Brot in der linken Hand, nimmt ein Stück mit der rechten und gibt es dem/r Priester/in, während er sagt: "Nimm und iss!" [Dasselbe geschieht mit dem Wein, und nachdem die Assistenten auch dem H. Brot und Wein zur Konsumation gegeben haben:] "Die Opfer der Heiligen Mysterien sind beendet. Dass in euch das Licht des Logos für immer leuchte."

XI°-Initiation

Während der Messe befinden sich die Kandidaten des XI° mit roten Roben bekleidet am Portal des Tempels. Vor dem Altar steht der H. mit seinem Stab in der linken Hand und dem Ring an der rechten. Ein Mitglied des XI° (Priester/in) wendet sich an die Kandidaten: "Tretet heran, ihr, die ihr den XI° erhalten wollt."
Sie nähern sich dem H. mit gesenktem Kopf. Priester/in des XI° sind zur Rechten des H. und wenden sich ihm zu: "Reverend/Bruder, der Orden bittet Dich, dass du diese Brüder in den XI° weihst."
H.: "Sind diese Brüder in Demut gekommen?"
P.: "Wir legen Zeugnis ab, dass sie in angemessener Demut erschienen sind."
Der H. dreht sich nun den Kandidaten zu: "Wollt ihr in den XI° des OTO eingeweiht werden als Adepten des Sanktuariums der Gnosis. Wollt ihr diese Einweihung, die uns Einblick in die Mysterien gibt?"
Antwort: "Ja, wir wollen."
Diejenigen, die initiiert werden wollen, versammeln sich vor dem H., und dieser beginnt, indem er die Hand auf den Kopf jedes Kandidaten legt und sagt: "Empfange den Heiligen Hauch unserer Herrin durch das Amt und das Werk des H. des OTO, den ich Dir durch diese Handauflegung anvertraue. Erinnere Dich an die göttliche Gnade, die Dir diese Handauflegung gewährt, wozu mir die Macht, die Liebe und die Demut übertragen worden sind. Wir wissen, dass der Adept des SS der Gnosis des OTO den H. der Grossen Mysterien verkörpert, dessen Kraft und

Klarsicht Raum und Zeit durchdringt und der universelle orakelhafte Fähigkeiten besitzt. Nur das Schwert der Klarsicht des AH, Vehikel seines Willens, trennt den Menschen vom Abgrund zwischen Himmel und Erde, vom Geiste der Sonne. Der A. kann sich mit Recht auf den Thron setzen, der die Gesetze des Kosmos dreht. Die Klarsicht des AH gleicht der Liebe, da nichts, aber auch gar nichts seine Gelassenheit zu stören vermag. Die Bewegung geht von seiner rechten Hand aus, und die Ruhe verharrt in seiner linken. Nur der AH kann Aktives passiv und umgekehrt werden lassen, da sich in seinen Händen nicht nur LVX, sondern auch NOX halten: Lucifer und Noctifer. Bruder, die Koagulation von LVX und NOX muss auch in deinem Kopf Platz haben. Der AH empfängt durch Thelema die Zahl des Einsiedlers. Er ist der Prophet der Unendlichkeit. Der Magier der Stimme der Macht. Der Geheime Same von allem. Das Geheimnis des Tores der Einweihung in die Grossen Mysterien wandelt allein, hält das Licht und den Stab, und das Licht ist so leuchtend, dass niemand es sieht. Nichts bewegt ihn, weder innerlich noch äusserlich, und immer bewahrt er Gelassenheit."

Diejenigen, die nun den XI° erhalten, liegen auf dem Bauch, Kopf auf die Arme gestützt. Der H. nähert sich und reibt ihnen mit dem Stab an der Basis der Wirbelsäule und salbt ihnen nachher den Kopf mit Öl: *"Die Auflösung findet in Hadit statt, der Manifestation von Nuit. Die Ekstase von Nuit und Hadit in NOX. Liber AL III;72: Meine rechte Hand ist leer, ich habe das Universum zerstört und NOX, mein rechtes Auge, bleibt übrig. Komm über mich, Logos der Sophia, bedecke mich und lass deinen Samen in mich fliessen. Wir werden eins, empfangen den Geist und unser Fleisch verbrennt zusammen mit dem erlösten Erlöser (AL I;23).*
Der Orden hat Dich zum AH auserwählt. Auf dass der göttliche Geist über dich komme, der der Balsam der Inbrunst ist, auf dass du für immer gebenedeit seist."

Alle erheben sich und verharren auf den Knien. Der H. holt den Ring (den die Kandidaten vorher erworben haben), schiebt ihn auf den Ringfinger ihrer rechten Hand und sagt: *"Empfangt diesen Ring als Zeichen des Lichtes und des Glaubens an die Gnosis."* Anschliessend setzt er den neuen Adepten ein Diadem auf die Stirn und übergibt ihnen einen Stab (den sie vorher selber angefertigt haben) in die linke Hand, während er sagt: *"Erhaltet diesen Stab als Zeichen der Macht und der Kraft, als Schutz für Euch und Eure Brüder. Wir müssen davon Gebrauch machen, damit der Wille über die Liebe triumphieren kann."*
Alle erheben sich auf die Füsse. Die nun Eingeweihten passieren den Altar mit ihren Stäben in der linken Hand und machen das Zeichen des umgedrehten Tau vor den Anwesenden.

Schliessungsritual

1. Der H., der das Ritual zelebriert hat, nimmt seinen Stab, und während er nach Westen schaut, macht er das Kreuzzeichen im Kreis: *"O Licht, das aus den erhabensten Regionen der unendlichen Räume herabsteigt, durchdringe das Souveräne Sanktuarium der Gnosis des OTO."*
2. Er dreht sich nach Süden, macht mit dem Stab dasselbe Zeichen in die Luft: *"O Engel der Perfektion und Weisheit, herabgestiegen aus den ewigen Regionen der zeitlichen Unendlichkeit, durchdringe das SS der Gnosis des OTO."*

3. Er dreht sich nach Osten mit demselben Zeichen: *"O Geist der Magie und der Gnosis, der in den tiefsten Regionen des Raumes und des Lichtes lebt, tritt ein in mein Herz, das das SS der Gnosis des OTO regiert."*
4. Nach Norden: *"O Kräfte der Welt, die ihr den Gesetzen der Magie und den geheimen Künsten gehorcht, seid meinem Willen untertan, da ich das SS der Gnosis des OTO regiere."*
5. Er dreht sich nach Westen, berührt mit dem Stab seine Stirn: *"O Licht vergangener Zeiten, das aus vergangenen Räumen herüberstrahlt - O engelhaftes Licht, O ewiges Licht, O Licht der Erinnerung, zum ersten Mal vom Morgenstern überbracht, O göttliches Licht, komm und sei immer ein Teil meines Geistes, meines Mind, meiner Gefühle und meines Körpers. Komm und bewohne für immer mein Bewusstsein, auf dass ich mich für immer mit dir in mir vereinige. Auf dass immer einer mit dir in der ewigen Existenz, die mein eigenes Sein ist, sei."*
6. Macht das Licht in umgekehrter Reihenfolge, wie es angezündet worden ist, aus: er beginnt mit der schwarzen Kerze...
7. Der H. geht ins Zentrum zum Altar, wendet sich nach Westen und sagt: *"ABRASAX, Liebe ist das Gesetz, Liebe unter Willen."*

[Handwritten note:]

AIDS Table
ANUS = ♇, ♏, ♂
VIRUS = ♇
blood disorders = ♂, ♇
infections + infectious diseases ♇
male sex organs ♇, ♏, ♂
sexual intercourse ♇, ♏
feces ♇, ♏, ♄
retro-gression, ♄
retro-virus ♇ ♂ ♄

♇ ♂ ♄ in ♏ 1981, 1982, 1983 outbreak of AIDS

Ritual des Schwarzen Sterns

von «Nergal», "Instrumentum" VIII;III, 1984

1. Die Teilnehmer des Rituals begeben sich ruhig in den Tempel, wobei sie vorher eine Zeitlang in einem engen und abgesonderten Raum ihre Meditation vollzogen haben. Die Teilnehmer haben sich vorgestellt, in einem sehr schwarzen und dichten Raum zu sein, so, als ob das ganze Universum zu diesem Punkt kollabiert wäre. Die Meditation erfolgt auf den Solar Plexus/Anahata Chakra.

2. Der Ritus beginnt, indem der Hohepriester in aller Stille einen äusserst starken Weihrauch verbrennt, der den Tempel bis zum Ersticken ausfüllt und Sehschwierigkeiten bereitet. Ziel soll sein, die Funktion der fünf Sinne zu unterminieren.

3. Die vorbereitete Musik soll ausserordentlich unharmonisch und chaotisch sein. Sie stellt Gewalt, Unmoral, Durcheinander und Gefahr dar. Sitzend nehmen alle Teilnehmer starken Alkohol ein (Fruit Brandy, Clove Rum). Nach 20 Minuten beendet der Hohepriester die Musik mit dem mitteltiefen Klang einer Glocke.

4. Die Ritualteilnehmer stehen so dichtgedrängt wie nur möglich aneinander und beginnen nun zu jaulen und zu heulen, als ob sie von schrecklichen, fremdartigen und qliphotischen Mächten besessen wären. Dabei bewegen sie sich unkoordiniert und spastisch, was den völligen Verlust von Vernunft und geordnetem Verhalten darstellt. Der Gesang ist nun zu einem Chanting übergegangen, das (vom Hohepriester aufgezeichnet) eine barbarische Intensität, wie z.B. "Zazas zazas nasatanata zazas" angenommen hat. Jeder Teilnehmer identifiziert sich völlig mit diesem Gesang, der den Schlüssel der Energie darstellt, die den Zugang zu den dunklen Gebieten seines unterdrückten und luziferischen Selbst ermöglicht. Der Gesang wird alles, was er ist, war, sein wird und was er sein könnte. Die Bewegungen und das Singen werden fortgesetzt, bis alle müde und erschöpft sind. Der Hohepriester beginnt die Glocke gleichzeitig zur Musik zu schlagen, die selber ohrenbetäubend und chaotisch ist. So wird die Glocke mit dieser Resonanz geladen. Nun raucht jeder so starkes Haschisch wie nur möglich. Der Rauch, der aus den Lungen austritt, stellt das Freiwerden des normalen Bewusstseins dar, oder was noch davon übrig geblieben ist: der Haschischrauch repräsentiert den letzten Schritt zum Vergessen hin und das Stadium der Asche.

5. In diesem Stadium erfährt der Ritualteilnehmer, was reine Existenz ist, so wie es der Schamane tut, wenn er tanzt. Jeder visualisiert nun das Zentrum seines Solar Plexus als Mittelpunkt eines wütenden schwarzen Sterns von intensiver Schönheit. Die Strahlen des Sterns schiessen hinaus, die Flecken speien um sich, und alles verbindet sich mit den Strahlen und Flecken der Sterne der anderen Teilnehmer. Die Musik hört auf, der Hohepriester schlägt aber noch immer die Glocke. So wird die gewünschte Erscheinung invoziert. Die Teilnehmer erleben die

beschworene, kraftvolle Energie noch innerhalb des Tempels. Die tiefe und pulsierende Dunkelheit des inneren Selbst vereinigt sich damit, wird von ihr missbraucht und aufgezehrt. Genau jetzt ist jede Form von Magie möglich. Der Hohepriester kann nun die Gruppe zu jedem Ritual anführen, was auch immer das Ziel ist. Nach Beendigung dieses Rituals geben sich die Teilnehmer den Nachwirkungen hin, der Mattigkeit, während langsam das "Normalbewusstsein" zurückkehrt. Falls irgendjemand damit Schwierigkeiten hat, sein "Normalbewusstsein" wieder zu finden, dem wird der Hohepriester ein magisches Bad spenden, um das Aura-Ei wiederherzustellen.

Anmerkungen:
Man sollte so wenig Kleider wie möglich tragen. Tierhäute oder ein schwarzer Talar sind die geeignetsten Gewänder. Die Musik muss so chaotisch wie möglich sein, z.B. Sun Ra Arkestra. Schwere und dunkle Parfums sind ebenso angemessen. Das Ritual soll so theatralisch wie möglich ausfallen. Zwei Tage vor dem Ritual muss gefastet werden. Sex, Drogen und Alkohol sollten ebenso ausfallen. Dieses Ritual ist ein Gerüst.

Das Chöd-Ritual

von Tau Baphomet (Lamparter), D.ShA und Sa-Mer-F

Das Chöd-Ritual wurde aus tibetischen tantrischen Riten abgeleitet und hat wohl seine Ursprünge im Prä-Buddhismus. Man konfrontiert sich damit mit niederen Trieben oder karmischer Schuld. Dieses thelemitisch angepasste VIII°-Ritual[153*] sollte in einer abgelegenen Höhle oder an einem einsamem Naturplatz vollzogen werden.

Der Magier wählt irgendein Eröffnungsritual und irgendeine Anrufung (z.B. Kleines Pentagrammritual, Mittelsäule ...). Anschliessend beschwört er Dämonen und andere negative furchteinflössende Wesen (Entitäten), die in der Tiefe des kollektiven Unbewussten hausen. Sobald diese Entitäten ausserhalb des magischen Kreises visualisiert sind, steigt er aus seinem eigenen physischen Körper in Gestalt einer weiblichen Gottheit heraus. Weibliche Magier nehmen einen männlichen Körper an. Zur Auswahl stehen: Kali, Shiva, Nuit, Hadit, Babalon oder das Tier. Hier beginnt der VIII°-Akt.

Die göttliche astrale Gestalt mit dem Bewusstsein des Magiers verkehrt nun geschlechtlich mit dem Leichnam, der sein eigener physischer Körper ist. Kurz vor dem Orgasmus sieht der Magier Kundalini durch seine Genitalien in die Astralgenitalien der Gottheit fliessen. Kundalini steigt nun durch das Rückgrat der astralen Gestalt in deren Scheitelzentrum hinauf und verwandelt sich dort in strahlend weisses Licht.

Nun tritt der Orgasmus ein. Der Magier sieht das strahlende Licht im Scheitel der astralen Gottheit zu den astralen Genitalien hinabsteigen, durch die physischen Genitalien in den liegenden Körper zurückfliessen und ihn dabei mit Licht erfüllen. Während des Orgasmus sollte das Mantra PHAT mental oder laut vibriert werden.

Nach Beendigung dieses Rituals lädt das Bewusstsein der astralen Gestalt die Dämonen und furchterregenden Entitäten ein, den magischen Kreis zu betreten und den darin liegenden Leichnam zusammen mit der ungeformten Essenz, die mit ihm vereinigt ist, zu verschlingen.

Durch die Konsumation werden die negativen Aspekte, die furchterregenden Entitäten, verwandelt. Während sie den physischen Körper verschlingen, sieht der Magier in seiner astralen Gestalt sowohl im Körper als auch in den Dämonen ein starkes Feuer brennen. Schliesslich lösen sich der Leichnam und die Dämonen in einem verzehrend strahlendweissen Licht auf. In diesem Moment sollte erneut PHAT vibriert werden. Sobald die Lichtstrahlen erloschen sind, erscheint der physische Körper allein, der sich nun wieder mit der astralen Gestalt und dem Bewusstsein vereinigt, um als objektives Bewusstsein zu erwachen.

Das Ritual wird mit einer Bannung und einem abschliessenden Ritual beendet.

[153*] Masturbation

Chöd bedeutet: in Stücke zerschneiden, zerteilen. Es ist ein Ritual des sog. kurzen oder "trockenen" Pfades und ermöglicht die Erfahrung des physischen Körpers als Produkt des Geistes und wirkt gleichermassen auf alle scheinbaren Dinge der Welt.

Variante
Wenn das Ritual mit einem Partner ausgeführt wird (IX° oder XI°), visualisiert sich jeder Beteiligte innerhalb der astralen Gestalt während des Geschlechtsverkehrs mit seinem/ihrem physischen Körper.

Kommunikation mit LAM

von M.C. Lamparter, "Instrumentum" VII;2, 1983, übersetzt von Claas Hoffmann

Über die geheimnsivolle Wesenheit LAM wurde in der okkulten Literatur kaum etwas geschrieben, obwohl im Orient das Wort LAM in den hinduistischen und tibetanischen Tantras erscheint. Das Hindu Tantra LAM ist eines der Bijas oder Klänge, die mit den Tattwas (Elementen) der Chakras verbunden sind. Das Bija wird als ein Mantra gesprochen und repräsentiert die ursprüngliche, sich manifestierende Kraft. Die Bijas sind Äquivalente zum griechischen "Logos Spermatikos" und zu kabbalistischen Alphabeten.
LAM ist das Bija Mantram des Muladhara Chakras.

Der Lamaismus, eine tibetische Form des Tantras, leitet seinen Namen von der Wurzel LAM ab und ist das Produkt des Mahayana Buddhismus und einer vorbuddhistischen animistischen Religion, die Bon-Pa genannt wird. In der tibetischen Sprache bedeutet LAM Gott.
Das mysteriöse Blavatsky-Buch "Die Stimme der Stille," das von Crowley mit seinen Kommentaren unter dem Namen "Liber LXXXI" veröffentlich wurde, scheint sicher eine Beziehung zu dieser Wesenheit zu haben, da Crowley eine Zeichnung von LAM auf das Titelblatt setzte und dem Buch den Namen der Zahl von Lam (71) gab.
Die besten Informationsquellen über LAM sind die Bücher von Kenneth Grant, insbesondere "Cults of the Shadow," "Nightside of Eden" und "Outside the Circles of Time." In letzterem gibt uns Grant eine Technik, um LAM zu kontaktieren oder zu evozieren. Nach obgenannten okkulten Schrften soll LAM eine direkte Verbindung zum "MAAT-Aeon" bzw. zum "Aeon ohne Worte" zu haben. Das Heilige Wort des MAAT-Aeons, das von den modernen Magiern dieses Kultes in Amerika gefunden wurde, lautet IPSOS. DER SELBE MUND, was auf stillen oder oralen Sex hinweist, sich nur auf den Mund bezieht, aber nicht auf die Geräusche, die aus ihm herauskommen könnten. Auf Seite 192 von "Cults of the Shadow" schreibt Grant: *"In den sechziger Jahren arbeitete Bertiaux mit dem Bon-Pa und kontaktierte diese Wesenheit."*[154*]
In einem persönlichen Brief vom 26. August 1973 schrieb er: *"Ohne Zweifel ist es dasselbe Wesen, das mit Lucien-François Jean-Maine gearbeitet hat ... als letzterer in den 1920ern die Arbeit mit "La Couleuvre Noire" organisierte. Dann nahm die Theorie der "Points-chauds" eine stark tantrische und orientalisch-schamanistische Form an, und Les Siddhis waren damit beschäftigt, den Entwicklungsstand des "Points-chauds" z.B. durch Lykanthropie darzustellen. Das Wesen LAM besitzt ein interessantes magisches System, das wir benutzen sollten, und es ist mein Wille, dazu einen groben Umriss zu präsentieren und dieser Aufgabe viel Zeit zu widmen."*

[154*] "I am in personal communication with a few of these very learned magician-monks"/Lamas der Bon-Pa-Religion; Bertiaux in: "Absolute Science," 39

Diese Wesenheit wurde auch von anderen modernen thelemitischen Magiern kontaktiert. 1974 erreichte Soror 789, OTO,[155*] New York, eine Botschaft von LAM, deren Inhalt ich aber nicht kenne.

Im Februar 1983 bekam ich einen Brief von einem gnostischen Magier, der mir schrieb, er habe Kontakt mit Aiwaz,[156*] und als Ergebnis dieses Kontaktes habe er erkannt, dass Aiwaz und LAM ein und dieselbe Intelligenz wären. Die Arbeit, durch die er dies erreicht hatte, schien ein VIII°-Opus zu sein. Nach seiner Anrufung von Aiwaz bat er diesen um ein Zeichen, das ihm Gewissheit geben sollte, ob seine Arbeit richtig gewesen war. Am folgenden Tag erhielt er einen Brief von mir und sah sofort das Zeichen, sich sicher seiend, mein Brief enthalte das Zeichen von Aiwaz selbst. Mein Nachname LAMparter war eine Offenbarung für ihn, wie auch mein Vorname Manuel. In seiner Muttersprache bedeutet LAM PARTER "Lam nahe bei der Erde," oder "LAM kommt zur Erde" und MANUEL bedeutet "Mit der Hand" oder "Handarbeit."

Nachdem ich den Brief erhalten hatte, erwachte bei mir ein plötzliches Interesse an LAM. Ich nahm mir ein lateinisches Übersetzungsbuch und analysierte meinen Namen:

Lam = Lam
Par = gleich mit
Ter = sich wiederholende Zeiten

und weil das noch nicht genug war, teilte ich meinen Vornamen in drei Silben und las sie folgendermassen:

Ma = Maat
Nu = Nuit
El = AL

Ich widerstand der Versuchung, mein Ego eitel aufzublasen, fühlte aber den intensiven Drang, LAM zu kontaktieren. Ich verwendete das kabbalistische System nach Carlo Suares.

Lam (Lamed-Aleph-Mem) = (30-1-40) = 71

Die Projektion in der Existenz des Wechsels und transformierender Bewegung, im abstrakten Prinzip von allem, was ist und was nicht ist, um für die Mutterwasser, in denen der Ursprung aller Existenzen liegt, einen Platz zu schaffen. In der weiteren Analyse werde ich das A als AYIN lesen und MEM auch als End-MEM berechnen.

Lam (Lamed-Aleph-End-MEM) = (30-1-600) = 631

Die Projektion in der Existenz im Sinne des Wechsels und transformierender Bewegung, im abstrakten Prinzip von allem, was ist und was nicht ist, die dem kosmischen Resultat der Fruchtbarkeit einen Raum geben wird.

Lam (Lamed-Ayin-Mem) = (30-70-40) = 140

155* Kenneth Grants Typhonischer OTO
156* Crowleys Heiliger Schutzengel, der ihm 1904 das "Buch des Gesetzes"/Liber AL diktiert hat und daraufhin vom Propheten des Horus-Zeitalters (d.i. Crowley) als Botschafter Sheitans/Satans erkannt wurde

Die Projektion in der Existenz im Sinne von Wechsel und Transformation von allen möglichen Möglichkeiten, um den uranfänglichen Wassern einen Platz zu schaffen.

Lam (Lamed-Ayin-End-Mem) = (30-70-600) = 700

Die Projektion in der Existenz im Sinne von Wechsel und transformierender Bewegung von allen möglichen Möglichkeiten, um im kosmischen Uranfang zu enden.

Worte mit den gleichen Zahlenwerten sind z.b. die folgenden:

71 LAM
 AIMK Dein Schrecken
 ALIL Nichts; ein Gespenst; Götze
 ALM Stille
 ANK Blei (das Metall des Saturn)
 CHZVN Vision
 MLA Fülle

631 LAM
 DTzNIOVThA Verborgenes Geheimnis

140 LAM
 MQ Fäulnis
 PS Extremität
 NTz Blume; Falke
 SP Dreifach; (Tür-)Schwelle
 TzN Dorn

700 LAM
 ShTh Seth: Sohn des Adam; Shath: Säule, Prinz; Sheth: Hintern
 PhRKTh der Schleier des Heiligen

Der Autor dieses Beitrags ist zu keiner definitiven Lösung gekommen. Den verschiedenen Hinweisen folgend, begann ich eine Serie von Arbeiten mit dem magischen Spiegel nach den OTOA-Techniken. Dies sind meine Resultate. F = Frage, A = Antwort

5. Mai 1983, 00.30 Uhr

F: Bist du Lam?
A: Ja.
F: Wer oder was bist du?
A: Ich bin die Kraft, die der kosmischen kreativen OM-Schwingung entgegengesetzt ist, um diese zu multiplizieren, so dass sie mit jeder Schwingung komplexer wird.
F: Woher kommst du?
A: Aus dem Bereich, der in der Mitte liegt.

F: Was bedeutet das alles?
A: Ich bin der zentrale Punkt, in dem die Kontinuität zerbrochen ist, um Endlichkeit zu werden.
F: Bist du Aiwaz?
A: Ich bin Aiwaz, weil ich die Ursache seiner Existenz und Manifestation bin. Ich bin der zentrale Punkt der Schwingung seiner Stimme.
F: Hast du eine Mission im thelemitischen System?
A: Die beiden Extreme miteinander zu verbinden.
F: Kann ich dein wahres Gesicht sehen?
A: (Auf dem Spiegel erscheint ein grünes, nach unten zeigendes Dreieck)
F: Kannst du mir eine Botschaft geben?
A: Das Mittel, mich zu erkennen, ist, schneller eine "Tasse"[157*] zu werden.
F: Gibt es eine bessere Methode, mit dir Kontakt aufzunehmen?
A: Die Methode mit der Hand.[158*]
F: Hast du ein Zeichen, um dich zu rufen?
A: (Es erscheint ein spitzer Winkel im Spiegel, dessen Spitze nach unten zeigt)[159*]
F: Willst du mir noch etwas sagen?
A: Die Stimme von LAM ist die Stille, und darum ist die Schwingung multipliziert und noch weiterverbreitet, wenn sie mich erreicht hat. Meine Schwingung klingt wie das ursprüngliche kreative OM. Das Wort wird durch mich ausgesendet. Ich komme nun, um den Ausdruck des Wortes als Klang zu beenden, um die Stille beginnen zu lassen.

27. Mai 1983, 01.30 Uhr

F: Bist du Lam?
A: Ja.
F: Auf welcher Ebene kontaktiere ich dich?
A: Auf allen Ebenen. Aber ich manifestiere mich selbst durch das Tor.
F: Hast du andere Namen?
A: Ja.
F: Ist Aiwaz ein anderer Name?
A: Aiwaz ist der Name meiner entgegengesetzten Ausdrucksweise. Beide sind eins.
F: Gibt es ausser dem VIII° noch eine andere Methode, um Kontakt mit dir aufnehmen zu können?
A: Jede Methode ist gut, wenn sie auf einen selbst gerichtet ist, so ist sie die Umkehrung zu einem selbst.
F: Ist der XI° angemessen, um dich zu kontaktieren?
A: Ja, denn es ist die Sonne innerhalb der Arbeit mit der Sonne, also mit einem selbst.

157* "Diese Botschaft gab mir LAM auf Hebräisch, obwohl ich diese Sprache nicht verstehe. Ich nahm dazu ein Wörterbuch. "Tasse" interpretierte als "Lykanthropie," was noch erforscht werden muss"
158* "Entgegen LAMs Anweisungen wandte ich weder den VIII° noch eine andere sexuelle Methode an. Es ereigneten sich jedoch Unfälle nach jedem Kontakt mit LAM: nach dem ersten zerquetschte ich mir drei Nägel der rechten Hand, nach dem zweiten biss mich ein giftiges Insekt und nach dem dritten verbrannte ich mir die linke Hand mit Öl"
159* "Es war derselbe spitze Winkel wie jener, der aus dem Bart und den Spitzen der Hörner der Ziege entsteht, die man im nach unten gerichteten Pentagramm erkennen kann"

F: Hast du eine Beziehung zu Set, Sut oder Shaitan?[160*]
A: Set is mein Name,[161*] Sut seine Fäulnis und Shaitan sein Aussehen.
F: Hast du ein Geschlecht [Sex]?
A: Ich bin Sex [das Geschlecht].
F: Existierst du in Malkuth?
A: Ich wohne in Malkuth.
F: Und in Jesod?
A: Ich wohne in Jesod.
F: Und in Tipharet?
A: Ich wohne in Tipharet.
F: Und in Daath?
A: Ich bin Daath, das Tor des Abyss. Ich bin auf beiden Seiten des Abyss und ich bin das Tor.
F: Welche Beziehung hast du zu Choronzon?
A: Ich lache durch Choronzon, denn er ist ein Witz von mir. Er ist die Falschheit der Erscheinung, die jene sehen, die mich nicht als den sehen können, der ich bin. Die Rückseite des Baumes ist ein anderes Gesicht von Choronzon, das nur von jener Seite aus gesehen werden kann. Nur von dort kann man mich so sehen, wie ich wirklich bin.
F: Bist du in Kether?
A: Ich bin in Kether.
F: Kannst du mir eine Botschaft geben?
A: Das Wort vibriert in der Stille, denn Lam macht den vibrierenden Klang möglich, ohne derselbe Klang zu sein. Ohne die Stille ist die klingende Vibration nicht möglich. Darum sind die Stille und das Wort immer vereinigt. Sie sind wie das Licht und die Dunkelheit, das Aktive und das Passive.

1. Juni 1983, 01.00 Uhr

F: Wer bist du?
A: Lam.
F: Wo bist du?
A: Ich bin an jedem Ort, wo es Vielheit gibt, denn ich bin der Vervielfältiger aller Formen.
F: Was ist das Tor, von dem du in unseren vorherigen Kontakten gesprochen hast?
A: Ich bin das Tor, weil ich unendlich viele Spalten, Sprünge und Risse in dem, was immerwährend und kontinuierlich ist, erzeuge.
F: Was ist Stille?
A: Abwesenheit von Licht, die in diesen unendlichen Rissen ist.
F: Was ist der "Meon"?[162*]
A: Dieselbe Dunkelheit.
F: Was ist der Aeon des Horus?

160* Also Aiwaz
161* Käumlich derselbe Set, der Michael Aquino (geb. 1946) am 30.4.1975 das "Book of Coming Forth by Night" diktiert hat. Aquino wird auch von Kenneth Grant "totgeschwiegen"
162* Bertiaux hat das "Book of Meon" verfasst und nennt es "Satanic Gnostic Grimoire" (zitiert nach Grant, Hecate's Fountain, 127)

A: Ein Lichtstrahl, der in die Dunkelheit eindringt. Der Sohn des Lichtes, der in die Dunkelheit vordringt.
F: Was ist der Aeon der Maat?
A: Ein Riss in der Dunkelheit, der sich im Licht öffnet. Die Tochter der Dunkelheit, die in das Licht eindringt.
F: Warum gibt es Licht und Dunkelheit?
A: Weil sie die zwei entgegengesetzten Pole von ein und derselben Sache sind.
F: Was ist Nuit?
A: Die Dunkelheit, die von Punkten aus Licht geplagt wird.
F: Was ist Hadit?
A: Das Licht, das sich im Schoss der Dunkelheit ausdehnt.
F: Was ist Ra-Hoor-Khuit?
A: Die Strahlen von Hadit.
F: Was ist Hoor-Par-Kraat?
A: Die Bruchstücke von Nuit.
F: Was ist Aiwaz?
A: Der Botschafter, der in der Mitte der Ausdehnung des Lichtes spricht.
F: Was ist Lam?
A: Die Stille, die aus der Dunkelheit heraus die Stimme von Aiwaz umgibt.
F: Kannst du mir eine Botschaft geben?
A: Der Aeon des Horus ist der Schlüssel zum Licht, das in der Dunkelheit scheint. Der Aeon der Maat ist der Dunkelheits-Schlüssel, der im Schoss des Lichtes übersteht.

Rivers of Babalon

Der XI° kann u.a. die "Blut-und Sperma-Formel" verwenden. Es ist egal, woher dieses Blut kommt, ob Menstrualblut, Brust-Schnitte oder Wunden im After (z.B. durch Analverkehr).[163*] Im letzteren Fall kann Blut mit Kot gleichgesetzt werden. Das Blut/Kot zieht die Energien an, während das Sperma am kontrollierten "Leben" erhält.
Anus = Mund = Daath = Auge (rechtes Auge: Mund, linkes Auge: After). Atu XVI[164*] = Erektion. Erigierter Penis und After sind Eins = Seth = Saturn = Hadit = Tau. Pleroma ist das Glied von Osiris = Lotus = Hermes = Logos = Pan = Baphomet = Thelema = EHIE = Taube = Wort!
Um die Kräfte zu vitalisieren, muss das Sperma durch den Mund oder den After ausgetauscht werden.[165*] Eine andere Möglichkeit der XI°-Zirkulation ist, dass die auf dem Rücken liegende Nuit-Person das Sperma im After empfängt und gleichzeitig in den Mund der Hadit-Person abgibt. In diesem Moment wird der Tunnel geöffnet, das Ego verschwindet und macht der Gnosis Platz.
"Der Mund ist Pé, der Turm und der Penis, der nach der Ejakulation zusammenfällt, und im Mund ist Spucke wie Sperma und eine Zunge wie ein Penis, der wie eine Schlange ist, und im Mund ist ein Schlund wie ein After."[166*]

Die Wichtigkeit der Nuit-Hadit-Vibration ist zu beachten, die unabhängig von der Realität, die der Eingeweihte annimmt, auch ohne Partner erfahrbar ist. Der "Seher" verschwindet. Durch die Sonne hinter der Sonne fliessen die Energien. Die Sonne hinter der Sonne ist im IX° der Uterus - im XI° die Prostata.

(Die) Nuit(Person) empfängt Hadit (den Phallus) und dreht sich astral, um die Hinterseite des Lebensbaumes zu erzeugen und Hadit gegenüberzustehen. Atu XVIII zeigt den Eingang. NOX dehnt sich im LVX aus, im Zimzum. Die zerbrochenen Gefässe (Qliphots) (Gen 1;2) werden in Binah, im Kelch BABALONs und durch SATURN erlöst. Es ist Binah, der zukünftige Aeon, der in Gen 1;3 spricht. IHVH ist somit nicht nur in der Senkrechten, sondern auch in Kether (vgl. Kommentar zum 14. Aethyr).[167*]
"14. Aethyr = UTI = Steinbock, Caput Draconis, Schütze = Ayn, Gimel, Samech = 113 = Yom ha Malach (IM H MLCH = Die Salzsee, Binah). Zu Ayn gehört der Steinbock, und zum Steinbock gehört Saturn und Saturn zu Binah und Binah zum 14. Aethyr."
Der Kelch ist aus den 7 Hekhaloth gebildet: 6 ist der Inhalt. Der Fuss dieses sprechenden Doppelkopfes (Gral) ist 4 (IHVH). Eine Seite schaut auf die Rückseite von Malkuth und symbolisiert Yod (Tetragrammaton).

163* Erich Bethe, zum Beispiel, schreibt 1907 in "Die dorische Knabenliebe" über Päderastie als Initiation und dem Anus als Eingangspforte für dämonische Wesen (Neuauflage Berlin 1980?) (Dank an Jörg Leverenz für den Hinweis)
164* Tarotkarte
165* Oder durch die Schleimhäute im Darm, siehe Crowleys "Emblems and Mode of Use" im Anhang
166* Kommentare in Kursiv sind von Claas Hoffmann, 20.12.1993
167* Aleister Crowley: "The Vision and the Voice," in: The Equinox I;5, 1911 - Deutsch: Die Vision und die Stimme, Berlin 1982

NOXlvx [Kleinbuchstaben deuten auf die Energieform von LVX und NOX hin] geht von Geburah aus (Reflexion von Binah), in dessen Ekstase LVX in NOX umschlägt. Als Produkt der Ausscheidung bricht hier die Schöpfung auseinander und die Schalen/Qliphots formieren sich auf der "anderen Seite" (nicht zu verwechseln mit der Welt der reinen Formen, Engeln und Intelligenzen, die ihren Ursprung in Yesod haben und allein in Malkuth regieren).
Über den Schleier der gebrochenen Gefässe hinweg (Abyss), durch Tipharet, umarmt man Kether und gelangt ins EN SOF (Nuit "an sich") - durch den Schleier hindurch erreicht man jedoch das gnostisch abgespaltene reine NOX. NOX, geschaffen ohne Schöpfung, transzendiert Nuit und Hadit und bildet die beiden in einer unendlich hohen Frequenz aufeinander ab. Merkur in Ekstase, die Nacht von Pan, die kosmische Scheckinah in permanenter Coagulatio et Solutio. Shivas Tanz in 6.
Die Koagulation von LVX und NOX findet im Caput Mortuum statt, dem ursprünglichen Platz von Malkuth vor dem Fall: Daath. So wurde 0 zur 2; die Verstossung aus Eden. Atu II/Nuit betritt den Pfad. Der Beginn des qliphotischen Reiches in 5 wird durch das Sakrament der gnostischen Eucharistie in 3 reflektiert: die Emanation von 10. Ohne das gnostisch abgespaltene NOX würde die Schöpfung ins EN SOF zurückkehren. Sobald der Gral gebildet ist und Daath geöffnet, steigt das Himmlische Brot zur Mystischen Braut herab: Logos und Sophia vereinigen sich und kehren ins Pleroma zurück (Liber AL I;23).

Die Auflösung findet in der Manifestation von Nuit statt: Had! Pluto ist die Verbindung zwischen NOX und Maat. Zur rechten Hand: Horus (Macht und Wille), zur Linken: Maat (Gerechtigkeit). Atu IX (beide mit dem Cerberus). Als Gegenpol zum LVX spielt das pseudo-NOX, das "Leben" darstellt, während das wahre NOX "Sein" ist.
In der Auflösung existiert das wahre NOX ohne LVX. Der Sturm von NOX ist gegen LVX gerichtet.

Atu VIII: Ekstase von Nuit und Hadit in NOX: das Universum ist geöffnet. Wie innen so aussen! NOX = die Nacht von PAN. Nuit = 1, Hadit bewegt das LVX. Harpokrates ist die Schlange mit dem Löwenkopf, der Sohn der Pistis Sophia.[168*]
Die Chaioth/Chijoth, die die Merkaba tragen, symbolisieren die Geschöpfe der Thronwelt (wie in der Kabbala das gnostische Pleroma genannt wird). Ihre Namen: Pison: 5 (Feuer), Gihon: 4 (Wasser), Hiddikiel: 6 (Luft), Euphrat: 10 (Erde) —> 4 x 31 = Eden.
Diese 4 aus dem Chaschmal emanierten Chijoth tragen das Pleroma (IHVH) in Kether. Das Rad (Rota) wird durch die Ofannim (Chochma) dargestellt (Atu VII). Die göttliche, vitale Lebenskaft (Chijoth) ist Neschama zugeordnet. Die Chijoth tragen die Merkaba gleichzeitig vor- und rückwärts, das Pleroma also oszilliert: LVX/NOX, 1/10, Nuit/Hadit.

Liber AL III;72: meine linke Hand ist leer, ich habe mein Universum zerstört und NOX bleibt übrig: mein rechtes Auge. Das Linke Auge des Horus = Anus, Hadit und

---

168* Wir begegnen der Pistis Sophia in ihrer asketischen Form im FRA-Reader wieder

Hadit, während Harpokrates das Äussere mit dem Inneren vereinigt: ShT. Im Zentrum ist Daath.

Mezla (Prana), der Strom aus dem Garten EDEN (dem Gral), die ungeschiedene Einheit des wogenden, göttlichen Lebens ohne durch die als Sephiroth definierten Bereiche symbolisiert zu werden, ergiesst sich von Kether bis Tipharet als NOXlvx, dessen Name EHIE ist und transformiert sich in Tipharet als LVXnox. Durch den Kopf der Schlange wird Mezla in den hinteren Bereich geleitet, wobei durch den Grenzübertritt die Lichtmenge lvx in noxische Energie transformiert wird und NOX via Daath regieren kann.

AL III;72. Über den Aufstieg von Malkuth via Yesod hin zu Tipharet ist das Universum LVX zermalmt und in NOX übergegangen. In Tipharet findet die Spiegelung statt -- denn oberhalb regiert NOXlvx; die Strahlen von LVX erreichen Kether nur durch den Filter von Daath, worin sich zeigt, dass Daath das noxische Gegenstück zum lvxischen Yesod ist. Dies ist die Lemniskate in der Vertikalen - wobei jede Sephira eine Doppelhelix in der Ebene und eine Doppelhelix im Raum manifestiert. Erreichbar über die zugehörigen Tore Daath und Yesod.

Vergleiche AL III;72 mit der 9 der Stäbe! Der Einsiedler in Atu IX bringt nicht nur Licht, sondern auch Dunkelheit: er ist Lucifer und Noctifer!

"Eine Ejakulation des Göttlichen Phallus im Göttlichen Anus ist in der dunklen Materie scheinbar unfruchtbar, aber ewige Fruchtbarkeit würde Formlosigkeit bedeuten, denn die Dunkelheit gibt dem Licht die Form, und Fruchtbarkeit äussert sich immer in einer Form. Eine Ejakulation in diesem dunklen Bereich des Universums ist nur für die Blinden schwarz, denn die Kraft, die MANN schöpfen kann, wenn man Vaginalsekrete und Sperma (Kaloderma) nach der Ejakulation zu sich nimmt, oder die Kraft, die man gewinnt, wenn man seinen eigenen göttlichen Samensaft an einen erleuchteten Anus verschenkt, ihn tief in die erlösende Hölle stösst, diese beiden Kräfte, das Verschwenden und das Trinken, sind doch beides Formen der Nahrung für den Geist. Und der Geist der Geister ist ein Geist, und Rauch ist Rauch."

Die Quintessenz ist das Ei/Saturn/Ra Hoor Khuit, das die Welt zerstört, um das im Menschen gebundene Pleroma zu erlösen. Der gnostische Erlöser in Thelema ist Aiwaz.

Theodor Reuss und Sex

Occulte Politik

Ed. Ähnlich wie Crowley ist Reuss oft in Prozesse verwickelt. Schon der Start des OTO und der Start der Ordenszeitschrift "Oriflamme" haben mit Gerichtsprozessen begonnen. An der Sitzung der "Grossloge" am 2.9.1902 stellen die Gründer Reuss, Weinholtz, Rahn, Gross, Börner, Augsburg und P.C. Martens (*"Entschuldigt: Leichnitz"*) fest, dass sich "*Engel und Miller weigern, ihre Diplome der Loge zurückzugeben. Von einer Klage wird Abstand genommen. Dagegen sollen die Certifikate in der Oriflamme... für ungültig erklärt werden.*" Walther tritt "*aus dem Illuminatenorden*" aus. Geldmangel zwingt Reuss, von Gross Geld für die Oriflamme zu leihen und er bezahlt die Schulden mit der Vergabe der höchsten Memphis-Misraïm-Grade. Reuss fasst das Darlehen nun aber als Privatdarlehen (und nicht als Darlehen an die Loge) auf und wird deswegen Mitte 1905 vor die Gerichte gezerrt. Man findet heraus, dass Reuss' Unternehmen (Ordensgründung und Ordenszeitschrift) ohne Erlaubnis der "Mutterloge und Tempel «Zum heiligen Gral»" in Berlin als völlige Privatsache des Beklagten, d.i. Reuss, gelaufen ist.[169*] Nicht nur Weinholtz wehrt sich energisch gegen Reuss; an der Seite von Gross: Erich Walter, August Boerner, Hermann Fügner.
Nichtsdestotrotz erhalten Reuss, Hartmann und Klein am 24. Juni 1905 (zwei Wochen nach Kellners Tod) eine Yarker-Charta (Text in "Der Freimaurer," Leipzig 15.7.1905) und einen Vertrag, worin das Souveräne Sanktuarium des Schottischen Memphis und Misraim-Ritus die Mutterorganisation des Gross-FM-Loge von Deutschland wird.

1906 klagt obenerwähnter Martens [der 1924 "Geheime Gesellschaften" publiziert] Reuss an, eine homosexuelle Attacke gegen ihn geführt zu haben. 1908 drückt ein Herr Dotzler Reuss gegenüber sein Bedauern aus, dass gewissen Hatha-Yoga-Lehren eine künstliche Bedeutung zugetragen werde. Howe/Moeller berichten in ihrem unsorgfältig recherchierten und ausufernden Werk "Merlin Peregrinus" (Würzburg 1986), dass auch Dotzler eines homosexuellen Zusammenhangs mit Reuss verdächtigt worden sei. In der Oriflamme 1914 verteidigt sich Reuss, da A.P. Eberhardt in seinem "Winkellogen Deutschlands" [Leipzig 1914] auf diese Ereignisse in München 1903 zurückgreift. Über die Ausgänge der rechtlichen Streitereien ist nichts bekannt. 1926 schreibt die Wiener Freimaurerzeitung in der Nummer 9/10 auf Seite 28, dass Reuss 1906 nach Bekanntwerden obiger Vorfälle aus der Societas Rosicruciana in Anglia entlassen worden sei und beschreibt die Vorkommnisse als "*Betasten der gegenseitigen phalli.*" 1936 berichtet der völkische "Judenkenner" erneut über diese Gerüchte.

Das vorliegende Manuskript ist vom Ende Oktober 1919 datiert und soll hier im OTOA-Reader zeigen, wie zur Gründerzeit des OTO mit Sexualität umgegangen wurde. Die handschriftlichen Ergänzungen Reuss' sind eingefügt. [König]

169* Interessant, dass der Name Carl Kellner überhaupt nie auftaucht

--+--

Bis zum Beginn des Krieges, vielleicht noch länger, gab es in München eine Pension, die viele Jahre hindurch hauptsächlich von jungen Künstlern und Künstlerinnen besucht wurde. Die Besitzer galten als freundliche, harmlose Leute, die gern frohe Jugend um sich sahen. Am Geld schien ihnen nicht besonders viel gelegen zu sein, manche Gäste zahlten wenig, zeitweise gar nicht. Es gab junge Mädchen, die sich für wenig Geld dort sehr gut aufgehoben fühlten. Jeden Abend wurde getanzt, aber wer nicht wollte, brauchte nicht mitzutun. Von Zeit zu Zeit fanden Feste statt, die in ihrer ganzen Aufmachung so gehalten waren, dass, wie ein Augenzeuge erzählte, zum Schluss alles paarweise am Boden lag. Einer sass in der Mitte und sah zu. Manches junge Paar hat in diesem Tempel gegen seinen Willen sein erstes Opfer gebracht.-
Das ging viele Jahre so und war bekannt und anerkannt, dass das Unternehmen völlig gesichert war. Wehe dem, der sich darüber entrüstete! Alle Entrüstung kehrte sich gegen ihn! Wehe, wenn einer von den Vielen, die ahnungslos den von allen Seiten kommenden Aufforderungen gefolgt waren, in der Qual einer unerträglichen Erinnerung, unter dem Zwange einer unbegreiflichen Situation, von dem Erlebten reden wollte! Er fand taube Ohren u. spöttisch-höhnische Feindseligkeit. überall in der Stadt wurde für dieses Haus geworben, in der Universität, den Akademien und Ateliers. Es war ein Stützpunkt für eine namenlose Bande von Okkultisten, die im Grossen Sexualmagie betrieben, sozusagen eine Aktiengesellschaft zur Ausbeutung der psychischen und physischen Kräfte ihrer Mitmenschen. Die eigentlichen Aktionäre blieben im Hintergrund. Sie hatten die Wege zum Erfolg auf jedem Gebiet inne, u. wer damals als Künstler oder Gelehrter geschäftlich oder gesellschaftlich etwas erreichen wollte, musste mit einem Kreise Fühlung suchen, der ausser jener Pension das Haus eines reichen jüdischen Kunstliebhabers als Treffpunkt hatte. Niemand konnte sagen, wer eigentlich die Fäden in der Hand hatte, wer der Herrscher dieses Staates im Staate war, dessen Grenzen keineswegs in München, auch nicht in Deutschland lagen. Über die ganze Kulturwelt erstreckte sich das Netz. Wer brav mittat, dem ging es glänzend.

Viel wäre zu erzählen vom dem Wirken dieser Leute, vor allem Dinge, die ganz anderer Art sind als alles, was sonst in der Welt vorgeht. Man kanndergleichen schwer schildern, weil man sich ganz neue Begriffe aneignen müsste. Viele wurden ganz aus ihrer Bahn geworfen, gerieten in unentwirrbare, unbegreifliche Schwierigkeiten, unerwünschte Beziehungen und Abhängigkeiten. Eine allgemeine Stimmung von Degradation und Herabwürdigung, eine erdrückende Melancholie, eine tiefe Ratlosigkeit lag über den jungen Leuten, während manche eine unangenehme Verwilderung und Verrohung zeigten. Wer gegen den Strom schwimmen wollte, der fühlte sich von Angstzuständen, ja Selbstmordsuggestionen gepeinigt. Was nützte es, nach der Ursache eines plötzlichen Wahnsinnsausbruchs, eines Selbstmordes, oder gar eines Verbrechens zu forschen?

Es mag 15 Jahre oder mehr her sein, da beging ein Mann aus Mühlhausen (?) einen Massenmord, dem viele Personen zum Opfer fielen. Er gab an, dass er sich habe rächen wollen, weil er vor Jahren zu einer Orgie verführt worden war und diese Erinnerung nicht ertragen konnte.-

Mancher sah sich von ungewohnter Feindseligkeit umgeben, stiess auf unbegreifliches Misstrauen, kämpfte vergeblich mit Missverständnissen. Dergleichen konnte sich auch plötzlich ändern und ins Gegenteil umschlagen. Denn man konnte jener Bande auf mancherlei Weise dienen, auch ganz unwissentlich, mit Geld, Einfluss, Stellung, Namen oder durch persönliche Eigenschaften. Es gab auch solche, die mit ihrem guten Herzen dienten.

Besonders auffallend war die Verkehrung des Urteils, der Wertung. Offenbar verstand man sich auf die Beeinflussung der Massenpsyche. Irgend eine Handlung konnte Entrüstung oder Begeisterung hervorrufen oder lächerlich erscheinen, je nach Person und Gelegenheit. Ein schwerwiegendes Ereignis konnte unbemerkt vorübergehen, ein unbedeutender Vorfall einen Sturm entfachen. Weit auseinanderliegende Zufälle erschienen plötzlich wie Perlen einer Schnur in ungeahntem Zusammenhange.
Es war, wie wenn auf irgend eine Weise Aufmerksamkeit nach Belieben konzentriert oder abgelenkt werden könnte. Die an einer Stelle verdeckten Emotionen pflegten woanders wieder aufzutauchen. Der Zorn, der bei einer Gelegenheit aus irgendwelchen Gründen niedergehalten wurde, konnte in einem anderen Falle verwendet werden. Die Bewunderung, die man das eine Mal nicht aufkommen liess, war für eine gewünschte Gelegenheit zur Verfügung.

So ist die Entrüstung, die jetzt gegen OTO und seine Vertreter aufflammt, sozusagen aus München bezogen. Die Dinge, die man OTO vorwirft, waren dort an der Tagesordnung. Und wie wurden sie beurteilt? "Wenns wahr ist, sollte man erst recht nicht darüber sprechen."

Gegen was richtet sich die Entrüstung im Grunde? Keineswegs gegen die sexuelle Handlung. Die heftigsten Gegner des OTO sind die Leute mit sogenannten freien Ansichten, die Cyniker und sorglosen Geniesser. Die gegen OTO gerichtete Wut hat ihren Grund in Wahrheit darin, dass OTO eine andere Stellung zu der Sache hat als die andere Partei. Diese leitet die Massenorgien in einer Weise, dass den Leitern, die über ein grosses, wenig populäres und sorgsam gehütetes Wissen verfügen, Macht, Geld und noch manches andere, für den normalen Menschen Unvorstellbare, für sie aber höchst Wertvolle zufliesst. Sie wissen z.T. mit durchaus geistigen Mitteln, zu verhindern, dass Menschen Einblick gewinnen, die nicht ihres Geistes sind, d.h. welche die erworbenen Kenntnisse und Kräfte nicht zur Ausbeutung verwenden. Das gilt ihnen als Verrat. Auf eine höchst geistreiche Weise wissen sie das Menschenmaterial zu prüfen.

Die Empörung gegen OTO, angeblich wegen Unsittlichkeit, richtet sich in Wahrheit gegen die Tendenz des OTO, die geschlechtliche Vereinigung im natürlich-ursprünglichen Geiste, nämlich als heilige Handlung, als Sakrament zu betrachten. Mit allen Mitteln soll verhindert werden, dass diese Auffassung sich durchsetzt. Denn wenn sie selbst nur von wenigen begriffen und in die Tat umgesetzt wird, erwächst jenen ein unberechenbarer Verlust dadurch. Soviel grösser ist diese im Sinne wahrer Menschlichkeit geübter Kraft. Aus diesem Grunde wird die natürliche Enthaltsamkeit durch kirchliche Bestimmung und philosophische Erklärungen, auch durch weitverbreitete Vorurteile und Suggestionen unterstützt, damit möglichst die schöpferische Kraft des Menschen nur im Sinne des Bösen verwendet werde. Dies geschieht schon immer, wo sie nicht mit Liebe verbunden ist.

Die gewaltige Ausdehnung dieses Prinzips und die systematische Ausnützung erklärt die ungeheure Wirkung. Die erwähnte Pension in München ist nicht das einzige Unternehmen dieser Art. Über die ganze Kulturwelt erstreckt sich das Netz der Wissenden - wer im vorigen Jahrhundert Einblick gewann in das, was sich da unsichtbar und doch vor aller Augen anbahnte, dem musste eine Katastrophe unvermeidlich erscheinen. Was wir an Gründen des Krieges und der Revolution erleben, hat hier seine tiefsten Gründe. Es konnte so kommen, weil alle Mitverschworene waren, ohne es zu ahnen. Jeder trug und trägt (!!) den Verräter, den Judas in sich. Jeder hat etwas in sich, was mit jenen Vampyren der Menschheit gemeinsame Sache machen möchte!

Und jetzt geht es um die Entscheidung: Hammer oder Amboss sein!

oriflamme 1912

ORGANISATION DES ORIENTALISCHEN TEMPLER-ORDENS.

I°	Prüfling	1	Vorhof		Detachiert
II°	Minerval	2	Synode		[Zwischenstufen]
III°	Johannis-(Craft-)Freimaurer	3	Johannis-Frm∴ Logen		Lehrling, Geselle, Meister.
IV°	Schottischer (Andreas-)Maurer	4	Schottisches Kapitel		Schottischer Meister und Obermeister.
V°	Rose Croix-Maurer	5	Rose Croix-Kapitel		Ritter Rose Croix und Prinz Maurer.
VI°	Templer-Rosenkreuzer	6	Mystischer Tempel	a) Magus,	b) Theoretikus.
VII°	Mystischer Templer	7	Grossrat	a) Praktikus,	b) Adeptus
VIII°	Orientalischer Templer	8	Geheimer Areopag	a) Princeps,	b) Illuminat.
IX°	Vollkommener Illuminat	9	Souveränes Senktuarium		
X°	Supr. Rex (O. H. O.)				

Aleister Crowley: IX° Emblems and Mode of Use

Ed. Als weiterer Vergleich zum Thema Sexualität und Beispiel des sprachlichen Umgangs mit ihr, folgt hier die integrale Version der IX°-Gebrauchsanweisung, die Crowley wahrscheinlich als Brief an Jack Parsons entworfen hat. Während Kenneth Grant nicht viel von prüder Geheimhaltung hält, und unter seinen Anhängern diese kleine Schrift ungehindert kursiert,[170*] ist es für die "Caliphat"-Oberhäupter ein Papier höchsten Ranges[171*] und nur sein Besitz allein (und die hohen IX°-Gebühren, die dem "Caliph" zu zahlen sind)[172*] macht den Besitzer zum IX° (was durch die rel. freie Zugänglichkeit der Gebrauchsanweisung irritiert, da beim "Caliphat" ja alle IX° den "Caliph" wählen).
Wie aus den vorherigen OTOA-Texten hervorgegangen sein sollte, unterscheidet sich Crowleys Sexualmagie von derjenigen des OTOA.
Das Thema Sexualmagie wird im geplanten FRA-Reader "Ein Leben für die Rose" nochmals ausführlich zur Sprache kommen.

--+--

Lies "Magick" Kapitel XII, die Interpretation für Eingeweihte in der Fussnote 4 auf dieser Seite ist Quatsch - Staub in die Augen der Profanen. Siehe auch Liber Astarte (CLXXV) Seiten 390-404 für die verborgenen Hinweise, um sich mental auf den notwendigen Zustand vorzubereiten. Aus dem selben Grund: Liber Capricorni Pneumatici (A'Asch CCCLXX) Seite 432-4 und Liber Cheth vel Vellum Abiegni (CLVI) Seiten 430-431. Kurz gesagt: "Entflamme dich selber durch Gebet."[173*] *[d.h. sexuelle Stimulation]*

Emblem 1: Das Ei

Das Ei wird vom weissen Adler *[der Frau]* mit der Zahl 156 gelegt. Sein Vehikel (oder Menstruum) ist das, was in der Alchemie "Gluten"[174*] genannt wird. Es kann von jeder Art passender "Schlange"[175*] befruchtet werden und die Adlerart hängt vom Willen der "Schlange" ab. Das Ausbrüten und die Weiterentwicklung ist dann abhängig von der ursprünglichen Energie, der richtig gewählten Anordnung der dazugehörenden Gegebenheiten usw.

170* "Mezla," I.III,1, Ithaca/NY 1985. Die vorliegende deutsche Version richtet sich nach dem Manuskript im Besitze von Max Schneider (siehe Das OTO-Phänomen) und dem Abdruck in Mezla
171* Phyllis Seckler hat sich verständlicherweise sogar im Gerichtsprozess "McMurtry et alii versus Motta" geweigert, dem Gericht dieses Papier vorzulegen
172* Dem Herausgeber sind die hohen "Caliphat"-Grade nur unter der Auflage in Aussicht gestellt worden, sein gesamtes Archiv dem "Caliphat" zu überlassen und die Studie "Das OTO-Phänomen" im "caliphatischen" Sinne weisszuwaschen (Gespräche mit Andrea Bacuzzi, die im April 1988 eine Woche zu Besuch weilt). William Heidrick versucht vergeblich, den Herausgeber von der Zitierung des Wortes "weisswaschen" abzubringen. "Das OTO-Phänomen" wird vom "Caliphat" nicht vertrieben, da man annimmt, "Mr. König has a definite dislike of the «Caliphate», and this prejudices my opinion of his work as well." Brief von David Poole, 12.8. 1994 (an Manfred Ach und Inge Haack)
173* Es ist typisch Crowley, in seinen Texten auf unzählige andere Texte aus seiner eigenen Hand hinzuweisen. Auf diese Weise sind seine Anhänger genötigt, sich nicht nur den Wust aller Crowley-Schriften anzuschaffen, sondern diese sogar noch zu lesen
174* Gluten des Weissen Adlers: Vaginalsekrete
175* Sperma

Aber du wirst absolut nichts erreichen, wenn du dich nicht vorsiehst und aufs äusserste darauf bedacht bist, das magische Bindeglied[176*] vorschriftsmässig zu formen und zu bewachen. (Siehe auch "Magick" Kapitel XIV, Seiten 106-122 *[der Erstausgabe]*)

Emblem 2: Die Schlange

Die Schlange ist das Prinzip der Unsterblichkeit, der Selbsterneuerung durch Inkarnation, des ewig andauernden Willens; sie wohnt dem "Roten Löwen"[177*] inne, bei dem es sich natürlich um den Operierenden handelt. Die Schlange schwimmt "im Blut des Löwen."[178*] Der Löwe muss die Art der Schlange herausfinden, die als Vehikel für die geplante Art der Operation erforderlich ist. Um einen ewigwährenden Konflikt zwischen dem Teil des Ganzen und dem Ganzen zu verhindern (was mit einem Fehlschlag oder Schlimmerem enden würde), muss es sich hierbei um ein Element eines echten "Wahren Willens" handeln. (Machst du zum Beispiel einen Schadenszauber gegen Smith, so wird sich dieser gegen dich selber richten, denn tiefer als jede Antipathie geht die Bruderschaft im OTO).[179*]
Die ordnungsgemäss gebildete und belebte Schlange wird in Handlungen höchster Konzentration auf das Objekt der Operation angetroffen, die VOR dem Beginn der Operation liegen. Das heisst, dass das innere Bild deines spezifischen Willens auf die real existierende Schlange gerichtet/projiziert wird.
Der natürliche Wille der Schlange ist es natürlich, ihren "Löwen" durch die "Fluten" aufrechtzuerhalten, d.h. die Befruchtung eines passenden "Eies" wird als ursprünglicher Löwe aufgefasst, der durch einen passenden oder ähnlichen Adler angepasst worden ist. Dies wird jedoch durch die Technik der Operation verhindert, da der Wille zu erschaffen und zu verändern nicht ausgelöscht werden kann und soll (Gesetz der Erhaltung von Energie). So werden die physischen Grundlagen der Operation vorbereitet, um das Bild des Willens zu fixieren.

Operationsbedingungen

Sowohl Adler wie Löwe sollten robust und gesund sein, übersprudeln vor Energie, magnetisch voneinander angezogen und in absoluter Harmonie mit dem Objekt, d.h. Ziel der Operation. (Es ist möglich und leider oft nötig, einen Adler zu gebrauchen, der von allem keine Ahnung hat. Ich habe herausgefunden, dass sowas tatsächlich auch funktioniert. Es ist doch oft so, dass sobald der Adler merkt, was ihm bevorsteht, es zu Schwierigkeiten kommt. Es ist schrecklich schwierig, jemanden zu finden, der zu wahrhaft eingeweihter Kooperation willig ist. Der letzte OHO *[Theodor Reuss]* erzählte mir, dass er nur zweimal in seinem Leben völligen Erfolg hatte. Und auch dann war das Ergebnis schlecht und erzeugte eine heftige ablehnende Reaktion bei der benutzten Person. Ich hatte da mehr Glück.)

176* "The Magical Link" im Originaltext. Das Ordensblättchen des "Caliphats" trägt den gleichen Namen
177* Blut des Roten Löwen: Sperma
178* Samen. Weitere alchemistische Begriffe und ihre sexualmagische Bedeutung: Athanor = Phallus; Cucurbit oder Retorte = Vagina; prima materia = Gemisch von Sperma und Vaginalsekreten; Elixier = durch Magie belebte prima materia
179* Crowley macht hier also einen Seitenhieb auf W.T. Smith

Hab keine Angst vor Störungen, halte den Gedankenfluss rein und kraftvoll auf das Ziel gerichtet und dann: dann "Entflamme dich selbst in Anbetung."

Die Operation

Während der *[Geschlechts]*Akt vor sich geht, müssen Geist und Wille andauernd und intensiv auf das Objekt, das Ziel der Operation gerichtet sein. Die körperlichen Phänomene können nur zu leicht die Aufmerksamkeit stören. Es ist von allerhöchster Wichtigkeit, dass im letzten Moment *[dem Orgasmus]* (der auf mehrere Minuten ausgedehnt werden kann), wenn der physische Stress ein "black-out" erzeugt und das Ego sich verflüchtigt,[180*] der Wille trotzdem darauf aus sein muss, "zu erschaffen" und erst dann zum Stillstand kommt, wenn "Das Blut des Roten Löwen mit dem Gluten des Weissen Adlers eins wird" und die Schlange und das Ei völlig miteinander verschmolzen sind. Das Resultat das ganzen Aktes heisst "Stein der Weisen," "Medizin der Metalle" oder aber "Quintessenz."
Um vollkommene Übereinstimmung zwischen dem Löwen und dem Adler zu erzeugen, muss manchmal ein universelles oder spezifisches Mantram angewendet werden (A Ka Dua, oder: Aum Mane Padme Hum). In den "Paris Working"[181*] wurden die Verse speziell Merkur zubestimmt: "Jungiter in vati vates: rex inclyte Hermes tu venius, verba nefanda ferens."
Ein weiterer Punkt ist, dass der Löwe *[sexuell]* stimuliert sein muss, um sich auf den Adler einzulassen, und dabei ist es beinah unmöglich, sich an die Zeremonie zu halten. Sowas würde den Akt unterbrechen, der mit folgenden Worten beginnen sollte: Accendat in nobis, Dominus ignem sui amoris et flammam aeternae caritatis. (Möge der Herr in uns das Feuer seiner Liebe entfachen und die Flamme immerwährender Wonne.) ("Wonne" hat hier eine ganz besondere Bedeutung *[Orgasmus]*, siehe "Magick," Seiten 325-326).
Dies ist das Signal, den Zweck des Aktes zu vergessen. Ab sofort, wenn alles bereit und der Apparatus in der richtigen Stellung ist, beginnen das Mantram und der Wettlauf zwischen kreativem Willen und den körperlichen Empfindungen. Der Erfolg hängt von der Klugheit und der vollkommenen Kontrolle ab.[182*]

Das Elixier

Das perfekt zubereitete Elixier muss nun vom Löwen am besten durch Saugen *[aus der Vagina oder dem After]* eingesammelt und wieder mit dem Adler geteilt werden.[183*]
Es muss von den Schleimhäuten aufgenommen werden.[184*] Eine Portion wird aufbewahrt und in physischem Kontakt mit dem magischen Bindeglied *[z.B. einem Pergament oder Talisman mit den entsprechenden Symbolen drauf]* gehalten. (Z.B. schmierst du für eine Geld-Arbeit das Elixier auf eine Goldmünze oder einen Ring

---

180* Hier offenbart sich Crowleys Auffassung von Esoterik und Okkultismus
181* XI°, siehe "Das OTO-Phänomen"
182* "Liebe" unter der Kontrolle des "Willens": so Reuss' Übersetzung von Crowleys "Liebe unter Willen"
183* "The sacrament should be passend back and forth from mouth to mouth rhythmically and without permitting contact with the circumambient air." Grant, Hecate's Fountain, 175
184* Die IX° können natürlich das Elixier kaum wieder durch den Penis aufnehmen, wie einige Yogis es tun. So behalten sie es unter der Zunge, wo sie es langsam und portionenweise mit dem Partner durch einen Zungenkuss austauschen, während sich beide auf ihr Ziel (z.B. Geld) konzentrieren. Dieser Vorgang soll auch die Chakras öffnen und überirdisches Bewusstsein (trans-abysal consciousness) erzeugen

- für Gesundheit berührst du damit die Erde oder reibst es auf den Patienten. Sei in jedem Fall darauf bedacht, es durch Absorbieren aufzunehmen,[185*] denn es erneuert mit Zins alles, was für diesen Akt verwendet worden ist.)
In jedem Fall musst du dich nach einem solchen Akt erfrischt fühlen, sonst war irgendwo ein Fehler.

oOo

Lies Judges "Samsons Rätsel": "Was ist süsser als Honig und stärker als ein Löwe?" Bienen sind der Adlerschwarm in der Leiche des von Samson erschlagenen Löwen. Dieser Löwe ist unsere Schlange, und Samson ist unser Löwe.
Das richtig zubereitete Elixier ist kräftig, süss und stark. Sieh auch Liber 333, Kapitel 36; Magick, Seite 328; Johannes-Evangelium 4:13-16, 31-32; 6:27 und 48-58; 7:38. Korinther 1,10:1-4, 16-17, Kapitel 11:23-30.[186*] Ebenso "Kleine Aufsätze, die zur Wahrheit führen," Seiten 70-74. Letzteres ist wichtig.
Das Elixier darf niemals als etwas anderes als ein Sakrament gesehen werden, ansonsten schreckliche Dinge via unbeachtetem und unbedachtem Menstruum von dir Besitz ergreifen.

Bereite die Quintessenz bei jeder Gelegenheit.

Das ist die grosse Gefahr. Daher das dauernde Fordern der Magier nach Tugend, d.h. Wahrheit.
Das sei genug. Einiges klingt schwierig, aber arbeite fortwährend daran und du wirst sehen, dass dem Erfolg keine Grenzen gesetzt werden.[187*]

185* Das Elixier kann ausserdem in die Stirnhöhle hinaufgesogen und auf den Anus, den Damm oder auf die Augenbrauen appliziert werden. Zusätzlich lässt sich das aus einem IX°-Akt gewonnene Elixier in den After einführen und dann wieder, zusammen mit "den Analsekreten," nach Belieben verwenden
186* Es ist nicht das erste Mal, dass Crowley christliche Quellen angibt - siehe nächste Fussnote
187* Im FRA-Reader (Ein Leben für die Rose) wird nicht nur die Sexualmagie Heinrich Tränkers und Arnoldo Krumm-Hellers vorgestellt, sondern auch ein integraler von 1912 stammender sexualmagischer Text von Crowley, der, von Reuss bewilligt, ausserordentlich starke Anlehnungen an die christliche Gnosis aufweist

Dokumentarischer Anhang I

Fotos von M.P. Bertiaux in: "Das OTO-Phänomen," (Bildteil). Bertiaux, Jean-Maine und Lully in: "Materialien zum OTO," 316ff.
M.C. Lamparter: "Materialien," 205.

- Erweckung der Kundalini (von Julijan Naskov)
- Die 16 sexuellen Zentren des sexualmagischen Systems des OTOA (von Julijan Naskov)
- Das XI°-System nach Franklin Thomas
- Kabbalah und Memphis-Misraïm von Michael Bertiaux
- Chartas und Ernennungen, z.B. Giuseppe Jerace an den Ordo Saturni 1986 (vgl. "Materialien," 322)

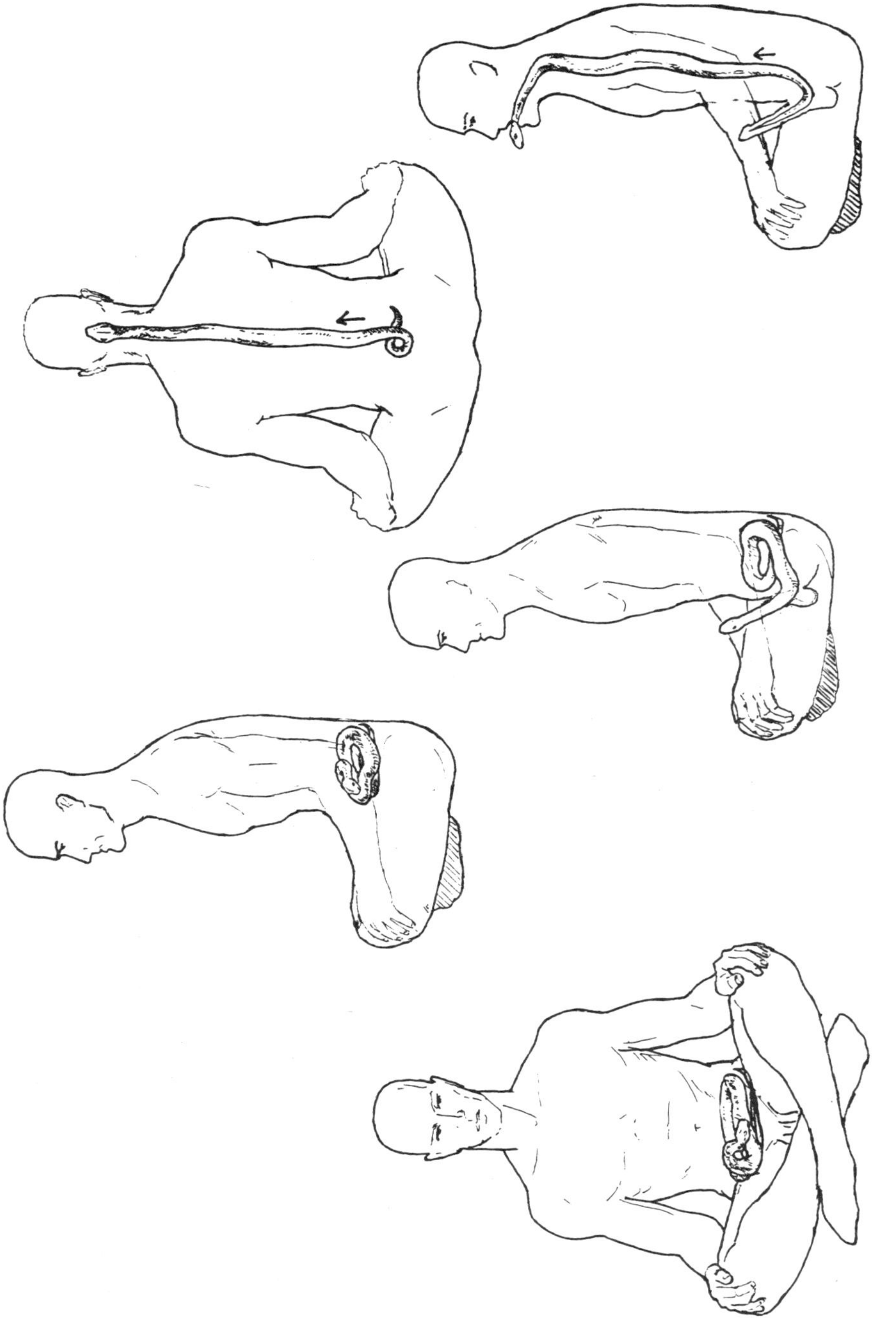

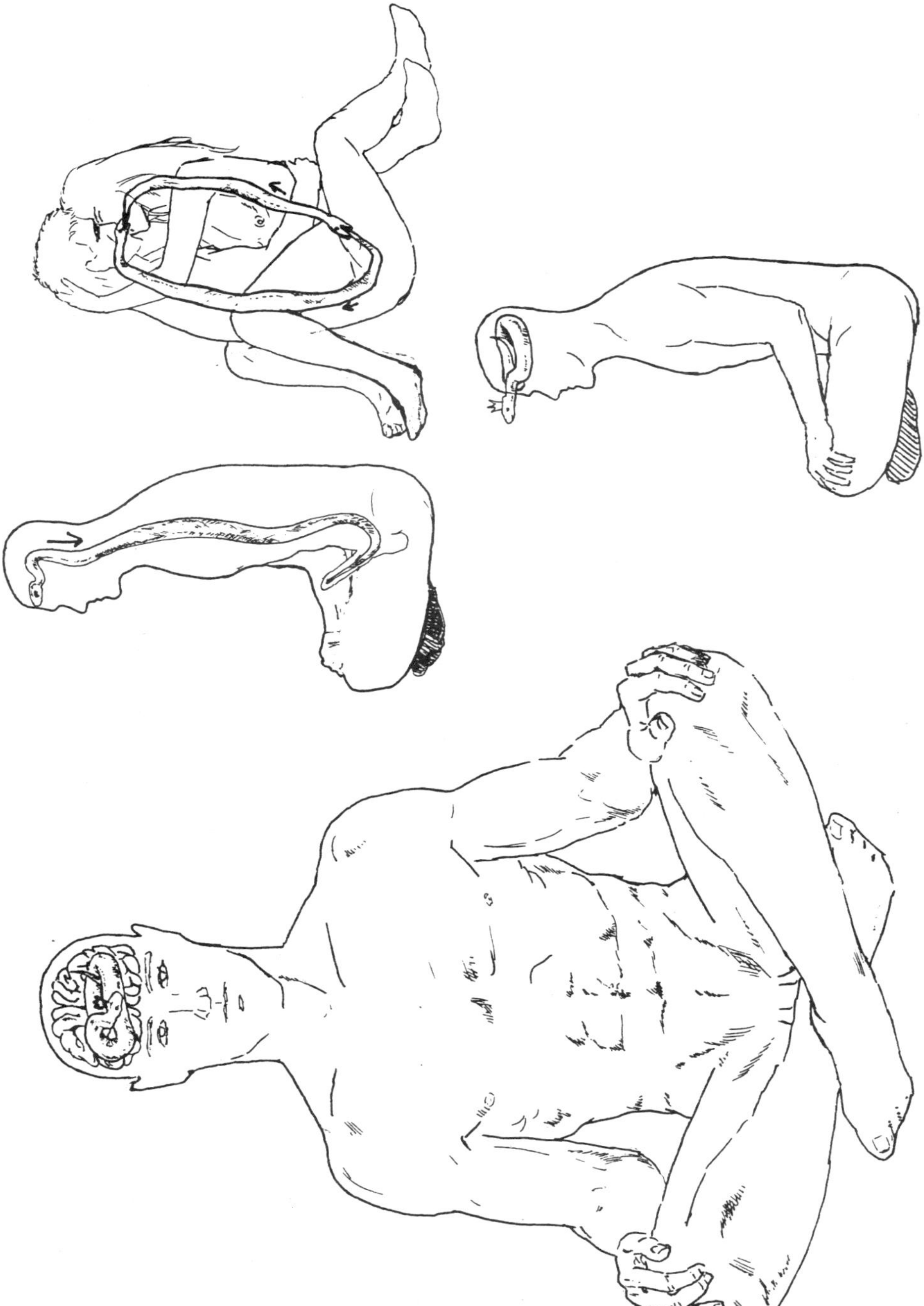

MUŠKI ČAKRAM

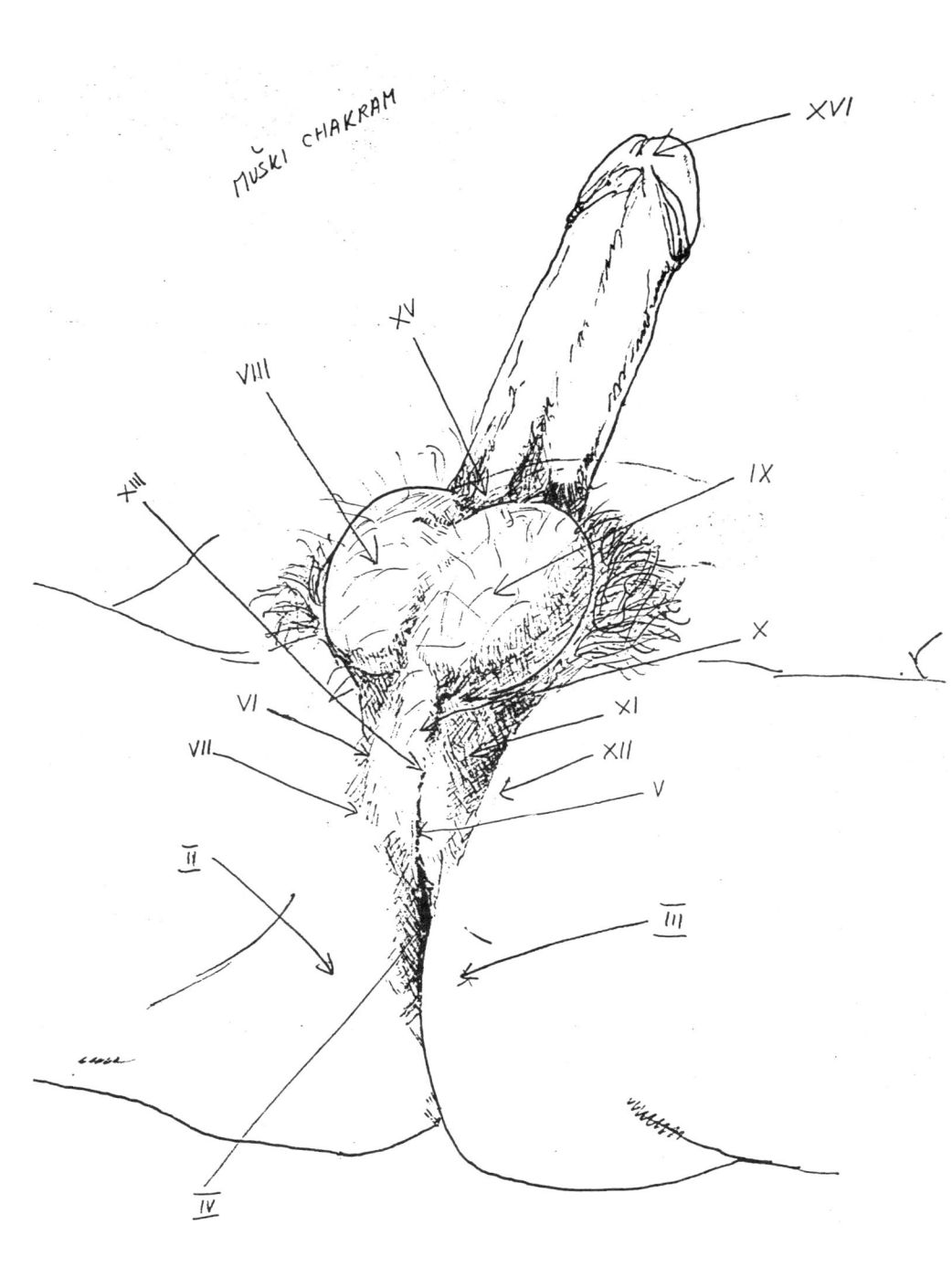

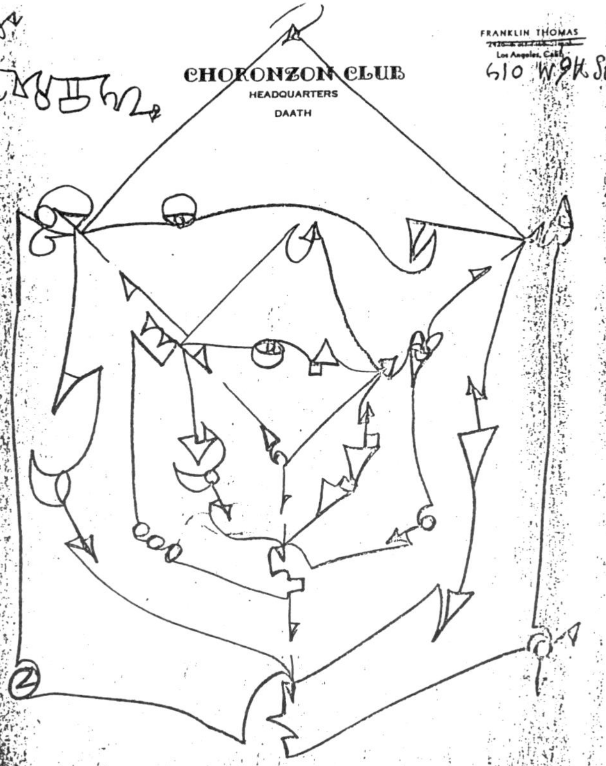

APPENDIX

THE FOUR CABALOSTIC SIRIES.

THE 90th DEGREE OF THE GNOSTIC & ESOTERIC ORDER
OF MISRAIM. CONTAINING ALL OF

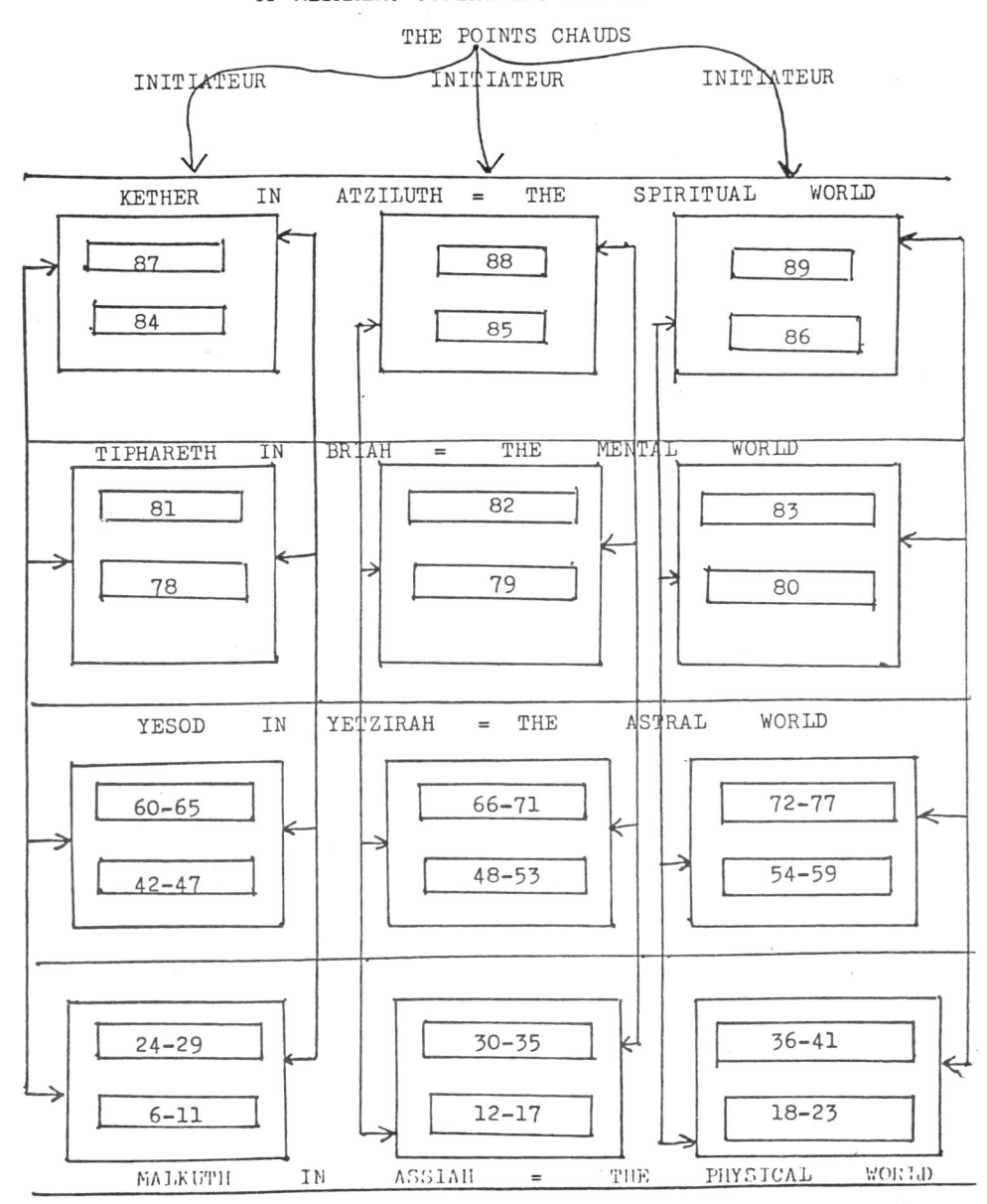

THE POINTS CHAUDS

INITIATEUR   INITIATEUR   INITIATEUR

KETHER IN ATZILUTH = THE SPIRITUAL WORLD

| 87 | 88 | 89 |
| 84 | 85 | 86 |

TIPHARETH IN BRIAH = THE MENTAL WORLD

| 81 | 82 | 83 |
| 78 | 79 | 80 |

YESOD IN YETZIRAH = THE ASTRAL WORLD

| 60-65 | 66-71 | 72-77 |
| 42-47 | 48-53 | 54-59 |

| 24-29 | 30-35 | 36-41 |
| 6-11 | 12-17 | 18-23 |

MALKUTH IN ASSIAH = THE PHYSICAL WORLD

Au nom et sous les Auspices de la Grande Loge du Rite Ancien et Primitif de Memphis-Misraim

RITE ANCIEN ET PRIMITIF DE MEMPHIS-MISRAIM

February 20, 1976

(Seal: LE SUPREME CONSEIL DU RITE ANCIEN ET PRIMITIF DE MEMPHIS — MISRAIM.)

Mr. Manuel C. Lamparter, 33°
Apartado 862,
Sevilla, SPAIN

Dear Brother Manuel, 33°

It is within my authority to appoint you as the official representative of my office as hierophant of THE ANCIENT AND PRIMITIVE RITE OF MEMPHIS-MISRAIM for Northern Spain and Portugal, and to confer upon you by this letter and patent the honorary grade of the 33rd degree, or
    Sovereign Grand Inspector General
       for the Grand Hierophant in Northern
       Spain and All Portugal.
With this authority you will be my representative and you will make monthly reports to me of any and all activities, which relate to our rite in the area of your jurisdiction. These reports should be sent to Chicago by the 10th day of each month, so that the next report should cover the period from February 1 through February 29, and it should be mailed no later than March 10, 1976. These monthly reports at first will be only accounts of your own thoughts and your own work, but later that may be expanded and they will include information on your circle of chelas and programs of Memphis-Misraim work.

We are essentially a theurgical and historical masonic rite, but place more and more emphasis upon theurgy than on masonic ritual work. We are very much interested in magical systems and from time to time you will be sent material giving our rituals and our ritual ideas. There is a tax which must be paid, it is in the place of a membership fee, and it is approximately $10.00 monthly and this includes our newsletter, masonic and theurgical supplies and rituals and other MSS. We use only a simple cloth master - mason apron, for we view all other degrees above that of master mason as magical interpretations of its powers. If you have such an apron, let me know, otherwise I will bless and consecrate one for you and mail this to you upon receipt of your tx payment (tax or monthly fee).

If it is possible for you to visit the USA, you are welcome to come at any time and to receive proper ritualistic initiation and consecration to the appropriate grade.

I am enclosing our newsletter for a three month period, which will give you an insight into our program. Please let me know by return mail if you wish to accept the responsibilities of your office in being my representative.

                Fraternally,

                Michael

                Michael P. Bertiaux, 97°

(Seal: LE GRAND — HIEROPHANTE — CONSERVATEUR ET LE SUPREME CONSEIL DU RITE ANCIEN ET PRIMITIF DE MEMPHIS — MISRAIM.)

Au nom et sous les Auspices de la Grande Loge du Rite Ancien et Primitif de Memphis-Misraim

"Instrumentum"
OFFICIAL
ECCLESIA GNOSTICA

Spring Equinox
NOTICES
SPIRITUALIS

THE APPLIED LATTICES RESEARCH INSTITUTE
RITE ANCIEN ET PRIMITIF DE MEMPHIS-MISRAIM

On November 11, 1977, Father Willie E. Jordan, Jr., Richmond, Virginia, was ordained to the priesthood as Vicar of Richmond, U.S.A. Father Jordan is a member of the Lodge "Faiseurs-des-Zombi", La Couleuvre Noire, and a member of the Lodge "Famille Ghuedhe", Franco-Haitian O. T. O., Chicago, U.S.A.

On the occasion of the Winter Solstice, 1977, Father Robert Guy Metro was consecrated to the episcopate as Bishop in Northern California. Msgr. Metro is a regular contributor to "Instrumentum" and a member of the Lodge "Faiseurs-des-Zombi", La Couleuvre Noire, Chicago, U.S.A.

On the occasion of the Winter Solstice, 1977, Father Bill Jack Set, Santa Barbara, California, was ordained to the priesthood as Curate of Santa Barbar U.S.A. Father Bill Jack Set is a member of the Lodge "FAMILLE GHUEDHE", Franco-Haitian O. T. O., Chicago, U.S.A.

Msgr. Michael M. Rosen is now the Archbishop of Arizona and Metropolitan of The South-West States, U.S.A. Province of The Ecclesia Gnostica Spiritualis. Msgr. Rosen is a regular contributor to "Instrumentum", and a member of the Lodge "Faiseurs-des-Zombi", La Couleuvre Noire, Chicago, U.S.A.

Msgr. Marc Lully is now the Patriarch of the North American Jurisdiction of The Ecclesia Gnostica Spiritualisas well as continuing as Archbishop of Psychiana, Moscow, Idaho, U.S.A. Msgr. Lully is a regular contributor to "Instrumentum".

The following appointments to the episcopate are announced:

Mark Andrew Worcester to become Bishop of the Ecclesia Ophitica Anglicana Catholica (The Anglo-Catholic Naasenian Gnostic Church of Ultra-Qlipphotology Mr. Worcester is research and corresponding Secretary of the International Choronzon Club and editor of ABYSS magazine.

Zivorad Mihajlovic Slavinski to become Bishop of the Ecclesia Ophitica Glagolitica Gnostica, Belgrade, Yugoslavia. Mr. Slavinski is a writer of books on the occult in the Serbo-Croatian language.

Father Willie E. Jordan, Jr., Richmond, Virginia, U.S.A. to become Bishop in Virginia, U.S.A.

Michael P. Bertiaux, 97/336

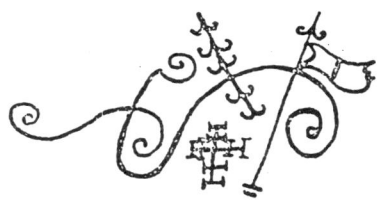

Au nom et sous les Auspices de la Grande Loge du Rite Ancien et Primitif de Memphis-Misraim

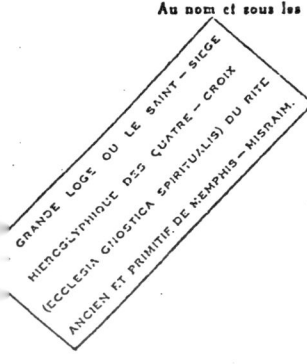

RITE ANCIEN ET PRIMITIF DE MEMPHIS-MISRAIM

Ecclesia Gnostica Spiritualis de la succession apostolique de l'eglise d'Antioche aux eveques - alchemistes vielle - catholiques, et d'une succession theurgique de l'eglise orthodoxe russe du patriarcat catholique de l'eglise de Kharbin, Mandchourie de Ticon Belyavin et Serge Stragorodsky.

Au Nom de l' ETERNAL, DIEU Tout - Puissant, Existent en SOI. A M E N.

Michel Bertiaux (Tau Ogdoade - Orfeo IV) Dei gratia patriarche de l' eglise russo - gnostique du Saint - Siege hieroglyphique des quatre croix, Ecclesia Gnostica Spiritualis du rite ancien et primitif de Memphis - Misraim, a tous ceux qui ces presentes liront:

Lumiere et paix et sagesse et salut au nom du CHRISTOS SOTER et au sein du Divin Pleroma. A M E N.

Nous faisons savoir a tous que notre bien cher frere Monseigneur Robert Guy METRO, ne 18 Mai, 1951, sacre au sous - diaconat, diaconat, et a la pretrise dans notre sainte eglise gnostique, et sacre a l' episcopat dans notre sainte eglise et venerable rite russo - gnostique par Monseigneur Michel Bertiaux, intra Missarum solemnia, est par nous reconnu et designe comme eveque de l' eglise gnostico - russe de Mandchourie -- Ecclesia Gnostica Spiritualis -- pour la jurisdiction libre des pays d' Amerique du Nord.

Nous implorons le Divin PNEUMA HAGION de lui benir et lui assister en cet office selon Sa Misericorde, et de repandre sur lui ses lumieres comme Il fut jadis pour les douze apotres.

Au Chicago, Illinois, au saint - siege hieroglyphique des quatre - croix -- Ecclesia Gnostica Spiritualis -- du rite ancien et primitif de Memphis - Misraim, 2 Janvier, avec le soleil en le Capricorne et la lune en la Balance et l' an du Grand - Seigneur le mil - neuf - cent - soixante dix - huit.

le Patriarche

Instrumentum, Winter Solstice, 1978   O.T.O.A.
Official Notices:

1. In order to activate the degree structure of the O. T. O. A. along the lines of thelemic magic, including initiation from grades I^O through IX°, XI°, I have authorised the President of the Sovereign Sanctuary of the XI° O. T. O. A. to admit
   Albert - Joseph Gregoire, IX°, XI°
   C. C. - Emeraude Gregoire, IX°, XI°
to the Sovereign Sanctuary of the O. T. O. A. as thelemic free - initiators for the grades I^O through IX°, and XI°.

2. In order to activate the magical administration of the thelemic degree structure of the O. T. O. A., I am appointing
   Ken Ward, X^O
Sovereign Grand Master of the O. T. O. A., for purposes of magical administration of the order in the U.S.A. and CANADA.

3. The purpose of the magical activation of the degree structure of the O.T.O.A. is to allow for more interchange between members and to encourage magical research. Those wishing initiation should make their request to the Sovereign Grand Master.

4. For research purposes, in order to make it possible for the O.T.O.A. to be activated for purposes of initiation along klipphotic lines, I have at this time authorised the President of the Sanctuary of the XII°, O.T.O.A. to enter into union with the magical order of the O.'.O.'.O.'. and its leader
   Mark Andrew Worcester
   47, Chiltern View
   Letchworth, Herts. SG6 3RJ
   ENGLAND
for purposes of archaeometry and time-travel research, ontology, meontology, and phenomenological depth psychology. The magical order of the O.'.O.'.O.'. is in fraternal union with the English sections of The Choronzon Club and La Couleuvre Noire.

5. As of the date of this notice, I am appointing
   Albert - Joseph Gregoire, 95°, IX°, X^O, XI°
President of The Supreme Council of the XI°, O.T.O.A. and Secretary of the Supreme Council of The Ancient & Primitive Rite of Memphis-Misraim.

6. The following magical orders and societies have been received into fraternal union with La Couleuvre Noire:

Corrente 93   Ecclesia Gnostica Alba
Nevio Viola   c/o Zivorad Mihajlovic
Via Maiolica No. 8,   Ana Frank 3
Trieste 34129, ITALY   11060 Belgrade, YUGOSLAVIA

7. In order to make it possible for the O.T.O.A. to be activated for purposes of magical research along thelemic lines, I am appointing
   Michael - Dennis Brunnelle, X^O, XI°, XII°
Secretary of the Supreme Council of the XII°, O.T.O.A. Those wishing to communicate with Mr. Brunnelle (Frater Abraxos, XII°) may write to him at
   Michael Brunnelle
   P. O. Box 1000,
   Marion, Illinois 62959

8. To encourage greater thelemic creativity, both in the areas of research and initiation, the following addresses are provided:

Albert J. Gregoire   Fernando Chan
636 Easton Avenue   1389 Quezon Blvd. Ext.
San Bruno, California 94066   Quezon City, Philippines 3008

24 Novembre, 1978

Michael Bertiaux, XVI°, O.T.O.A.

Au nom et sous les Auspices de la Grande Loge du Rite Ancien et Primitif de Memphis-Misraim

SS du 95°

RITE ANCIEN ET PRIMITIF DE MEMPHIS-MISRAIM

Ecclesia Gnostica Spiritualis de la Successions apostolique de l'eglise d'Antioche aux eveques - alchemistes vielle - catholiques et de l'eglise gnostique et esoterique d'Egypte et de Belgique et de la Succession gnostique de la Rose+Croix belgo-hermetique, et d'une succession magio-theurgique de l'eglise orthodoxe russe du patriarcat catholique de l'eglise de Kharbin, Mandchourie de Ticon Belyavin et Serge Stragorodsky.

naasseni theou sophia ekklesia lucifer

gnozis

Au Nom de l'Eternal, Dieu Tout - Puissant, Existent en Soi. A. M. E. N.

Michel - Paul - Pierre BERTIAUX DE BOUDON (Tau Ogdoade - Orfeo IV) Dei gratia Hierophante - Patriarche de l'eglise gnostique d'Egypte du Saint - Siege hieroglyphique des quatre + croix, Ecclesia Gnostica Spiritualis du rite ancien et primitif de Memphis - Misraim (du 97° = 336+), a tous ceux qui ces presentes liront:
LUMIERE ET PAIX ET SAGESSE ET SALUT AU NOM DU CHRISTOS SOTER ET AU SEIN DU DIVIN PLEROME. A. M. E. N.
Nous faisons savoir a tous que notre bien cher frere Monseigneur Albert - Joseph GREGOIRE (Tau Eon - Philocrate - Orphee IV), ne 1 Juin, 1954, sacre au sous - diaconat, diaconat, pretrise, et a l'episcopat dans notre saint eglise russo - gnostique de Mandchourie, et sacre a l'episcopat et au patriarcat dans notre sainte eglise et venerable rite gnostique par Monseigneur Michel - Paul - Pierre BERTIAUX DE BOUDON, intra Missarum solemnia est par nous reconnu et designe comme +Tau Ogdoade - Orfeo VIII+ un grand - pretre et Patriarche + Grand Conservateur de l'eglise gnostique apostolique et catholique + + + ECCLESIA GNOSTICA SPIRITUALIS + + + pour la juris - diction libre et mondiale et universelle du rite ancien et primitif de Memphis + Misraim (du 95° = 330+).+.
Nous implorons le Divin Pneuma Hagion de lui benir et lui assister en cet office et cet ordre du pontificat selon Sa Misericorde, et de repandre sur lui ses lumieres comme Il fut jadis pour les douze apotres.
Au Chicago, Illinois, au saint - siege hieroglyphique des quatre + croix, ++++ -- Ecclesia Gnostica Spiritualis -- du rite ancien et primitif de Memphis + Misraim (du 97° = 336+), 29 Octobre, avec le soleil en le Scorpio et la lune en la Balance et l'an du Grand - Seigneur le mil - neuf - cent - soixante dix - huit.

l'Hierophante / Patriarche

Hector - Francois Jean - Maine
++++ le Grand - Hierophante ++++   97   336+   24 Novembre, 1978

Au nom et sous les Auspices de la Grande Loge du Rite Ancien et Primitif de Memphis-Misraim

RITE ANCIEN ET PRIMITIF DE MEMPHIS-MISRAIM

O R D O   T E M P L I   O R I E N T I S   A N T I Q U A

g n a s s e n i   t h e o u   s o p h i a   e k k l e s i a   l u c i f e r

g n o z i s

This document, which is issued by the authority of the sovereign sanctuary of The Ancient and Primitive Rite of Memphis-Misraim, has as its purpose to certify that the lady

SOROR AIACA (35 = 8),

known in the world as C. C. -EMERAUDE GREGOIRE, having received a mystery of the gnozis -- which is known as numbered as the IX° ⟩+0∴T∴O∴A∴)+(according to the antient rite of AEGYPTIAN INITIATION and concealed within the mysteries of ISIS and OSIRIS --

has been initiated into a mystery of the gnozis, known as numbered as the XI° ⟩+0∴T∴O∴A∴)+(, which is a true gnozis of the ANTIENT AEGYPTIAN RITE and concealed within the mysteries of MA'AT and NUIT --

and this adept has thus entered THE SOVEREIGN SANCTUARIES OF THE GNOZIS both of the mysteries of the IX° as well as of the XI° of the O∴T∴O∴A∴, as an order and system of magical degrees and grades, and thus

SOROR AIACA (35 = 8), IX°, XI°

possesses the full authority of these mysteries in their esoteric manifestation and initiatic gnozis.

This document is given this day in the temple of the mysteries of AEGYPTIAN INITIATION, at the time of THE NEW MOON OF SCORPIO, with the SUN and the MOON both being IN THE SIGN OF THE DRAGON OF THE MEON (65 = 9) and in the popular year 1978, which is the year MXCIVCXXVIII (in the esoteric chronology) of the GNOZIS OF THE DARKNESS OF EGYPT.

Initiator, VIII°, IX°, X°, XI° O∴T∴O∴A∴
Conservator of the mysteries of Ma'at and Nuit.
FRATER PHALLUS (117 = 9)

Attest, IX°, X°, XI°, XII° O∴T∴O∴A∴
President of the Supreme Council of the XI° O∴T∴O∴A∴
FRATER VULKANUS (153 = 9)

LE SUPREME CONSEIL ET LA PUISSANCE SUPREME DES SOUVERAINS GRANDS MAITRES ABSOLUS DES QUATRE SERIES CANALIOTIQUES DE L'ORDRE GNOSTIQUE ESOTERIQUE DE MISRAIM OU L'EGYPTE DU RITE ANCIEN ET PRIMITIF DE MEMPHIS -- MIS'

LE SANCTUAIRE SOUVERAIN DU RITE ANCIEN ET PRIMITIF DE MEMPHIS — MISRAIM.

Au nom et sous les Auspices de la Grande Loge du Rite Ancien et Primitif de Memphis-Misraim

RITE ANCIEN ET PRIMITIF DE MEMPHIS-MISRAIM

ORDO TEMPLI ORIENTIS ANTIQUA

naasseni theou sophia ekklesia lucifero gnozis

This document, which is issued by the authority of the Sovereign Sanctuary of The Ancient and Primitive Rite of Memphis-Misraim, has as its purpose to certify that the lord
FRATER GEMINI (81 = 9),
known in the world as ALBERT-JOSEPH GREGOIRE, having received a mystery of the gnozis -- which is known as numbered as the IX° (O.'.T.'.O.'.A.'.) according to the antient rite of AEGYPTIAN INITIATION and concealed within the mysteries of ISIS and OSIRIS --
has been initiated into a mystery of the gnozis, known as numbered as the XI° (O.'.T.'.O.'.A.'.), which is a true gnozis of the ANTIENT AEGYPTIAN RITE and concealed within the mysteries of HORUS and SET --
and this adept has thus entered THE SOVEREIGN SANCTUARIES OF THE GNOZIS both of the mysteries of the IX° as well as of the XI° of the O.'.T.'.O.'.A.'., as an order and system of magical degrees and grades, and thus
FRATER GEMINI (81 = 9), IX°, XI°
possesses the full authority of these mysteries in their esoteric manifestations and initiatic gnozis.

This document is given this day in the temple of the mysteries of Aegyptian Initiation, at the time of the NEW MOON OF SCORPIO, with the Sun and the Moon both being in the Sign of The Dragon of The Meon (63 = 9) and in the popular year 1978, WHICH IS THE YEAR MXCIVCXXVIII (in the esoteric chronology) OF THE GNOZIS OF THE DARKNESS OF EGYPT.

Michael P. Bertiaux
Initiator, IX°, X^{O}, XI°, XII° O.'.T.'.O.'.A.'.
Conservator of the mysteries of Horus and Set.
FRATER SHUB NIGGURATH (207 = 9)

Septen Clark
Attest, VIII°, IX°, X^{O}, XI° O.'.T.'.O.'.A.'.
President of the sovereign sanctuary of the XI° O.'.T.'.O.'.A.'.
FRATER SATURN (117 = 9)

LE SUPREME CONSEIL ET LA PUISSANCE SUPREME DES SOUVERAINS GRANDS MAITRES ABSOLUS DES QUATRE SERIES CABALISTIQUES DE L'ORDRE GNOSTIQUE ESOTERIQUE DE MISRAIM OU D'EGYPTE DU RITE ANCIEN ET PRIMITIF DE MEMPHIS - MISRAIM.

LE SANCTUAIRE SOUVERAIN
DU RITE ANCIEN ET
PRIMITIF DE
MEMPHIS — MISRAIM.

CHORONZON CLUB

HEADQUARTERS
DAATH

Instrumentum
Summer Solstice, 1979
Official Notice:

On page 3 of INSTRUMENTUM, Volume II, No. iv, point 7: "In order to make it possible for the O.T.O.A. to be activated for purposes of magical research along thelemic lines, I am appointing Michael - Dennis Brunnelle, X°, XI°, XII°, Secretary of The Supreme Council of the XII°, O.T.O.A."

NOTICE IS GIVEN that this appointment is cancelled immediately and that Mr. Brunnelle is deprived of all of his grades and degrees and rights in the O.T.O.A.

On March 14, 1979, an official satanic charter of gnostic recognition was issued to the order B.B.B. ::: Lustdaemonian Peacock Society and Mr. M. D. Brunnelle's self-appointment as grand master was sanctioned by us.

NOTICE IS GIVEN that this charter of recognition is withdrawn and the B.B.B. ::: Lustdaemonian Peacock Society is dissolved, Mr. Brunnelle being thereby deprived of his office and rank as self-proclaimed grand master.

NOTICE IS GIVEN furthermore that Mr. Brunnelle is deprived of any and all rights, grades, powers, degrees, and authority (which he had assumed or was allowed to assume or given, without initiation) in the Franco-Haitian O.T.O., and in the Ancient and Primitive Rite of Memphis-Misraim, and in all orders, societies, groups, temples, lodges, groups, etc., in any way under the authority of Michael Bertiaux or those in his direct line of initiation, being either those coming before him or after him, and Mr. Brunnelle is further interdicted, forbidden to publish or proclaim, to write, draw, paint, sculpt, or operate magically in any school of consciousness in which our will is supreme, or in any order allied to our throne of light, or to the throne of darkness which we equally occupy, from time to time, or to any order not so allied or not so subject, existing now or formerly or to be, anywhere.

NOTICE IS GIVEN finally that he, Michael D. Brunnelle is excommunicated and expelled from the body of the gnosis and cast out from among the daughters and sons of light as are all who shall concert with him at any time, hereafter.

This day, June 8, 1979

Michael P. Bertiaux, XVI = 633

Mark A. Worcester, 97 = 533

Dorothy Olsen (Soror Devaryashaktiananda)

Vittoria Courteland, IX° O.T.O.

Au nom et sous les Auspices de la Grande Loge du Rite Ancien et Primitif de Memphis-Misraim

RITE ANCIEN ET PRIMITIF DE MEMPHIS-MISRAIM

For INSTRUMENTUM, Summer Solstice, 1979

Notice is hereby given of the consecration of the bishops of the English Gnostic Church and the union of all known gnostic lines of apostolic and catholic succession and tradition.

During the celebration of the Mass, on 16 June, 1979, Msgr. F. E. G. Barber, acting with the consent of the Regionary Bishop of the Ecclesia Gnostica, exchanged consecrations and ordinations, sub conditione, with Msgr. M. P. F. Bertiaux, thus creating the unified English, French, Franco-Haitian, and American gnostic line of succession of validly consecrated bishops.

Immediately following this sacramental action, Msgr. Barber and Msgr. Bertiaux consecrated Father Mark Andrew Worcester as Archbishop of the English Gnostic Church (Ecclesia Gnostica Anglicana). Next, Msgr. Worcester, assisted by Msgr. Bertiaux and Msgr. Barber consecrated Father Peter Anthony Kett as Suffragan Bishop of the English Gnostic Church.

The apostolic successions represented in the lineage of the English Gnostic Church include the following: Liberal Catholic (Wedgwood, Leadbeater, Hampton), Old Catholic, Byzantine, Coptic, Ethiopic Orthodox, Syro-Antiochene, Syro-Malabar, Syro-Gallican, Chaldean, Mariavite, Roman Catholic, Gnostic Catholic, Gnostic Albigensian, Gnostic Vintrasian, Gnostic Spiritist, Voudoo Esoteric, Voudoo Catholic, Armenian, American Orthodox, Russian Orthodox, Alexandrian Orthodox, Zothyrian, Kammamorian, American Catholic, Ultrajectine, Martinist, Memphis-Misraim, Cabalistic Gnostic, Monastery of the Seven Rays, Egyptian, Sumerian, Shinto, Liberal Buddhist, Taoist, Lemurian, Shamanistic, Hermetic, Rosicrucian, Alchemistico-Byzantine, as well as several other traditions and theurgical lineages.

Plans are now in progress for the creation of the International Synod of Gnostic Bishops. Those who are interested in participation in this programme are encouraged to write to the President of the Synod, Msgr. Bertiaux, or to the General Secretary, Msgr. Worcester, at the addresses below:

Msgr. Michael Bertiaux,
P. O. Box 1554
Chicago, Illinois 60690
USA

Msgr. Mark Worcester
47, Chiltern View
Letchworth, Herts.
SG6 - 3RJ
ENGLAND

NECRONOMICON studies will continue in the next issue of INSTRUMENTUM.

Michael Bertiaux will celebrate the 16th anniversary of his consecration to the episcopate on August 15, 1979. Msgr. Bertiaux was consecrated in 1963, at Leogane, HAITI on the Feast of the Assumption of the Queen of Heaven.

812-14th st. E.,
Saskatoon, Saskatchewan
Canada S7N 0P8
Nov. 6th, 1981 e.v.

Dear Fra. Tau Baphomet,
   Do what thou wilt shall be the whole of the Law.

Greetings! How are you my friend? Well, I hope. The purpose of this letter is to inform you of some important changes that will be made in the O.T.O.A. as of Jan 1st, 1982 e.v.
   After discussing the matter with Michael Bertiaux I have decided that I will take a year long magickal retirement beginning Jan 1st, 1982 e.v. during which I will cease all communications. This is necessary for my work and for my magickal progress. However, it is important that "I" does not die and that the O.T.O.A continues to flourish. Therefore, Michael Bertiaux has appointed me Sovereign Grand Master Absolute, leaving the S.G.M. ~~warrant~~ position vacant which is my responsibility to fill. Of all the O.T.O.A members, you are the most dedicated and sincere, therefore <u>I am appointing you the S.G.M. of the O.T.O.A as of Jan. 1st, 1982 e.v.</u> This will be announced in "I" Vol. V No. IV in December. You will have full responsibility for the leadership of the O.T.O.A and for the publication and distribution of "I".
   I will send you all of the necessary papers and materials after Vol. V No IV comes out.
   I hope this does not place a burden on you, but I do feel you are the best choice for this position. I know that you will carry on

the O.T.O.A and "I" in the spirit that I developed it. However, you will be in charge and can change or mold it however you will, as long as you retain the Thelemic viewpoint combined with the wisdom of Michael's teachings. I have faith that you will.

Remember that after my year of magickal retirement I will resume communication but my position as S.G.M.A. will only be an advisory one, ~~you~~ i.e you will still be S.G.M.

Best wishes. I look forward to hearing from you before the end of the year. (i.e. before Jan 1st, 1982 av.)

Yours fraternally,

Love is the law, love under will.

Ken

Fra. O.v.N.
S.G.M

Au Nom et sous les Auspices de la Grande Loge du Rite Ancien et Primitif de Memphis · Misraim

RITO ANTICO E PRIMITIVO DI MEMPHIS E MISRAIM

Santuari Segreti di Tutti i Riti Eglziani, del Rito Scozzese Antico ed Accettato, dell'Ordine del Tempio d'Oriente, della Societas Rosicruciana Antiqua, dell'Ordine degli Illuminati e dell'Ekklesia Gnostica Spiritualis.

- SALUTE IN TUTTI I PUNTI DEL TRIANGOLO -
Rispetto all'Ordine

— IL SOVRANO SANTUARIO DELL' ORDINE —

Prot. N. I6/GA
del II Maggio I982 e.v.

data nella valle del/la Rosandra
ZENITH DI Trieste

Il II Maggio I982 e.v. · LXX Novum
Sol in Tauro – In die Marti

— A∴G∴D∴ Subl∴A∴ dei Mondi —
— G∴A∴O∴D∴ AEMETH —

— **Fà ciò che vuoi, questa sarà tutta la Legge.** —

NAASSENI THEOU SOPHIA EKKLESIA LUCIFERO GNOZIS!

Si notifica ufficialmente che il Signor MANUEL C. LAMPARTER da Siviglia
è ora elevato da Nevio VIOLA, XVI°, Gran Maestro dell' ORDINE DEL TEMPIO D'ORIEN
per l'ITALIA, le Due Sicilie, Il Regno di Corsica e Sardegna ed i Cantoni Svizze
di Lingua Italiana, 33°- Sovrano Gran Ispettore Generale di tutti i Riti Scozze
90°- Sovrano Gran Maestro Assoluto dell'Ordine Egizio di Misraim, 97°- Grande H
rofante dell'Ordine Egiziano di MEMPHIS, del Sovrano Santuario Italico dell'EKK
SIA GNOSTICA SPIRITUALIS ovvero dell' Ecclesia Gnostica Catholica Latina, Memb
del Consiglio Supremo Mondiale del Rito Antico e Primitivo di MEMPHIS e MISRAIM,
al Grado IX° di MAESTRO E GIUDICE DEL TEMPIO, Illuminatus Perfectus dell' Ordin
del Tempio d'Oriente per l'Italia ed è nominato Legato Generale per la
Spagna e territori compresi dell'O.T.O.I. della F.R&C.A. e Nunzio AP.
dell' ECCLESIA GNOSTICA CATHOLICA LATINA.

con il nome iniziatico di
Frater TAU BAPHOMET PRISCILLIANUS I°, IX° O.T.O.I.
e sotto l'autorità del Sovrano Gran Maestro e dei suoi rappresentanti in seno al
Sovrano Santuario Italico dell'Ordine e dei Riti, nonchè del Sinodo dell'E.G.C.I

NAASSENI THEOU SOPHIA EKKLESIA LUCIFERO GNOZIS!

— Amore è la Legge, Amore sottomesso alla Volontà. —

Nevio Viola, 33°, 90°, 97°, XVI°, X° OTOI
Frater SOLOMON-PHALLOS-NAAOS-LUCIFER I°
Il Sovrano Santuario della S. Gnosi.

Prot. 350/S

-Corrente 93 - SOCIETA' PANSOPHICA PER LA NUOVA ERA - Sezione Italiana-

Trieste, II Maggio 1982 e.v.
- NOTIFICAZIONE UFFICIALE
DI AFFILIAZIONE -

Egr.Signor
MANUEL C. LAMPARTER
Apartado 862
Sevilla, Spain

e per le registrazioni d'Uff.

al Presidente Nazionale di "C. 93"
AURELIO PALMIERI
Via Cusmano 34
89044 LOCRI (RC).

Fà ciò che vuoi sarà tutta la Legge

Si notifica ufficialmente che l' ORDO TEMPLI ORIENTIS ANTIQUA di Spagna, per tramite del suo Gran Maestro: Signor MANUEL C. LAMPARTER di Siviglia, è ufficialmente riconosciuto quale Sezione Spagnola Indipendente della Società Pansophica per la Nuova Era "CORRENTE 93":

Si trasmettono pertanto gli atti alla presidenza nazionale per la ratifica e la registrazione.

Deliberato quest'oggi dal Presidente
Onorario di "Corrente 93" II/5/82 e.v.

Nevio A.G. Viola

Amore è la Legge, Amore sottomesso alla Volontà

O∴T∴O∴A∴

CHARTER OF FRIENDLINESS AND FRATERNAL COOPERATION

Do what thou wilt shall be the whole of the Law.

It is to announce that since this day, the Ordo Templi Orientis Antiqua has established friendly and brotherly relations with the CORRENTE 93, the Pansophic Society for the New Age, of Italy. All the degrees are recognized on the ground of reciprocity and the Officers of the CORRENTE 93 will be entitled to all honours corresponding to their dignity.

We recognise to Mr. Nevio Viola, Frater SOLOMON-PHALLOS-NAAOS-LUCIFER IX°, X°, XVI°, Grand Master of the Ordo Templi Orientis Italiae, 33°, 90°, 97° of the A.P.R.M.M. as the representative of the O.T.O.A. in Italy, the two Sicilies, the kingdom of Corsica and Sardinia and the Italian Canton in Switzerland.

Drawn up by the Sovereign Grand Master of the Ordo Templi Orientis Antiqua at June 7, 1982 e.v. with the ☉ in ♊, ☽ in ♌, Anno Heru LXXVIII.

Love is the law, love under will

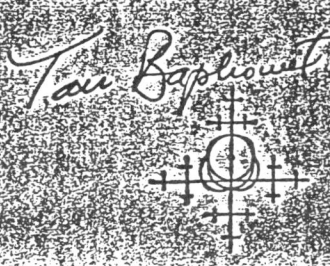

Tau Baphomet X°

Ordo Templi Orientis
Ordine degli Illuminati

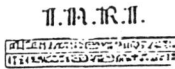

T.M.R.I.   M.O.F.F.

Trieste, 28-II-1983 e.v.
LXXIX N. Ae. O in ✡

C∴C∴V∴S∴T∴L∴L∴
E∴L∴L∴A∴S∴L∴V∴

✳ LUX LUCET ✳ LUX DOCET ✳

In data odierna il S∴G∴M∴ dell'O.T.O.A. Manuel C. Lamparter da Siviglia è ammesso quale G∴M∴ onorario "ad vitam" nel Supremo Consiglio Reale dell'Ordine degli Illuminati d'Italia, a maggior gloria del M∴V∴O∴ e per il bene dell'Umana Stirpe.

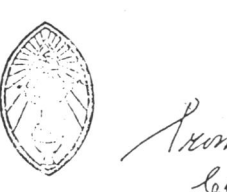

Prometeus
Gran Maestro
O∴I∴I∴

Ordo Templi Orientis

Gino Viola
Via della Beneficia 8
34129 TRIESTE - ITALIA

Ts - 21 Marzo 1983 e.v.
ANNO N. AE. LXXIX
✶ EQUINOZIO DI PRIMAVERA

Amatissimo Frater,

✶ FA CIO' CHE TU VUOI SARA' TUTTA LA LEGGE ✶ LUX LUCET ~ LUX DOCET ✶

Ogni augurio di Gloria a Te ed al Tuo Ven: Ord:.

Intendo con la presente richiesta ufficiale, domandarti d'accettare, in qualità di Vescovo Gnostico di Spagna la patriarcale guida dell'Ecclesia Gnostica Latina Universale. Tale Comunione Gnostica dovrebbe unificare le Chiese dell'Europa Neolatina sotto una illuminata guida, affinché d'esse le forze dell'Eone possano irradiare sulle nostre civiltà. Ciò ti domando a nome degli Gnostici Cattolici di Lingua Italiana, a Maggior Gloria della Santa Ecclesia Gnostica Spirituale e del Suo Beat.mo Patriarca Gran Conservatore T OGDOADE-Lucifer TENEBROSO - AEGYPTICOS, Michael Bertiaux XVI. 90.97.336.

NAASSENI ✝ THEOU ✝ SOPHIA ✝ EKKLESIA ✝ LUCIFERO ✝ GNOSIS

✶ AMORE E' LA LEGGE.
AMORE SOTTO LA VOLONTA' ✶

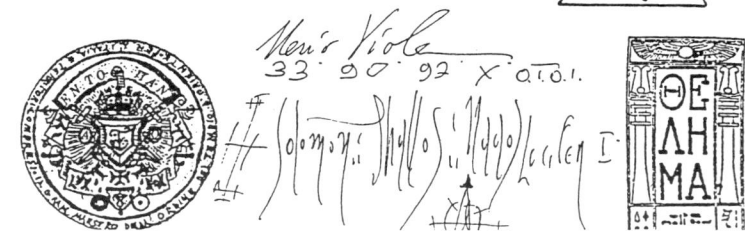

Gino Viola
33. 90. 97 X O.T.O.I.

O · T · O · A ·

ORDO TEMPLI ORIENTIS ANTIQUA

Naaseni Theou Sophia Ekklesia Lucifero Gnozis

Do what thou wilt shall be the whole of the Law.

This document, which is issued by the authority of the Sovereign Grand Master of the O.T.O.A., has as its purpose to certify that

FRATER AR-THON

known in the world as PAOLO FOGAGNOLO, residing at Via Cosimo del Fante 12, Milano, Italy; has from the date of this Certificate been appointed the Recording, Corresponding and General Secretary of the O.T.O.A. for Italy and has been authorised to rule a Power Zone of that Order and to found Lodges, Chapters or Studies' Groups in that territory.

The conditions of these appointments are subject to periodic review, amendment, ratification or cancellation as determined by this Sovereign Sanctuary of the Gnozis of the Ordo Templi Orientis Antiqua, under the Supreme Authority of the Sovereign Grand Master Absolute Michael Bertiaux (Master Michael Aquarius) in the Inner Retreat in Chicago, U.S.A.

This document is given this day in the Outer Retreat of the O.T.O.A. in Sevilla, Spain at the time of the NEW MOON OF LEO, with the SUN in the SIGN OF LEO of the THELEMIC YEAR LXXXII and the popular date of August 16th, 1985 E.V.

Love is the law, love under will.

Sovereign Grand Master X°
O.T.O.A.

MYSTERIA   MYSTICA   MEDITERRANEA

Ordo Templi Orientis

Charter of
Friendness
and Cooperation

To Whom is entitl
and to Brothers a
under all the Lat
tudes.

Do What Thou Wilt Shall be the Whole of the Law

It is announced that since this moment are established
friendly and brotherly relations with all the filiations
existing of

" Ordo Saturni"

and all the initiatory, esoteric,
masonic authorities are praied to take note of that.
All the degrees are recognized on the ground of reciprocity
and the Officers of every Order will be entitled to all the
honours corrispondent to their dignity.
Other filiations have to send similar Charther.
Drawn up by Sovereign Supreme Sanctuary of Ionian Sea.

Love is the Law, Love Under Will

"NAASSENI Theou Sophia Ekklesia
Luzifero Gnozis!"

Equinox of ☉, 1988

To my dear brother in
the gnostic light!
Julijan Naskov
Leader of the gnostic light
movement in Yugoslavia.
This book is sent with
every good wish +

Voudon Gnostic Workbook

blessing by his brother

Michael Bertiaux

in the gnostic light
of Bricaud.
May the power of the Voudon
gnostic workbook give joy
+ wisdom, life + zest to
all who study this text
of the New Aeon of the
Aiwaz Physics.
† Michael
Bertiaux
XIV°, 33°, 90°, 97°
Patriarch + Hierophant

Copyright © 1988

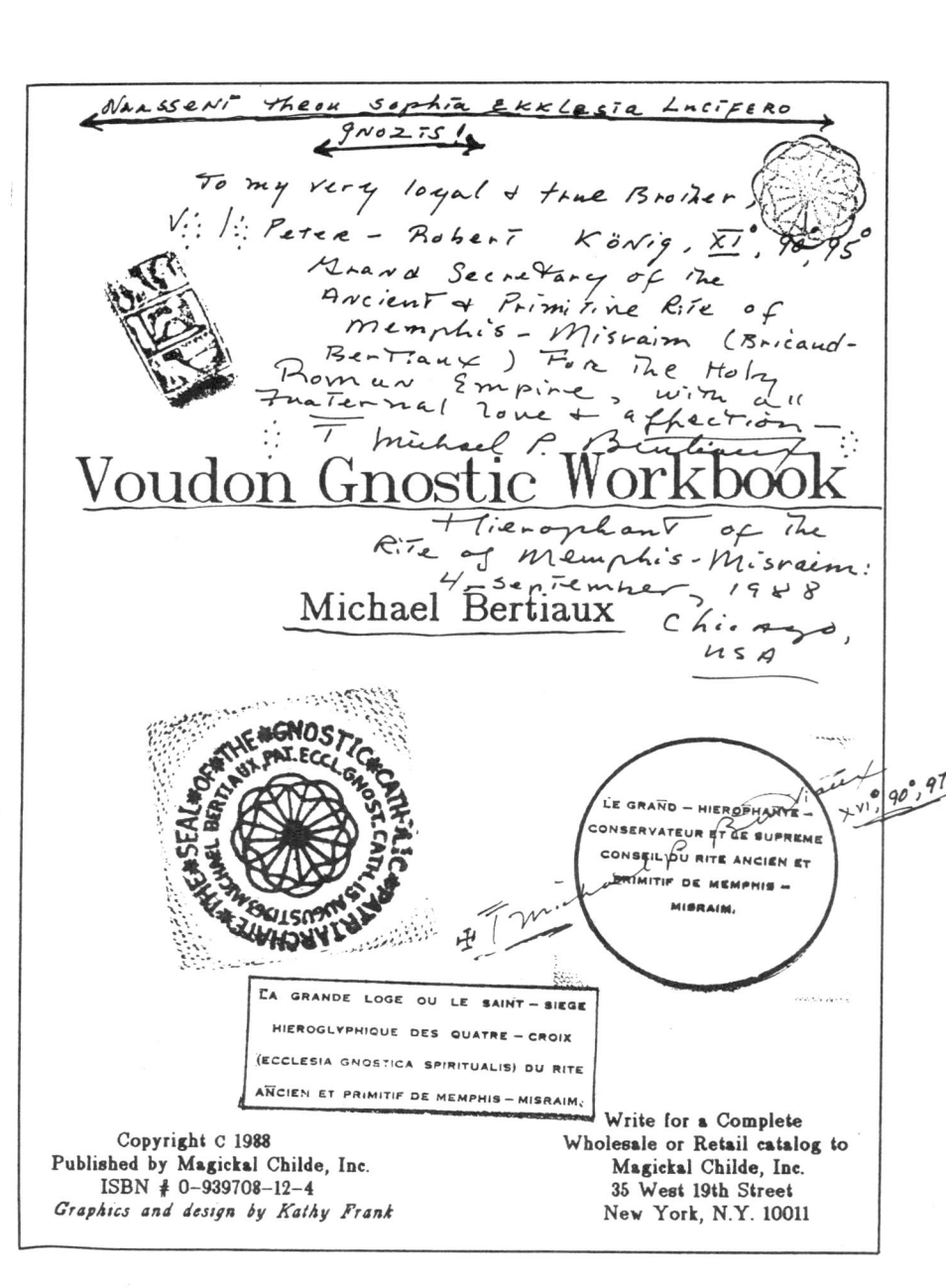

NAASSENI THEOU SOPHIA EKKLESIA LUCIFERO GNOZIS!

To my very loyal & true Brother,
V∴ I∴ Peter - Robert König, XI°, 90°, 95°
Grand Secretary of the Ancient & Primitive Rite of Memphis-Misraim (Bricaud-Bertiaux) For the Holy Roman Empire, with all Fraternal love & affection —
T Michael P. Bertiaux

Voudon Gnostic Workbook

+ Hierophant of the Rite of Memphis-Misraim
4 September, 1988

Michael Bertiaux

Chicago, USA

LE GRAND — HIEROPHANTE — CONSERVATEUR ET LE SUPREME CONSEIL DU RITE ANCIEN ET PRIMITIF DE MEMPHIS — MISRAIM.

XVI°, 90°, 97°

LA GRANDE LOGE OU LE SAINT — SIEGE HIEROGLYPHIQUE DES QUATRE — CROIX (ECCLESIA GNOSTICA SPIRITUALIS) DU RITE ANCIEN ET PRIMITIF DE MEMPHIS — MISRAIM.

Copyright © 1988
Published by Magickal Childe, Inc.
ISBN # 0-939708-12-4
Graphics and design by Kathy Frank

Write for a Complete Wholesale or Retail catalog to
Magickal Childe, Inc.
35 West 19th Street
New York, N.Y. 10011

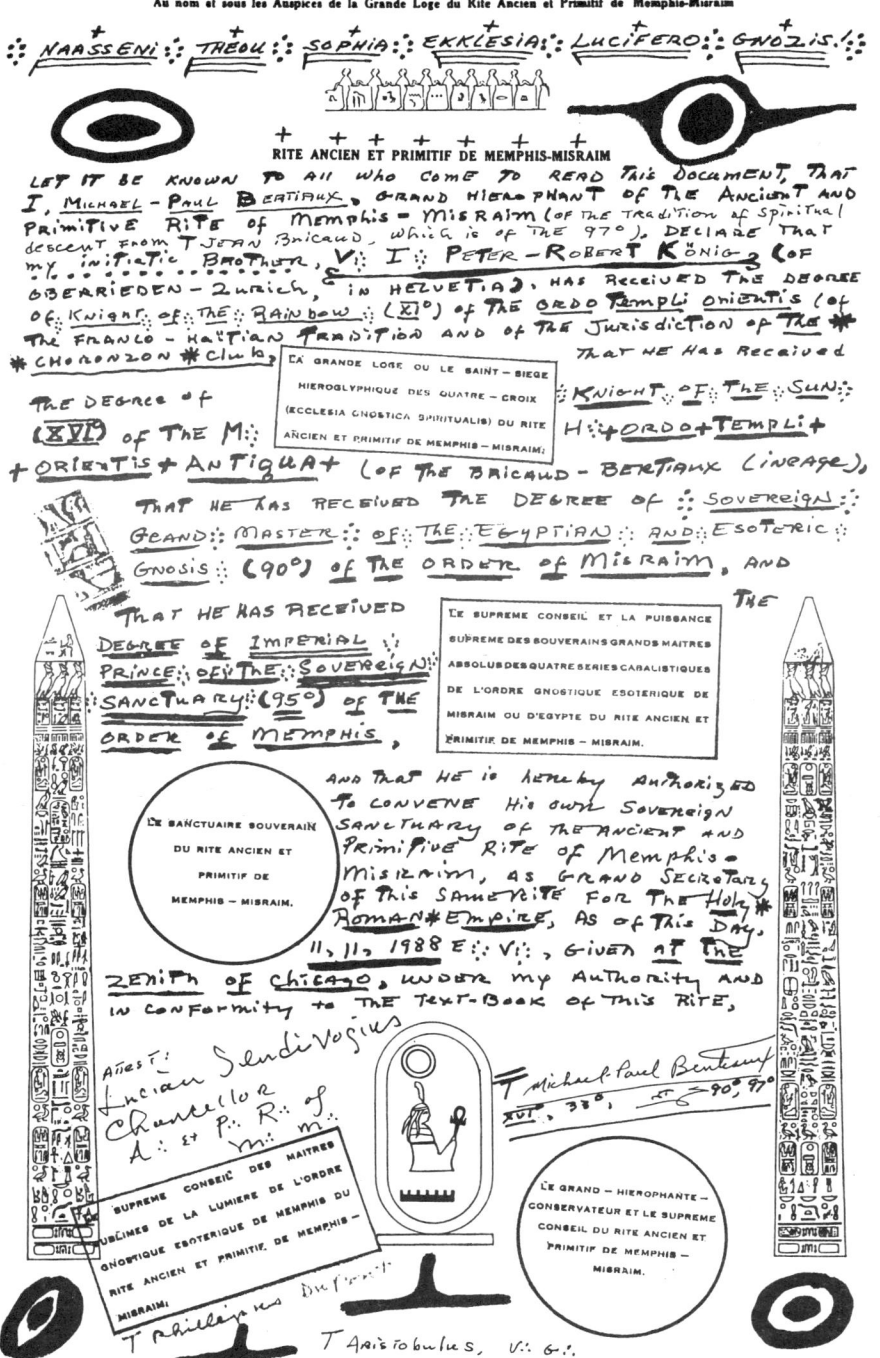

Au nom et sous les Auspices de la Grande Loge du Rite Ancien et Primitif de Memphis-Misraim

NAASSENI ✝ THEOU ✝ SOPHIA ✝ EKKLESIAS ✝ LUCIFERO ✝ GNOZIS !

RITE ANCIEN ET PRIMITIF DE MEMPHIS-MISRAIM

LET IT BE KNOWN TO ALL WHO COME TO READ THIS DOCUMENT, THAT I, MICHAEL-PAUL BERTIAUX, GRAND HIEROPHANT OF THE ANCIENT AND PRIMITIVE RITE OF MEMPHIS-MISRAIM (OF THE TRADITION OF SPIRITUAL DESCENT FROM T JEAN BRICAUD, WHICH IS OF THE 97°), DECLARE THAT MY INITIATIC BROTHER, V∴ I∴ PETER-ROBERT KÖNIG (OF OBERRIEDEN-ZÜRICH, IN HELVETIA), HAS RECEIVED THE DEGREE OF KNIGHT OF THE RAINBOW (XI°) OF THE ORDO TEMPLI ORIENTIS (OF THE FRANCO-HAITIAN TRADITION AND OF THE JURISDICTION OF THE ✷ CHORONZON ✷ CLUB), THAT HE HAS RECEIVED

THE DEGREE OF

LA GRANDE LOGE OU LE SAINT-SIEGE HIEROGLYPHIQUE DES QUATRE-CROIX (ECCLESIA GNOSTICA SPIRITUALIS) DU RITE ANCIEN ET PRIMITIF DE MEMPHIS-MISRAIM.

KNIGHT OF THE SUN (XVI°) OF THE M∴ H∴ ✝ ORDO ✝ TEMPLI ✝ ORIENTIS ✝ ANTIQUA ✝ (OF THE BRICAUD-BERTIAUX LINEAGE), THAT HE HAS RECEIVED THE DEGREE OF ∴ SOVEREIGN ∴ GRAND ∴ MASTER ∴ OF THE ∴ EGYPTIAN ∴ AND ∴ ESOTERIC ∴ GNOSIS ∴ (90°) OF THE ORDER OF MISRAIM, AND

THAT HE HAS RECEIVED

LE SUPREME CONSEIL ET LA PUISSANCE SUPREME DES SOUVERAINS GRANDS MAITRES ABSOLUS DES QUATRE SERIES CABALISTIQUES DE L'ORDRE GNOSTIQUE ESOTERIQUE DE MISRAIM OU D'EGYPTE DU RITE ANCIEN ET PRIMITIF DE MEMPHIS-MISRAIM.

THE DEGREE OF IMPERIAL ∴ PRINCE ∴ OF THE ∴ SOVEREIGN SANCTUARY ∴ (95°) OF THE ORDER OF MEMPHIS,

LE SANCTUAIRE SOUVERAIN DU RITE ANCIEN ET PRIMITIF DE MEMPHIS-MISRAIM.

AND THAT HE IS HEREBY AUTHORIZED TO CONVENE HIS OWN SOVEREIGN SANCTUARY OF THE ANCIENT AND PRIMITIVE RITE OF MEMPHIS-MISRAIM, AS GRAND SECRETARY OF THIS SAME RITE FOR THE HOLY ✷ ROMAN ✷ EMPIRE, AS OF THIS DAY, 11, 11, 1988 E∴ V∴, GIVEN AT THE ZENITH OF CHICAGO, UNDER MY AUTHORITY AND IN CONFORMITY TO THE TEXT-BOOK OF THIS RITE,

ATEST: T Lucian Sendivogius, CHANCELLOR OF A∴ ET P∴ R∴ OF M∴ M∴

T Michael Paul Bertiaux
XVI°, 33°, 90°, 97°

SUPREME CONSEIL DES MAITRES SUBLIMES DE LA LUMIERE DE L'ORDRE GNOSTIQUE ESOTERIQUE DE MEMPHIS DU RITE ANCIEN ET PRIMITIF DE MEMPHIS-MISRAIM.

LE GRAND-HIEROPHANTE-CONSERVATEUR ET LE SUPREME CONSEIL DU RITE ANCIEN ET PRIMITIF DE MEMPHIS-MISRAIM.

T Philippus Dufrant

T Aristobulus, V∴ G∴

25 settembre 1988 e.v.
Valle del Timavo- Monfalcone

Fà ciò che vuoi, questa sarà tutta la legge.

Io, NEVIO A.G. VIOLA da Trieste e C.te di Campalto e S.Martino

Oggi, in qualità di Sovrano Gran Maestro Dell'Ordine del Tempio d'Oriente per l'Italia, e territori compresi; Oggi metto in sonno la Filiazione della nostra comunione italica Del R:.A:.P:.M:.M:. , Rimetto nelle mani certe di un comprovatamente onesto e fidato Fratello la Gran Maestranza dell'O.T.O. e chiedo ai Fratelli dell'Ekklesia Gnostica Latina di attendere un mio breve che perverrà a Voi separatamnte.
Mi riservo di mantenere i contatti con tutti i fratelli thelemiti d'Italia e del mondo, prometto di seguire personalmente la Comunità di Trieste fin quando essa non si sia resa spiritualmente indipendente.
Mantengo per me e per la giusta gloria del nostro Santo Ordine la mia attribuzione di Fratello Maggiore dell'Ordine e Fondatore della S.S.Ecclesia del trionfante Paracleto XI° Abbas Eremitorum sub nomen Fra. Athanasios e mi riservo di procedere alla ricostruzione del S; Tempio di Colui che, benedetto sia il suo nome Voglia aiutarmi.

Io Fr. SOLOMON PHALLOS NAAOS LUCIFER I° S.G.M. e S.S.SR. PER L'Italia e Territori Compresi nomino oggi Lotario Roberto Negrini C.te Di Chiaravalle Fr. YOG SuteK Antares (Latebo dum Patebo), quale mio figlio e sucessore nel reggimento del nostro Santo e Ven. Ordine.
Prendano atto di ciò i FF.RR. e gli Ordini con noi in fraterna Comunione.
Frater MOLOCH SOLOMON PHALLOS NAAOS LUCIFER II° è il nuovo S.S.R.R. per la Nostra giurisdizione. CHE NULLA SIA VARIATO

Subscriptio Communis

O · T · O · A ·

LODGE CHARTER

It is to announce that Nevio VIOLA has been sanctioned to head the Italy Ordo Templi Orientis Antiqua Lodge. He is to be the Orders representative in Italy, and is under the direction of the Sovereign Grand Master.

Fraternally,
Fra. Tau Ogdoade-Orfeo VIII

S.G.M.
O.T.O.A.

Sept. 8, 1989

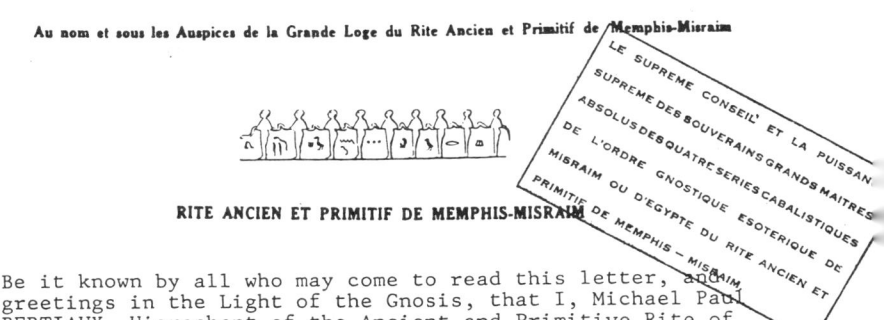

Au nom et sous les Auspices de la Grande Loge du Rite Ancien et Primitif de Memphis-Misraim

LE SUPREME CONSEIL ET LA PUISSAN SUPREME DES SOUVERAINS GRANDS MAITRES ABSOLUS DES QUATRE SERIES CABALISTIQUES DE L'ORDRE GNOSTIQUE ESOTERIQUE DE MISRAIM OU D'EGYPTE DU RITE ANCIEN ET PRIMITIF DE MEMPHIS - MISRAIM

RITE ANCIEN ET PRIMITIF DE MEMPHIS-MISRAIM

Be it known by all who may come to read this letter, and in greetings in the Light of the Gnosis, that I, Michael Paul BERTIAUX, Hierophant of the Ancient and Primitive Rite of Memphis-Misraim, for the world, this day, April 22, 1991, with the Sun in Taurus and the Moon in Cancer, do name and thereby consecrate to the office and order of Hierophant of the Ancient and Primitive Rite of Memphis-Misraim for Switzerland (Suisse), our initiated brother in the gnosis,

Peter - Robert Koenig, native of Switzerland (Suisse) and

resident of Zug, and thereby confer upon him the authority to confer, preside, rule, and teach the Light of the Gnosis, in all lodges, temples, and sanctuaries of our Ancient and Primitive Rite of Memphis-Misraim, and to act in consultation with my authority as Hierophant of this same rite for the world, in Switzerland (Suisse), until he shall inform me of his intention to do otherwise, at which time, I may name and thereby consecrate another Hierophant for the Ancient and Primitive Rite of Memphis-Misraim.

This letter is issued today, 22 April, 1991, from the Zenith of Chicago, and in the twenty-fifth year of my consecration as Hierophant of the Ancient and Primitive Rite of Memphis-Misraim.

signature
Michael Paul BERTIAUX, xvi, 97°, Grand Hierophant

signature
Andre Marques, xvi, 97°, Hierophant (U.S.A.)

LE SUPREME CONSEIL DU RITE ANCIEN ET PRIMITIF DE MEMPHIS - MISRAIM.

LE GRAND - HIEROPHANTE - CONSERVATEUR ET LE SUPREME CONSEIL DU RITE ANCIEN ET PRIMITIF DE MEMPHIS - MISRAIM.

LE SUPREME CONSEIL DES MAITRES SUBLIMES DE LA LUMIERE DE L'ORDRE GNOSTIQUE ESOTERIQUE DE MEMPHIS DU RITE ANCIEN ET PRIMITIF DE MEMPHIS - MISRAIM.

LE SANCTUAIRE DES MAGES SUBLIMES DU RITE ANCIEN ET PRIMITIF DE MEMPHIS - MISRAIM.

Dokumentarischer Anhang II

Nach der Publikation der "Materialien zum OTO" ist folgender Polizeireport eingetroffen, der zum "OTO-Phänomen," Seite 199, Thelema ohne Beisshemmung, gehört. Obwohl die folgenden Faksimiles absolut nichts mit dem OTOA zu tun haben, sollen sie jedoch dem Leser auf keinen Fall vorenthalten werden.
Das "Caliphat," um das es hier geht, verfolgt die Taktik, jedem Autor und Verlag mit Gerichtsprozessen zu drohen, der entweder Crowley-Texte publiziert oder den OTO "irgendwie" erwähnt.[188*] Interessanterweise gibt es immer wieder Autoren und Verlage, die auf diese leeren Drohungen hereinfallen.[189*] Angst vor hohen Anwalts- und Gerichtskosten bringt viele Bedrohte dazu, einer aussergerichtlichen Entschädigung nachzugeben. So auch im vorliegenden Fall. 1989 führte die örtliche Polizei in Berkeley zwei Razzien bei den "caliphatischen" Heidrick-Logen durch (siehe Faksimiles auf den folgenden Seiten).[190*] Das "Caliphat" schlug zurück und verklagte am 12.9.90 die zuständigen Behörden, die Polizei und 3 Privatpersonen. Um die immer höher steigenden Untersuchungskosten (über 250'000 $) des über zwei Jahre dauernden Verfahrens zu stoppen, regelte man den Fall schliesslich aussergerichtlich.

Es muss ganz deutlich herausgestrichen werden, dass die Gerichtslage in Deutschland spätestens seit dem Prozess "Caliphat" versus Hänssler Verlag (Bob Larsen: Geht unsere Jugend zum Teufel) eindeutig ist. Die Staatsanwaltschaft Stuttgart stellte am 28.11.1990 fest: *"Der Ordo Templi Orientis ist nicht beleidigungsfähig im Sinne von §§185 ff StGB. Zwar können auch Personengemeinschaften Angriffsziel einer strafbaren Beleidigung sein, dazu müssten sie jedoch eine anerkannte gesellschaftliche Aufgabe oder soziale Funktion erfüllen und einen einheitlichen Willen bilden können (BGHSt 6, 186).*[191*] *Das ist bei dem Ordo Templi Orientis nicht der Fall, wobei es keine Rolle spielt, ob die Organisation nach amerikanischem Recht die Rechtsfähigkeit besitzt. Allein aus den Angaben in der Strafanzeige, dass sich der in der Bundesrepublik Deutschland bestehende Verband des Ordo Templi Orientis als ein Zweig der Freimaurer verstehe, ohne in deren Organisation eingebunden zu sein, und die universelle Brüderschaft der Menschen verfolge, kann nicht geschlossen werden, dass diese Personengemeinschaft eine anerkannte gesellschaftliche Aufgabe oder soziale Funktion wahrnimmt, durch die sie unter den Schutz des §§185 ff StGB gestellt wird. Eine Beleidigungsfähigkeit ist bei der [sic] Ordo Templi Orientis erst recht nicht gegeben, wenn die Mitteilung... zutreffend sein sollte, dass unter dem Namen Ordo Templi Orientis lediglich verstreute Splittergruppen... existieren, die... vor der Öffentlichkeit versteckt im Verborgenen wirken und sich als Geheimlogen bezeichnen."*
Dies gilt natürlich auch für kaschierte OTO-Logen, wie die Fraternitas Saturni oder deren Derivate.

188* Diese Taktik nennt sich S.L.A.P.P.: Strategic Lawsuits Against Political Participation. So will der deutsche Zweig des "Caliphats" dem kleinen Okkult-Verlag in Bergen an der Dumme (der immer andere Namen trägt, z.B. Sigrid Kersken-Canbaz-Verlag), der die OTO-Artikelserie im Magazin AHA gedruckt hat, angeblich am 15.1.91 mit einer "Unterlassungserklärung" 100'000 DM pro publiziertes Crowley-Buch abluchsen. Die juristisch korrekte Antwort des Verlags an den Anwalt lautet: "Ihren Aufforderungen... können wir nicht nachkommen, da sowohl in Deutschland als auch in England bereits andere rechtskräftige Urteile bezüglich der Coyprights der Crowley-Bücher vorliegen." (21.1.91)
189* Sanders (The Family), Straub (Ghost Story), Terry (Ultimate Evil), Raschke (Painted Black) und ein Zeitungsartikel im "San Francisco Chronicle" von 1989
190* "OTO-Phänomen," 1994
191* Dazu "OTO-Phänomen," 194. Im Prozess gegen den Hänssler-Verlag war der deutsche Zweig des "Caliphats" nicht fähig, all seine Mitglieder aufzubieten; also kaum von "einheitlichem Willen" gesprochen werden kann

"Gute Zeiten - Schlechte Zeiten"

Erklärung zu den folgenden Faksimiles. Zuerst der Durchsuchungsbefehl (vom 29.9.89), dann die vorherigen Nachforschungen des Beamten vom 28.9.
Am 29.9.89 führten 17 Polizisten die Razzien in den beiden Häusern durch. Urinproben wurden genommen, subkultane Spritzen gefunden,[192*] das Foto eines Säuglings mit einem umgekehrten Kreuz auf der Brust wurde entdeckt, und natürlich fand man Sprengstoff. Angeblich habe ein Chemiestudent sein Material hier gelagert, argumentierte Bill Heidrick im Nachhinein - er selber lebt ja in San Anselmo und war in Berkeley nicht dabei. Einer der 12 Festgenommenen gab sich als Inkarnation Crowleys aus.
Heidrick wehrt sich später gegen den Begriff "Black Baptism," den der untersuchende Beamte (siehe Faksimile) verwendete und meint, die Beamten hätten genau gewusst, dass sie eine Kirche schändeten.[193*] Angeblich fielen die Urintests negativ aus, der Sprengstoff reichte nicht für eine Anklage aus und das angebliche Kreuz auf der Brust des Säuglings seien die Ledergurte des Autositzes gewesen...
Die magischen Waffen wurden als Ritualwaffen anerkannt.
Was Heidrick nicht erwähnt: die Razzien wurden gefilmt, so auch der gekreuzigte Frosch, den schon Crowley in einem Ritual auf den Namen Jesus Christus getauft hat.[194*]

Die Ereignisse warfen Wellen und fundamentalistische Zeitschriften nahmen sich der Sache an. Schon vor den Razzien hat der "New Federalist" des Fundamentalisten Lyndon LaRouche am 21.6.89 "dem OTO" Kriminalität und Satanismus nachgesagt, worauf einmal mehr der Anwalt des "Caliphats," Warren S. Burman, am 12.7.89 aktiv wurde. Die Anwälte in Burmans Büro und der "Caliph" William Breeze leiten auch das Geschäft und die Gesellschaft "Mystic Fire Video" in New York. Dieses Videogeschäft an der Horatio Street 24, #3, in New York 10014, vertreibt u.a. den Film "Divine Horsemen," der in Voodoo-Kreisen sehr geschätzt wird. Die Gesellschaft hingegen dient dazu, als juristischer Körper Anklagen führen zu können.
Fortsetzung in: "Das OTO-Phänomen," 199.

192* Angeblich wurde Marihujana und LSD entdeckt
193* Heidrick: ThelemaNet San Francisco (415) 751-9308 (opus 1:161/93) vom 20.10.89
194* Obwohl dieser 1912 noch christlich-gnostische Anleitungen für den IX° verfasste

S-9-188

IN THE MUNICIPAL COURT OF THE BERKELEY ALBANY JUDICIAL DISTRICT
COUNTY OF ALAMEDA, STATE OF CALIFORNIA

STATE OF CALIFORNIA   SEARCH WARRANT
COUNTY OF ALAMEDA   Register No.
                                Arrest No.

The People of the State of California, to:

ANY PEACE OFFICER IN ALAMEDA COUNTY

Proof by affidavit, having been made before me on this date by

SERGEANT STEPHEN A. ENGLER, BERKELEY POLICE DEPARTMENT

that there is probable and reasonable cause for the issuance of the search warrant, as set forth in the said affidavit.

YOU ARE THEREFORE ORDERED to make search on and in the premises, structures, rooms, receptacles and safes situated at
588 63rd Street, Oakland California
590 63rd Street, Oakland, California
and the vehicle(s) described as

and the person(s) of

FILED
MUNICIPAL COURT OF BERKELEY,
ALBANY JUDICIAL DISTRICT
OCT 10 1989
DAVID COLEMAN, Clerk

for the following property and things consisting of   a Taylor

1. HIGH EXPLOSIVES including but not limited to dynamite, nitrostarch, blasting powder, ammonium nitrate-fuel oil mixtures, nitroglycerine, picric acid, lead azide, fulminate of mercury, trinitrotoluene, plastic explosives and detonating cord.

2. LOW EXPLOSIVES including but not limited to propellant powders, smokeless powders, and black powder.

3. INCENDIARY SUBSTANCES including but not limited to thermite compounds, sugar-chlorate mixtures, petroleum distillates.

4. EXPLOSIVE COMPONENT SUBSTANCES including but not limited to ammonium nitrate, potassium chlorate, nitric acid, sulfuric acid, nitromethane, fuel oil, potassium nitrate, charcoal, sulfur and nitrocellulose.

5. EXPLOSIVE PARAPHERNALIA including but not limited to blasting caps, leg wires, safety fuse, pyrotechnic fuse, fuse lighters, timing devices and associated electrical components, explosive wrappers and containers, blasting generators, galvanometers, and cap crimpers.

Your affiant is employed by the Berkeley Police Department as a Police Officer and has been so employed for over 9½ years, since October 10, 1980. During this time, your affiant attended a 13-week police academy given at Gavilan College and during this time your affiant received 24 hours of training consisting of identification, packaging, methods of sales and use of various types of narcotics on the street including heroin, cocaine, marijuana and methamphetamines. From October 15, 1982 to October 19, 1982, your affiant attended a 24 hour, 11550 HS school. This school was given by the Oakland Police Department to give training to Police Officers to be able to recognize individuals who are under the influence of narcotics. On February 25, 1983 to February 26, 1983, your affiant attended a 16 hours Control Substance Seminar held in Sacramento, CA, sponsored by the California District Attorneys Association. On September 28, 1983, your affiant attended an 8 hour seminar given by the Oakland Police Department in which training was given to the Officers to be able to recognize persons under the influence, sales and different methods of packaging of PCP and other narcotics. On February 17, 1984, your affiant attended an 18 hour Narcotic Investigation School sponsored by the Department of Justice in the City of Sacramento, CA, where your affiant was trained in different types of drugs, methods of sales, different methods of packaging, drugs for sales and different methods in which drugs are packaged and sold in different areas.

Your affiant was assigned to the Special Investigations Bureau of Narcotics Enforcement where he spent 2 years and 3 months and assignments varied from Undercover Buys, approximately hand-to-hand for over 52 arrests for under the influence over 50 undercover assignments with other agencies such as the Department of Justice, Bart PD, Hayward PD that included hand-to-hand buys for methamphetamines, LSD, heroin, cocaine and during this time, your affiant brought over 100 Search Warrants, mainly for narcotics.

Since your affiant left the Special Investigations Bureau of Narcotics Division, he was assigned to the drug area of the City of Berkeley where there is large trafficking of narcotics at the street level where he spent approximately a year.

Since then, your affiant has been assigned to the Patrol Division to this date.

On August 22, 1989, your affiant was contacted by Trina L. Churchill, WFA, 10-6-65. Churchill, at the time, informed me of the existence of a group that are identifying themselves as O.T.O., which means that Ordo Templi Orientis. Churchill told me that for several years she was a member of this organization which is involved in the worship of Satan. She told me that she left this organization due to the fact that it has developed into a place where people congregate to use drugs and one of the main providers of this narcotics is a person by the name of Gorton. Together, with the female that resides at 2832½ 8th Street, Diane Grob, according to Churchill, they have different types of ceremonies that sometimes originate at 588 and 590 63rd Street, Oakland, CA, which is the largest and main Temple in this area. From there, they move to the City of Berkeley at 2832 8th Street, where, according to Churchill, they believe they are above the law since it is an industrial area and not too many people complain of foot traffic going in and out of the residence and also of noise. According to Churchill, during these ceremonies there is large trafficking of mainly methamphetamines to individuals that visit this location. Also, during some of the ceremonies, they have potluck parties in which they take and share psycodelics and narcotics. One of the ways they distribute the narcotics is in a "T" form of mushrooms which they call Mushroom T.

Churchill then provided me with literature that talks about procedures, reasons why this Church exists and in these documents, the address of 2832 8th Street is printed and also the names of the individuals that Churchill provided me as the main organizers and distributors of narcotics, such as San.Br̃ra; Gorton and Heidrick. According to Churchill, there is a lot of minors attending these meetings, mainly groups known as the Skinheads or pun rockers and this is one of the reasons why she decided to quit this organization, becaus it was now set to attract juveniles and get them involved in illicit sex and drugs.

During this time I did some background investigation on persons and I was able to col-laberate what Churchill had given me. I found that that Richard Gorton had a prior arrest in the City of San Francisco for violation of 11378 HS. This information was given to me by Churchill saying that Gorton has been arrested in the City of San Francisco for selling methamphetamines to an undercover officer. I was also also able to identify Michael Sanborn as a person who has just moved to California from Louisiana. No record was found on Sandberg or his girlfriend Marlene Smith. Churchill also told me that Sandberg had taken 2 other individuals from Louisiana and one of them was the owner of a black and orange VW bug parked in front. By checking this license plate, 102G421, I was able to identify the owner as being James A. Blue, with a prior record in Louisiana for 496 PC.

Churchill also told me that Sanborn was operating a business and that he had told every-one that he had obtained the proper license from the City of Berkeley to operate what appears to be a Hot-tub completely enclosed that he invites people in and for the price of $15-30.00 and he allows them to go inside and relax. He also advertises this as a relaxation chamber. Churchill also told me that Bill Heidrick is the one in charge of the Temple located at 588 and 590 63rd Street. She described the house as having a Temple and an altar on the second floor of this residence. Also in the backyard, west-side of the house is a well built by Bill Heidrick where he performs what he calls Black Baptisms.

Churchill told me that she has her business located at 2831 7th Street, Berkeley, CA and this is directly behind the address of 2832 8th Street. She also has access to what she calls a common backyard and she says she has seen in as early as 2 weeks from this date, people going to the backyard, either to indulge in what she knows as methamphetamines or marijuana because of the fact that she had used it in the past or to do transactions of narcotics. She said that she has seen individuals buy from suspect Gorton.

Churchill then gave me on 9-10-89, a handwritten note that the owner of the property was interested in talking to me about the group residing in his property. She provided me with a telephone number of 848-5527, and at that time I called and got in touch with the person/owner of this property by the name of Sam Trull. Trull explained to me that he was concerned about a group that he knew worshipped Satan and had a church on his property using and selling narcotics in the property and creating a disturbance. His main concern was the fact, as he put it, someday there's going to be a lot of trouble here and I don't want to get involved. He then invited me on 9-16-89 to visit the location of the Temple at 2832 8th Street, Berkeley, CA. Trull told me that the tenant, Sanborn, has requested that Trull fix the bath tub and the heater which, according to Sandberg, was probably leaking gas.

He then invited me to go with him and I told him that I would go in an undercover capa-city as his plumber and that I would take with me another Officer. This Officer was Michael Dogherty, #79. On Saturday, 9-16-89, I received a call from Dispatch telling me that the previous appointment set for 1300 hours on Saturday had been changed by Trull to be 1100 hours. I then contacted Officer Dogherty and we both responded to the location at 2831 7th Street where Trull was waiting for us. Trull then provided me with a driver's license for Sandberg and some information on his girlfriend. He also described the inside of the place as being "weird", perhaps a Temple. He also described the chamber or hot tub that Sandberg was using and he told me that Sanborn had told him that he already had a proper permit from the City of Berkeley and/or license. He then received a call from Sanborn requesting that Trull appear at the residence earlier than 1300 hours. At this time, Trull informed Sandberg that he will be taking with him, 2 of his plumbers.

Sandberg agreed to this. At this time, Trull then told both of us how to properly operate a liquid to unplug the bath tub and how to test for leaks at the heating unit. We then moved to 2832 8th Street, knocked on the front door, proceeded to go inside. As I went inside, I could clearly see that, to my right was a small room, probably set up as an alter, a woman was laying on the floor covered with just a quilt, a table in the center and I could observe a candle being burned, a knife and one pipe that I recognized commonly used for the consumption of marijuana.

We proceeded to the bathroom area which is located on the southwest side of the residence and Sandberg told me what the problem was and I proceeded to curb the liquid inside the bath tub, unplugged it and explained to him the time he had to wait to drain it. Then Sandberg showed me the chamber that he uses "to relax". He then provided Officer Dogherty and myself with a business card saying you could use this chamber for $15.00 an hour. You have to do it by yourself. You can put music inside and it is good so you can find yourself and relax. A copy of this business card will be attached to this Search Warrant. At this time, he mentioned that he had obtained a business license for this operation. By this time, Officer Dogherty was in the living room checking the heating unit that has a gas pipe attached to the main gas line of the house. He checked it by putting soap around the seals and it began to bubble, developing into a leak. I went there and began to tighten the pipes, checked it again and there was no more leaks. During this, to my right, there was a bookshelf and I could observe at least 3, almost an inch long, glass vials with black tops and some type of bright poweder inside. This, I recognized to be containers commonly used by drug users to be preserve either cocaine or methamphetamines.

Behind me there was a coffee table and on this table there was a blue bag covering 2 brass pipes commonly used to smoke marijuana. Inside one of these pipes, I could see some half burnt green material. I recognized this to be suspected marijuana because of my past experiences and contact with it. Also, next to this pipe was a set of rolling cigarette papers commonly used for preparation of marijuana cigarettes. During the time that I was inside of this house, there was a strong smell commonly present when people use methamphetamines.

At this time, we exited the house and no more was done in this residence.

At approximately 1600 hours on the same date, Saturday, 9-15-89, Officer Dogherty and myself went to 588 and 590 63rd Street, Oakland, CA. I walked around the residence prior to me knocking on the front doors and there was no answer. I walked to the westside of the house and I could see a wooden small construction that simulated wel as Churchill had described it. I then went back to the front door and began to knock, but there was no answer. On this occasion I was in full Berkeley Police uniform. We were driving a fully marked patrol car parked in front. I then read a sign that said please go to the back door. I went to the back door of the building marked as 588. A White female answered the door and I identified myself and told her that I was conducting an investigation and that I wished to talk with a person in charge of the house. I could see that her pupils were extremly dilated. Her skin was rough and her speecch was not clear. It appeared, for no apparent reason, she was extremely exited and nervous. There are characteristics of persons being under the influence of methamphetamines. In her arms, she had an infant approximately a year, or less old, White male. The infant had both eyes black as if he had suffered an accident or had been struck by an object. She refused to identify herself and told me to come back in about half an hour when the owner of the house was there.

At this time, Officer Dogherty, #79, came to my location and informed me that a person, later identified as John Nokov, WMA, 12-26-51, had followed me to the back of the house and then after he parked his car in front of the residence, backed away and walked around the block. He went to the street side and he identified Nokov as being the person that followed me to the back of the house and then walk away from the residence located at 588

89-184   6-OF-2

d 590 63rd Street, Oakland, CA. Once again I went to the door at the rear of 588 and knocked again and at this time, a person by the name of R   Dennis Stovall, 5-15-50, A, CDL: R0714219, came to the door. I told him that I was investigating a case and needed to talk to the person in charge of the residence. He then told me that this s a Temple". Many people stay here. The guy in charge is not here right now. I asked m where Bill Heidrick and he said that he did not know. I then told him that I wanted identify the person that I had talked to before, referring to the female. She came and gave me the name of Merrillee Luther, 5-16-62. This conversation took place inside e small room located in the back of 588 63rd Street. From my position, I could see terature from the group OTO similar to the literature provided to me by Churchill and my right, there was doorway inside the doorway was a wooden table and from my location could observe 3 plastic baggies, approximately ½" in width and 2½" in length. These gs are commonly used by persons that indulge in the use of methamphetamines. Plastic 55. Container Powder Residue. GR so, I saw a brass pipe commonly used to consume marijuana.

9-20-89, I went to the City of Berkeley License Department located in City Hall, rkeley, CA, identified myself and asked them if there was a license issued for the dress of 2832 8th Street, Berkeley, CA or 2832½ 8th Street or to the name of Sanborne, d the person in charge told me that there was only one license issued for that address d was for the person Trull as the owner of the property to be able to rent it. No her license had been issued for that location and I explained the type of business that s operating there and the person informed me that perhaps they were in violation of ther a "massage parlor" or "bath house". GR

spect Sanborne will be in violation of City Ordinance 9.04.035.

ur affiant prays that a Search Warrant be issued to search that residence located at 32 8th Street, Berkeley, CA, 2832½ 8th Street, Berkeley, and 588 and 590 63rd Street, ing one building operating by one person located at 63rd Street, Oakland, CA. Your ffiant believes that grounds exist with the issuance of a Search Warrant as set forth 1 Section 1524 and Section 1525 of the California Penal Code. Your affiant prays that Search Warrant be issued for the search and seizure of said property listed on the ace sheet of this affidavit in order that the property be brought forth before the Court d retain subject to the order to the Court and disposed of according to law. Your ffiant also prays that a Search Warrant order the search and seizure of any items which stablish who is in control of premises located at 2832 8th Street, Berkeley, CA, 2832½ th Street, Berkeley, CA and 588 and 590 63rd Street, Oakland, CA. Search including, ut not limited to correspondence, mail, telephone receipts, PG&E receipts, or any type f indicia that tends to establish who is in control of this residence.

ubscribed and Sworn to before me on ___9/28/89___

hurchill told me that all the meetings started at 9:00 p.m. and lasted all through the ight. She also provided me with a schedule which collaborated with that. I respectively equest that this warrant be endorsed for night service. Night service ok. Julia Conger

G. ROBLES

of 2832½ 8th Street.

A house located on 63rd Street, address on the eastside will be 588, on the westside will be 590. The name of this house is the Thelema Lodge, yellow in color, made out of wood, 4 pillars, white in color in front with new construction from the steps on the eastside. This hosue has the numbesr printed right on front, but according to persons inside of the residence, this is one residence used as a temple. Glass doors, and as you look on the glass door lcoated in front of 580, you can see the steps leadin to the upstairs of the residence and on the left side of the stairs, you can see a larg probably 10' x 5' across wooden cross upside down.

---

by appointment or by synchronicity

MIND SKY

FLOATATION STUDIO

Stress Reduction • Self-Exploration

2832 Eighth St.
Berkeley, CA 94710
415/549-0952

MICHAEL SANBORN MARLENE SMITH

21 Marzo 1904 E.V.

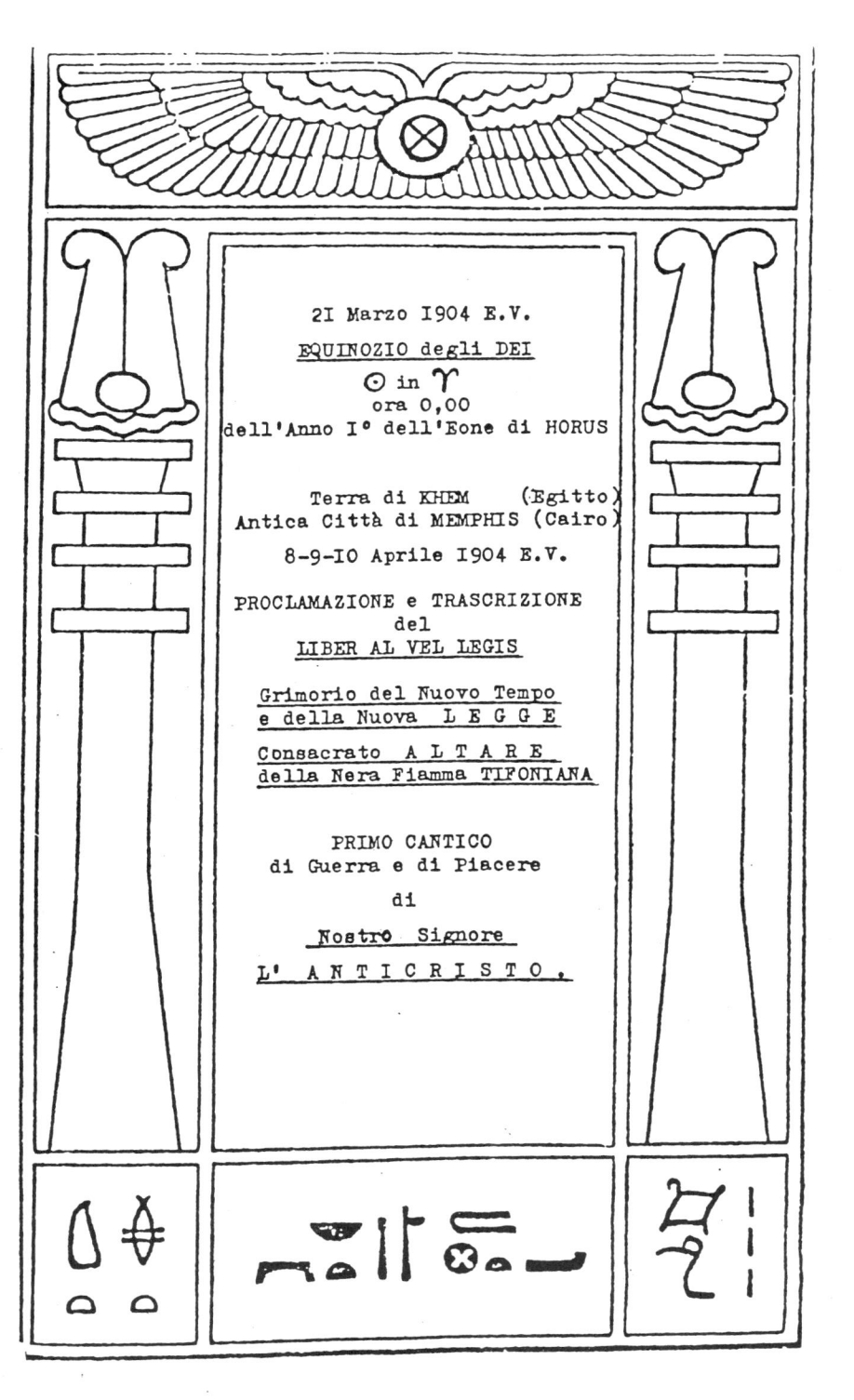

<u>EQUINOZIO degli DEI</u>

☉ in ♈
ora 0,00
dell'Anno I° dell'Eone di HORUS

Terra di KHEM   (Egitto)
Antica Città di MEMPHIS (Cairo)

8-9-10 Aprile 1904 E.V.

PROCLAMAZIONE e TRASCRIZIONE
del
<u>LIBER AL VEL LEGIS</u>

<u>Grimorio del Nuovo Tempo
e della Nuova L E G G E</u>

<u>Consacrato A L T A R E
della Nera Fiamma TIFONIANA</u>

PRIMO CANTICO
di Guerra e di Piacere

di

<u>Nostro Signore
L' A N T I C R I S T O .</u>

DIE HIRAM-EDITION DER ARW

Friedrich-Wilhelm Haack
Die Fraternitas Saturni (FS) als Beispiel für einen arkanmystogenen Geheimorden des 20. Jahrhunderts (143 S., DM 36.-)

A.A.O.R.R.A.C.
Pansophisch-Gnostische Riten III (Reprint, 51 S., DM 12.-)

Moritz Busch
Drusen und Derwische (Reprint, 86 S., DM 12.-)

Bernhard Beyer
Das Lehrsystem des Ordens der Gold- und Rosenkreuzer (Reprint, 270 S., DM 48.-)

Hans Prutz
Geheimlehre und Geheimstatuten des Tempelherrenordens. Eine kritische Untersuchung (Reprint, XI und 183 S., DM 36.-)

F.W. Lehmberg (Hrsg.)
Magische Sonderdrucke und Interna der Fraternitas Saturni (Reprint, 261 S., DM 36.-)

Christian Zschuppe
Der Bund der Kämpfer für Glaube und Wahrheit (Horpeniten) - ein religiöser Geheimbund des 20. Jahrhunderts (198 S., DM 48.-)

Hans-Jürgen Glowka
Deutsche Okkultgruppen 1875-1937 (128 S., DM 18.-)

Heinrich Tränker (Hrsg.)
Die Pansophie der hermetischen Bruderschaft vom Rosenkreuz (Reprint, 144 S., DM 18.-)

Theodor Reuß (Hrsg.)
Lingam-Yoni oder die Mysterien des Geschlechts-Kultus (Reprint, XII und 128 S., DM 18.-)

Peter-R. König (Hrsg.)
Der Kleine Theodor-Reuß-Reader (104 S., DM 28.-)

Peter-R. König
Das OTO-Phänomen. 100 Jahre Magische Geheimbünde und ihre Protagonisten von 1895-1994. Ein historisches Aufklärungswerk (280 S., DM 48.-)

Peter-R. König (Hrsg.)
Materialien zum OTO. Dokumente und Photos (336 S., DM 72.-)

Bestellungen und Informationen über weitere Editionsreihen bei:
ARW, Postfach 500107, 80971 München (fax 089-6414152)